GWEDDÏAU

JOHN JOHANSEN-BERG

ADDASIAD CYMRAEG GLYN TUDWAL JONES

Gweddïau a Myfyrdodau beunyddiol
ar gyfer grwpiau ac unigolion

CYHOEDDIADAU'R
GAIR

Gweddïau'r Pererin

ⓗ Cyhoeddiadau'r Gair, 1996
Testun Gwreiddiol: John Johansen-Berg
Cyhoeddwyd yn wreiddiol gan Darton, Longman & Todd
o dan y teitl 'Prayers for Pilgrims'.
(Rhif ISBN 0 232 52046 1)

Addasiad Cymraeg: Glyn Tudwal Jones
Golygydd: Menai Williams
Golygydd Cyffredinol: Aled Davies

ISBN 1 85994 040 4
Argraffwyd Yng Nghymru

Cyhoeddwyd gan:
Cyhoeddiadau'r Gair, Cyngor Ysgolion Sul Cymru,
Ysgol Addysg PCB, Ffordd Deiniol,
Bangor, Gwynedd. LL57 2UW.

Cynnwys

Cyflwynedig i'm priod

MARGARET DELYTH

am ofalu cadw traed y pererin hwn ar y ddaear.

RHAGAIR

Cytunais i ymgymeryd â'r gwaith o gyfieithu'r gyfrol hon ar gais Cyhoeddiadau'r Gair oherwydd fy mod yn ei hystyried yn gyfrol ddefosiynol hynod o werthfawr. Fe'i lluniwyd yn wreiddiol gan y Parchg. John Johansen-Berg, sy'n Weinidog gyda'r Eglwys Ddiwygiedig Unedig yn Lloegr ac yn gyn-Lywydd ei enwad. Yn flaenllaw gyda gwaith ecwmenaidd, bu hefyd yn Llywydd Cyngor Ffederal yr Eglwysi Rhyddion yng Nghymru a Lloegr. Ef a sefydlodd y Gymuned dros Gymod, a daeth yn arweinydd bugeiliol o fewn y mudiad hwnnw. Trwy gyfrwng y gwaith hwnnw y tyfodd llawer o ddefnydd y gyfrol hon, ac y mae'n adlewyrchu ei gonsyrn arbennig ef dros hawliau dynol, heddwch a chymod.

Ceir cylch o ddarlleniadau, myfyrdodau a gweddïau yma, yn ymestyn dros gyfnod o naw deg diwrnod. Seilir y cyfan ar ddarlleniadau o Genesis, Exodus, Actau ac Effesiaid. Dylai fod yn fuddiol ar gyfer unigolion neu grwpiau sy'n chwilio am ddefnydd defosiwn cyson. Prif hyfrydwch y gwaith yw'r modd y mae'r awdur yn gwau ei ymdeimlad o rythmau'r greadigaeth ac undod bywyd trwy'r myfyrdodau a'r gweddïau. Y cyfeiriadau hyn at fyd natur ac undod holl waith Duw yn creu, yn cynnal ac yn cadw sy'n peri ei bod yn gyfrol mor ffres, a'i naws yn ein dwyn yn ôl at deithi ysbrydoledd ein hynafiaid, y Celtiaid.

Dymunaf ddatgan fy niolch i'r Parchg. Aled Davies am fy ngwahodd i gyfieithu'r gwaith, ac am ei gymorth ymarferol wrth ei lywio trwy'r wasg. Mae fy nyled yn fawr i'm cyfaill annwyl Miss Menai Williams, M.A., am olygu'r gyfrol, gan fynd trwyddi â chrib mân a chynnig llu o awgrymiadau gwerthfawr.

Pererinion ydym oll ar ffordd yr Arglwydd, a'm gobaith pennaf yw y bydd y gyfrol hon o gymorth i eraill ar y daith, fel y cawn ein dwyn i mewn i gylch tangnefedd y Duw "sydd wedi ein cymodi ni ag ef ei hun trwy Grist a rhoi i ni weinidogaeth y cymod."

GLYN TUDWAL JONES

GWEDDÏAU'R BLANED

Darlleniadau o Genesis. Hon yw stori fawr y creu, yn dangos y fath ofal a chariad oedd y tu ôl i holl waith Duw yn llunio'r byd, ei anifeiliaid a'i bobl. Mae ganddi neges berthnasol iawn pan fo llunio stiwardiaeth deilwng dros ein planed daear yn golygu gweithredu gyda brys arbennig. Bydd ein hymdeimlad cynyddol â'n cydgysylltiadau yn dyfnhau wrth i ni ddeall yn well hanes creu ein byd.

DIWRNOD 1

Ti yw goleuni'r wawr ar ei thoriad
Ti yw goleuni'r haul ganol dydd
Ti yw'r goleuni sy'n ymlid y tywyllwch
Ti yw fy Nuw, fy Ngheidwad a'm Iôr

SALM YMATEBOL: 148: 1-6

A: Molwch yr Arglwydd.
Molwch yr Arglwydd o'r nefoedd, molwch ef yn yr uchelderau.

Y: *Molwch ef, ei holl angylion;*
molwch ef, ei holl luoedd.

A: Molwch ef, haul a lleuad;
molwch ef, yr holl sêr disglair.

Y: *Molwch ef, nef y nefoedd,*
a'r dyfroedd sydd uwch y nefoedd.

A: Bydded iddynt foli enw'r Arglwydd,
oherwydd ef a orchmynnodd, a chrewyd hwy.

Y: *Fe'u gwnaeth yn sicr fyth bythoedd;*
rhoes iddynt ddeddf nas torrir.

DARLLENIAD: Genesis 1: 1-5

MYFYRDOD

Y bydysawd diderfyn mewn tywyllwch cynoesol,
creadigaeth Duw, daear a nef.
O'r anhrefn daeth trefn, o'r tywyllwch oleuni.
Gwasgarodd y goleuni'n dyner drwy'r bydysawd,
ffodd y tywyllwch.
Daeth y goleuni'n fwy disglair
a gwelodd Duw ei fod yn dda, mor dda.

Rydym yn cymryd y greadigaeth hardd yma
   yn ganiataol mor aml.
Yr hyn a welwn â'n llygaid, yr hyn a glywn,
   pob arogl, pob cyffyrddiad.
Mae'r cyfan yn rhan o rodd hyfryd.
Eto rydym wedi difrodi'r ddaear
   trwy ein disgwyliadau hunanol.
Rhaid inni adfer ein synnwyr o werth y ddaear;
   y ddaear ein mam;
fel y mae hi wedi rhoi maeth inni
   felly dylem ofalu amdani'n dyner.

'A bu goleuni'. (1:3)

GWEDDÏAU

Greawdwr Dduw,
   diolchwn iti am rodd y blaned daear,
      am harddwch dydd yn ei ddisgleirdeb,
      am fedru gorffwys y nos mewn tywyllwch.

Rydym yn cyfaddef na fuom yn deilwng o'th rodd;
   rydym wedi difwyno'r ddaear
   a gawsom yn etifeddiaeth;
   rydym wedi anwybyddu deddfau iechyd natur;
   rydym wedi anufuddhau i'th air.
Maddau inni a chynorthwya ni i gymryd gwell gofal
   o'n cartrefle cyffredin, y fam ddaear.

Saer Bendigaid,
   â'th gŷn gweithia fi'n siâp addas ar gyfer dy waith;
   â'th blaen gwna fi'n offeryn addas i'th deyrnas;
   ail-lunia fi'n gostrel deilwng o'th win
   a ffurfia fi o'r newydd er gogoniant i'th enw.

Arglwydd,
   trwy dy waith y caf ddechreuad,
   trwy dy air y caf fywyd,
   trwy dy farw y caf fy nghadw,
   a thrwy dy atgyfodiad y caf obaith.

YMATEB

A: Pan fydd popeth yn ymddangos yn dywyll
      a ninnau'n teimlo fel pe baem wedi'n gadael mewn
      anhrefn

Y: *daw'r Arglwydd Dduw â goleuni,*
      mae ei Ysbryd yn adfer trefn a llawenydd.

Bydded i'r Arglwydd a ddug drefn o anhrefn
Bydded i'r Arglwydd a greodd nefoedd a daear
Bydded i'r Arglwydd a ffurfiodd foroedd a dyfroedd
Eich arwain a'ch cynnal yn awr a byth.

DIWRNOD 2

Ar goll yn rhyfeddod y Llwybr Llaethog
Yn crwydro yn ehangder myrddiwn o sêr
Yn teithio i blanedau ymhell o'r ddaear
Daw dy bobl i ddysgu mwy am dy fawredd,
Frenin y Cyfanfyd mawr.

SALM YMATEBOL: 19: 1-6

A: Y mae'r nefoedd yn adrodd gogoniant Duw,
    a'r ffurfafen yn mynegi gwaith ei ddwylo.

Y: *Y mae dydd yn llefaru wrth ddydd,*
    a nos yn cyhoeddi gwybodaeth wrth nos.

A: Nid oes iaith na geiriau ganddynt,
    ni chlywir eu llais;

Y: *Eto fe â eu sain allan drwy'r holl ddaear*
    a'u lleferydd hyd eithafoedd byd.

A: Ynddynt gosododd babell i'r haul,
    sy'n dod allan fel priodfab o'i ystafell, yn llon
    fel campwr yn barod i redeg gyrfa.

Y: *O eithaf y nefoedd y mae'n codi,*
    a'i gylch hyd yr eithaf arall;
    ac nid oes dim yn cuddio rhag ei wres.

DARLLENIAD: Genesis 1: 6-8

MYFYRDOD

Ehangder yr awyr,
   yn ysgafn-las liw dydd,
   dyfnder y düwch liw nos,
      gwaith llaw Duw.
Dyna wacter difesur creadigaeth Duw.

10

Pan fyddwn yn myfyrio,
    yn edrych i fyny ar gynfas diddiwedd yr awyr,
rydym yn amgyffred rhywbeth o fawredd Duw.
Oherwydd gwelwn lofnod Duw
    yn harddwch ei greadigaeth.
Gadewch inni felly ymboeni
am burdeb yr awyr a anadlwn;
pan fyddwn yn diogelu ansawdd yr awyr o'n hamgylch
    byddwn yn hybu ein hiechyd a'n cyflwr ein hunain.

'Galwodd Duw y ffurfafen yn nefoedd' . (1:8)

GWEDDÏAU

Dduw byw,
    diolchwn i ti am harddwch y ffurfafen,
        am yr eangderau maith uwch ein pennau,
        am gymylau yn haenau
        wedi eu pentyrru'n uchel yn y nefoedd,
        am ogoniant tanllyd y machlud,
        am anadl bywyd mewn aer pur.
Cyffeswn nad ydym wedi trysori dy rodd;
        rydym wedi llygru'r aer â diwydiant;
        rydym wedi creithio'n hysgyfaint â mwg;
        rydym wedi gwenwyno'r aer ag ymbelydredd.
Maddau inni a chynorthwya ni i wneud mwy o ymdrech
        i gadw'r aer yn bur ac i ddiogelu amgylchedd iach
        er lles eraill a'n lles ninnau.

Yr iâr, yn deor dros dy gywion,
    chwaer, gyfaill, yn casglu dy deulu o'th amgylch,
        Dad cariadus, yn ein tynnu'n agos atat,
    cadw ni o dan gysgod dy adenydd,
        cysgoda ni â'th gariad, mor ddwfn ac mor gryf.

Tyrd, Ysbryd Duw, llanw'r bydysawd â goleuni

11

Tyrd, Ysbryd Duw, llanw'r blaned â'th gariad
Tyrd, Ysbryd Duw, llanw'r eglwys â'th lawenydd
Tyrd, Ysbryd Duw, llanw'r bobl â'th dangnefedd.

YMATEB

A: Mae'r haul yn tywynnu'n ddisglair yn y nefoedd,
     symbol o rym a chariad.

Y: *Cynorthwya ni i adlewyrchu rhywbeth o'th gariad*
     a'th rym mewn bywydau wedi eu hoffrymu i ti
     mewn gwasanaeth llawen.

Bydded i oleuni'r awyr roi gobaith i chwi
Bydded i sŵn y moroedd eich symbylu
Bydded i arogl y ddaear eich amgylchynu â llawenydd
Bydded i Dduw'r holl greadigaeth
eich bendithio drwy eich holl ddyddiau.

Mae cawodydd yn adfywio a gwlychu'r ddaear
Mae nentydd byrlymus yn dyfrhau'r anialwch
Glaw, bendith Duw ar gyfer byd cras
Dŵr, gwlybaniaeth bywyd, ar gyfer pobl sychedig

SALM YMATEBOL: 93

A: Y mae'r Arglwydd yn frenin;
y mae wedi ei wisgo â mawredd,
y mae'r Arglwydd wedi ei wisgo, a nerth yn wregys
iddo.

Y: *Yn wir, y mae'r byd yn sicr,*
ac nis symudir.

A: Y mae dy orsedd wedi ei sefydlu erioed;
yr wyt ti er tragwyddoldeb.

Y: *Cododd y dyfroedd, O Arglwydd,*
cododd y dyfroedd eu llais,
cododd y dyfroedd eu rhu.

A: Cryfach na sŵn dyfroedd mawrion,
cryfach na thonnau'r môr,
yw'r Arglwydd yn yr uchelder.

Y: *Y mae dy dystiolaethau'n sicr iawn;*
sancteiddrwydd sy'n gweddu i'th dŷ,
O Arglwydd, hyd byth.

DARLLENIAD: Genesis 1: 9-10

MYFYRDOD
Y môr, llydan a dwfn;
y môr, yn cadw ei gyfrinach;

13

y môr, yn helaeth yn ei harddwch;
    dyma greadigaeth Duw.

Pan fyddaf yn sefyll ar fwrdd llong
    ac yn edrych allan dros y tonnau tymhestlog,
    ar draws ehangder y cefnfor ewynnog,
rwy'n ymwybodol o fyd arall,
    o bopeth sy'n byw yn y môr;
    creaduriaid rhyfedd a hardd
yn symud yn dawel mewn byd o liwiau llachar;
    morfilod mawr, pysgod cregyn,
        dolffiniaid swil, chwareus,
heidiau o bysgod arian
    yn gwibio drwy holltau mewn craig.
Medrwn ddiogelu harddwch
    y byd tanddaearol helaeth hwn
    neu fe fedrwn ei ddifetha â gwenwyn,
    a lladd rhywogaethau cyfan
    er mwyn torri ar gostau mewn ffatri.
Duw roddo ras inni i drysori'r moroedd.

'Galwodd Duw gronfa'r dyfroedd yn foroedd' (1:10).

GWEDDÏAU
Dduw Sanctaidd,
    diolchwn i ti am ehangder y môr,
        am ddirgelion dwfn yr eigion,
        am fywyd yn heidio mewn afonydd a llynnoedd,
        am fendith dŵr pur i'w yfed.
Cyffeswn nad ydym wedi gwerthfawrogi'r rhodd hon
    fel y dylem;
        gadawsom i wastraff diwydiant gael ei arllwys i afonydd;
        rydym wedi llygru llynnoedd ag amhuredd;
        gwnaethom y moroedd yn domenni sbwriel niwclear;

14

rydym wedi caniatáu i gymaint o bobl farw
trwy ddiffyg dŵr glân i'w yfed.
Maddau inni a phâr inni sylweddoli bod dŵr yn fywyd,
bod rhaid diogelu purdeb nentydd ac afonydd,
bod rhaid gofalu am y moroedd a'r eigion,
bod rhaid ymdrechu gyda'n gilydd i ddarparu
ffynhonnau o ddŵr pur ar gyfer pawb sy'n brin ohono.

Gwna i'n traed rodio yn dy ffordd di, Arglwydd;
gwna i'n llais lefaru dy air di, Arglwydd;
gwna i'n dwylo dy wasanaethu di wrth fendithio eraill;
boed i'n bywydau ddangos rhywbeth o'th ogoniant.

Yn symudiadau'r cymylau, y sêr a'r planedau
gwelwn dy law di'n symud, Arglwydd Dduw.
Yn symudiadau afonydd, llynnoedd a moroedd
gwelwn dy law di'n symud, Arglwydd Dduw.
Yn symudiadau'r galon, y gwaed a'r embryo
gwelwn dy law di'n symud, Arglwydd Dduw.
Yn symudiad yr enaid o'r ddaear i dragwyddoldeb
gwelwn dy law di'n symud, Arglwydd Dduw.

YMATEB

A: Dad, ar adegau o sychder ysbrydol,
         pan fyddwn yn sychedu am gyfiawnder
Y: *rwyt ti'n rhoi inni'r dŵr bywiol*
         ac yn ein harwain gerllaw nentydd llifeiriol.

Bydded i gawodydd bendithiol Duw ddisgyn arnoch
Bydded i nentydd cariad Crist eich diwallu
Bydded i afonydd yr Ysbryd eich cynnal
Bydded i'r Drindod Sanctaidd
eich llenwi â llawenydd a thangnefedd.

DIWRNOD 4

Ithfaen, wyneb-galed
yn para trwy'r oesoedd
Tywodfaen, meddal,
wedi ei dreulio gan dywydd y blynyddoedd
Marmor, hardd, llawn gwythiennau
yn barod i'w weithio'n artistig
Greigiau amser
wedi eich ffurfio trwy ddoethineb creadigol,
rhowch glod i Dduw, bensaer y cyfanfyd

SALM YMATEBOL: 95: 1-5

A: Dewch, canwn yn llawen i'r Arglwydd,
      rhown wrogaeth i graig ein hiachawdwriaeth.

Y: *Down i'w bresenoldeb â diolch,*
      rhown wrogaeth iddo â chaneuon mawl.

A: Oherwydd Duw mawr yw'r Arglwydd,
      a brenin mawr goruwch yr holl dduwiau.

Y: *Yn ei law ef y mae dyfnderau'r ddaear,*
      ac eiddo ef yw uchelderau'r mynyddoedd.

A: Eiddo ef yw'r môr, ac ef a'i gwnaeth;
Y: *ei ddwylo ef a greodd y sychdir.*

DARLLENIAD: Genesis 1: 11-13

MYFYRDOD

Daear, cynnes a choch; ein planed,
   daear yn cynhyrchu'r egin, y planhigyn, y ffrwyth,
      rhodd Duw;
   daear gynhyrchiol, hardd ryfeddol.
A gwelodd Duw ei bod yn dda iawn.

A gwelodd pobl ei bod yn dda hefyd.
A gwelodd pobl hefyd fod cnwd yn cynhyrchu cyfoeth
a bod mwynau o dan y ddaear yn ildio golud.
Felly mae'r ddaear wedi'i chreithio gan drachwant dynol;
gwneir i'r meysydd ildio i'r eithaf;
suddir pyllau dyfnion
i gael yr aur a'r diamwntau
a ffurfiwyd dros filoedd o flynyddoedd;
dymchwelir coedwigoedd-glaw enfawr
er mwyn gwneud yr ychydig yn gyfoethog.
Felly mae ein dagrau'n syrthio dros y fam ddaear
a gafodd ei rheibio gan y rhai a ddylai ei gwarchod,
trysorwn hi am ei harddwch
a gwerthfawrogi'r hyfrydwch naturiol
y mae'n ei ddangos bob tymor.

'Dygodd y ddaear lysiau.' (1:12)

GWEDDÏAU

Dduw'r cariad,
diochwn iti am ein pleser yn ein mam ddaear;
am ei ffrwythlondeb yng nghnwd y maes a'r berllan;
am yr hadau cuddiedig a'u haddewid am gynhaeaf;
am liwiau, arogleuon a synau natur gain.
Cyffeswn na fuom yn deilwng o'r fath roddion;
rydym wedi ysbeilio'r ddaear am ei golud;
yn ein trachwant rydym wedi lladd y ddaear wrth ei
hau;
nid ydym wedi rhannu'r cynhaeaf yn deg rhwng pawb.
Maddau inni a chymorth ni i ofalu'n fwy tyner
am y fam ddaear;
fel y darparodd hithau mor hael ar ein cyfer ni,
felly dyro i ninnau lawenydd wrth ddarparu'n
hael ar gyfer eraill;

17

Cymorth ni i sylweddoli ein bod wedi'n clymu ynghyd
gyda'th holl blant di ac wedi ein galw i fyw mewn cytgord
  ar y blaned hardd hon.

Cyflwynaf fy nghariad iti, Arglwydd,
  a derbyniaf dy lawenydd di;
Cyflwynaf fy llawenydd iti, Arglwydd,
  a derbyniaf dy dangnefedd di;
Cyflwynaf fy nhangnefedd iti, Arglwydd,
  a derbyniaf dy gariad di.

Amser hau a chasglu, rhodd Arglwydd yr haul
Cynhaeaf llynnoedd a moroedd, rhodd Arglwydd y glaw
Cynhaeaf maes a mwynglawdd, rhodd Arglwydd y ddaear
Amser hau a chasglu, rhodd Arglwydd y tymhorau.

GWEDDI'R ARGLWYDD

YMATEB

A: Arglwydd, rhoddaist inni'r fam ddaear, yn gyfoethog
       mewn rhoddion cynhyrchiol er lles pawb.
Y: *Cymorth ni i'w thrysori, ac i ofalu am ei hiechyd a'i*
       lles.

Fel y mae'r meysydd yn wyrdd gyda dyfodiad y gwanwyn
Fel y mae'r coed yn cael eu dilladu o'r newydd
mewn toreth o ddail
Fel y mae'r planhigion yn gwthio trwy gramen y ddaear
gyda bywyd newydd
Felly boed i Dduw roi i chwi wanwyn newydd ffydd.

DIWRNOD 5

Dduw'r sêr disglair, gwena arnaf fi
Dduw'r lleuad llon, chwardd gyda mi
Dduw'r haul tanbaid, rho fi ar dân
Dduw mawr y planedau, bydd yn dywysydd imi

SALM YMATEBOL: 136: 1,4-9

A: Diolchwch i'r Arglwydd am mai da yw,
Y: *oherwydd mae ei gariad hyd byth.*

A: Y mae'n gwneud rhyfeddodau mawrion ei hunan,
oherwydd mae ei gariad hyd byth.
Y: *gwnaeth y nefoedd mewn doethineb,*
oherwydd mae ei gariad hyd byth;

A: taenodd y ddaear dros y dyfroedd,
oherwydd mae ei gariad hyd byth;
Y: *gwnaeth oleuadau mawrion,*
oherwydd mae ei gariad hyd byth;

A: yr haul i reoli'r dydd,
oherwydd mae ei gariad hyd byth,
Y: *y lleuad a'r sêr i reoli'r nos,*
oherwydd mae ei gariad hyd byth.

DARLLENIAD: Genesis 1: 14-19

MYFYRDOD

Harddwch y goleuadau disglair, haul a lleuad
yr haul i fod yn olau liw dydd,
a'r lleuad i fod yn olau liw nos.
Yn trechu'r tywyllwch, gan hybu tyfiant naturiol,

yn llewyrchu ar ein llwybr.
Pan fyddaf yn edrych i fyny ar awyr y nos
    ac yn gweld goleuadau disglair yr Arth Mawr,
        ysblander y Llwybr Llaethog
            neu ddisgleirdeb arbennig seren newydd,
caf fy llenwi gydag ymdeimlad o dangnefedd,
o wybod mai'r Duw a greodd
    y cyfanfyd eang yn ei harddwch,
a luniodd blanedau nid adwaenir
    mewn hyfrydwch heb ei ddarganfod,
a'n creodd ninnau hefyd a'n hadnabod,
    gan ein dal yng nghledr ei law
    a dyheu am inni gael iechyd a daioni,
    ac mewn cymundeb dwfn ag ef
        y caffom ein tangnefedd.

'A gwnaeth y sêr hefyd' (1:16)

GWEDDÏAU

Greawdwr doeth a chariadlon,
    rhown iti foliant a diolch am oleuni ein llygaid,
        am yr haul tanbaid ganol dydd,
        am dynerwch golau lleuad ganol nos,
        am lewyrch sêr mewn awyr dywyll, felfed,
        am gynnwrf godidog lliwiau'r machlud
            a gogoniant euraidd y wawr.
Cyffeswn inni'n rh-y aml gymryd hyn oll yn ganiataol
    gan fethu gweld y fraint fawr sy'n eiddo i ni
        yn rhodd goleuni.
Atgoffa ni'n barhaus o'th gariad.
Boed inni fynegi'n diolchgarwch
    mewn bywydau wedi eu hoffrymu yn dy wasanaeth.

Arglwydd,
    dal ein bywyd yn dy fywyd di.

Tywys ni yn dy ffordd,
nid yn ôl ein chwantau ni ond yn ôl dy ewyllys di,
nid yn ôl ein gwendid ni ond yn ôl dy gryfder di.
Boed i'n pererindod gyrraedd ei nod
yn dy bresenoldeb, er dy ogoniant.

Arglwydd y ddeilen, Dduw'r sêr,
Roddwr dŵr, Greawdwr moroedd,
Dad trugareddau, Waredwr mewn cariad,
Ysbryd heddwch, Drindod sanctaidd, aros gyda ni'n
wastadol.

YMATEB

A: Arglwydd Dduw,
      pan edrychwn i fyny ar yr awyr yn y nos,
      pan welwn y sêr yn eu hamlder a golau'r lleuad,
Y: *Cymorth ni i adnabod dy hedd yn ein calonnau*
      ac i brofi dy oleuni yn ein bywydau.

Fel y bydd yr haul yn ei lewyrch yn dwyn gogoniant
Fel y bydd y sêr yn taenu tywyllwch yn y nos
Fel y bydd y lleuad yn dwyn gobaith yn ei ddisgleirdeb
Felly bydded i oleuni Duw
lenwi eich calon a'ch meddwl a'ch bywyd.

DIWRNOD 6

Chwi greaduriaid yr eigion dwfn, yn cuddio'n isel
Bysgod y llynnoedd mawr, yn nofio'n ddwfn
Anifeiliaid y moroedd llydan, yn crwydro 'mhell
Gychod pysgota a llongau teithio mawr
yn tramwyo'r dyfroedd
Bydded i Dduw mawr y moroedd a'r afonydd
eich cadw yn eich teithiau ar dir a môr

SALM YMATEBOL: 148: 7-12

A: Molwch yr Arglwydd o'r ddaear,
chwi ddreigiau a'r holl ddyfnderau,
Y: *tân a chenllysg, eira a mwg,*
y gwynt stormus sy'n ufudd i'w air;

A: y mynyddoedd a'r holl fryniau,
y coed ffrwythau a'r holl gedrwydd,
Y: *y bwystfilod a'r holl anifeiliaid,*
ymlusgiaid ac adar hedegog;

A: brenhinoedd y ddaear a'r holl bobloedd,
tywysogion a holl farnwyr y ddaear;
Y: *gwŷr ifainc a gwyryfon,*
hynafgwyr a llanciau hefyd.

DARLLENIAD: Genesis 1: 20-25

MYFYRDOD

Y fath amrywiaeth a harddwch sydd
yn holl greaduriaid y môr,
yn holl adar yr awyr,
yn holl anifeiliaid y maes.
Mae yna fyd hyfryd yn cuddio yn y goedwig,
pryfed hardd, yn ymlusgo o dan risgl y coed,

pysgod lliw'r enfys mewn nentydd,
adar rheibus â'u caneuon pêr
   yn llenwi'r dyffryn â moliant natur.
Am rodd! Am rodd brydferth
   i fod yng ngofal y fath fodau a grewyd.

Ac eto, cafodd cymaint ohonynt eu dal,
   eu ffrwyno, eu caethiwo, eu hanafu.
Mor aml y bu'r hil ddynol mor annynol
   tuag at y creaduriaid a osododd Duw ar ein trugaredd.
Maddeued Duw inni
   a'n cymodi â'n brodyr a'n chwiorydd yr anifeiliaid.

'Dyged y ddaear greaduriaid byw'. (1:24).

GWEDDÏAU

Greawdwr Dwyfol,
   diolchwn iti am hyfrydwch pur
      yr holl greaduriaid hardd a wnaethost
      a'u gosod yma i rannu'r blaned hon â ni.
Am bopeth sy'n nofio yn nyfnder y môr,
      am bopeth sy'n hedfan yn uchelderau'r nefoedd,
      am bopeth sy'n crwydro meysydd a gwastadeddau.
Cyffeswn na fuom yn stiwardiaid da.
Rydym wedi hela, abwydo, maglu, arteithio a lladd
   anifeiliaid dirifedi, gwyllt a dof.
Buom yn achos tranc rhywogaethau cyfan
   trwy ein trachwant a'n hecsploitio hunanol ar anifeiliaid.
Buom yn achos tristwch yn y nef a galar ar y ddaear
   trwy gamddefnyddio adar, bwystfilod a physgod.
Maddau inni a symbyla ni i fod yn well stiwardiaid.

Yn nhywod yr anialwch
   mae dŵr bywyd mor werthfawr, mor hanfodol.
Mewn pentrefi pellennig wedi eu llyffetheirio gan dlodi

23

mae reis bywyd mor werthfawr, mor hanfodol.
Ar ffermydd truenus y gwledydd llai datblygedig
mae gwrtaith mor werthfawr, mor hanfodol.
Ac eto, caiff dŵr ei arllwys yn hael ar lawntiau byd hamdden;
caiff reis ei daflu i finiau sbwriel gwestai moethus;
caiff gwrtaith ei wasgaru'n ddibrin ar gyrsiau golff llewyrchus.
Dduw'r tlawd,
heria'r Sacheus ym mhob un ohonom,
symbyla ni i roi o'n digonedd,
i rannu'r pethau da a ymddiriedwyd inni,
fel y bo'r anialwch yn blodeuo fel rhosyn
a'r pentrefi'n atsain â chaneuon dathlu.

Greawdwr Frenin,
ti yw'r dŵr bywiol,
ti yw'r aer trydanol,
ti yw'r ddaear ffrwythlon,
ti yw calon y cyfanfyd.
Greawdwr yn creu, crea ysbryd newydd o'm mewn
imi fod yn un â dŵr, aer a daear.

YMATEB

A: Greawdwr y byd, gwnaethost adar yr awyr
yn eu holl amrywiaeth a'u hyfrydwch;

Y: *Gwnaethost bysgod y môr a bwystfilod y maes.*
Moliannwn di am lawnder dy greadigaeth fyw.

Bydded i luniwr y big felen, y fwyalchen ddu,
fod gyda chwi
Bydded i luniwr yr adain lydan, y fronfraith frown,
fod gyda chwi
Bydded i luniwr y gynffon-wyntyll, y golomen wen,
fod yn agos atoch
Bydded i aderyn mawr yr awyr lydan ddisgyn arnoch.

24

DIWRNOD 7

*Dad, rhoddaf iti fy mhlentyndod, oherwydd ti a'm gwnaeth
Fugail, rhoddaf iti fy mlynyddoedd canol oed, oherwydd
ti sy'n fy nghynnal
Arglwydd, rhoddaf iti hwyr-ddydd fy mywyd, oherwydd
ti sy'n fy nghadw
O'm geni i'm diwedd, ti yw fy Ngwaredwr.*

SALM YMATEBOL: 8: 3-8

A: Pan edrychaf ar y nefoedd, gwaith dy fysedd,
        y lloer a'r sêr, a roddaist yn eu lle,

Y: *beth yw dyn iti ei gofio,*
        a'r teulu dynol , iti ofalu amdano?

A: Eto gwnaethost ef ychydig islaw duw,
        a'i goroni â gogoniant ac anrhydedd.

Y: *Rhoist iddo awdurdod ar waith dy ddwylo,*
        a gosod popeth dan ei draed:

A: defaid ac ychen i gyd, yr anifeiliaid gwylltion hefyd

Y: *adar y nefoedd, a physgod y môr,*
        a phopeth sy'n tramwyo llwybrau'r dyfroedd.

DARLLENIAD: Genesis 1: 26-28a

MYFYRDOD

Dyheai'r Arglwydd Dduw am gwmnïaeth,
    felly creodd ddyn.
Creodd ef i fod yr un fath ag ef ei hun,
    gyda phriodoleddau gwrywaidd a benywaidd,
    wedi eu dwyn at ei gilydd wrth greu er mwyn ail-greu,
    i ddwyn ffrwyth perthynas i fywyd y byd,
    a lluosogi mewn nifer, yn ferched a dynion

wedi eu gosod yn y byd i foli Duw
a rhyngu ei fodd ef.

Am dynged aruchel! Cael ein gwneud fel Duw.
Am her aruchel! Ymgyrraedd at y ddelwedd
y'n crewyd arni.
Am obaith aruchel! Y gwelir ynom ryw ddydd
y ddelwedd ddwyfol trwy ras Crist ein Prynwr.

'Felly creodd Duw ddyn ar ei ddelw ei hun'. (1:27).

GWEDDÏAU

Annwyl Dad,
  yn dy gariad anfeidrol creaist deulu
    i rannu holl hyfrydwch y byd a wnaethost.
  Mae yna'r fath amrywiaeth ymhlith dy blant,
    du, gwyn a melyn; hen ac ifanc; merched a dynion;
    o bob hil, yn siarad mewn tafodau amrywiol.
Rhown ddioch iti am ein bod yn medru dysgu cymaint
  oddi wrth bawb o'n cwmpas;
diolchwn iti am ein gwahanol ddiwylliannau;
gorfoleddwn yn y gerddoriaeth, arluniaeth a barddoniaeth
  sy'n arbennig i bob cenedl.
Llawenhawn am nad wyt wedi'n gwneud i gyd yr un fath
  ond yn fendigedig o wahanol, ac eto mae cymaint
    yn gyffredin rhyngom.
Cyffeswn inni fethu â gwerthfawrogi'n gilydd fel y dylem
  na derbyn ein gilydd fel y dylem.
Rydym wedi difwyno'n byd trwy greu gwahaniaethau;
rydym wedi creithio'n cymdeithas â chenedlaetholdeb a
  hiliaeth;
gwnaethom ein gwahaniaethau'n achos erledigaeth.
Maddau inni a chynorthwya ni i ofalu am ein gilydd,
  i geisio cyfiawnder a heddwch i bawb
  ac i barchu cyfanrwydd y greadigaeth hon

yr ydym oll yn rhan ohoni,
yn un teulu, yn edrych atat ti, ein
Crëwr a'n Tad ni oll.

Yn y tawelwch fe'th glywaf yn llefaru
Yn y distawrwydd mi wn am dy fodolaeth
Trwy fod yn dawel medraf glywed eraill
Yn y llonyddwch awn i gymundeb dwfn
Pan fydd geiriau'n pallu a sŵn yn cilio
    yn y tawelwch caf fy adfywio,
    yn y distawrwydd gwnaf fy nhrigfan ynot, Arglwydd
Dduw.

Yn y cynamser, y creu; gwnaethost ti'r cyfanfyd.
Yn y dechreuad, y creu; bu iti wahanu tir a môr.
Ar y cychwyn, y creu; creaist oleuni mewn tywyllwch.
Yn y cynamser, y creu; lluniaist ŵr a gwraig ar dy ddelw.

YMATEB

A: Dad sanctaidd,
      diolchwn iti am amrywiaeth dy holl bobl.
Y: *Cymorth ni i ofalu am ein gilydd,*
      gan ymhyfrydu yn ein hundeb a'n hamrywiaeth.

Bydded i'r Arglwydd
y mae ei adar yn hedfan yn yr awyr
Bydded i'r Arglwydd
y mae ei bysgod yn llenwi'r moroedd
Bydded i'r Arglwydd y mae ei fwystfilod
yn crwydro'r gwastadeddau
Bydded i'r Arglwydd y mae ei blant yn poblogi'r ddaear
Eich bendithio'n helaeth drwy eich holl ddyddiau

DIWRNOD 8

Tywysennau o wenith, yn aeddfedu yn yr haul ganol dydd
Haidd yn tyfu, wedi ei adfywio gan gawod o law
Caeau o geirch, ymborth i ddyn ac anifail
Bendithion y fam ddaear, rhodd ein Duw

SALM YMATEBOL: 145: 8-13a

A:Graslon a thrugarog yw'r Arglwydd,
araf i ddigio a llawn ffyddlondeb.

Y: *Y mae'r Arglwydd yn dda wrth bawb,*
ac y mae ei drugaredd tuag at ei holl waith.

A:Y mae dy holl waith yn dy foli, Arglwydd,
a'th saint yn dy fendithio.

Y: *Dywedant am ogoniant dy deyrnas,*
a sôn am dy nerth,

A:er mwyn dangos i ddynion dy weithredoedd nerthol
ac ysblander gogoneddus dy deyrnas.

Y: *Teyrnas dragwyddol yw dy deyrnas,*
a saif dy lywodraeth byth bythoedd.

DARLLENIAD: Genesis 1: 28b-31

MYFYRDOD

Rhoddodd Duw i ofal y ddynoliaeth
yr holl rywogaethau eraill a greodd mor hardd;
pysgod dirifedi'r afonydd, llynnoedd a moroedd;
adar amrywiol y coedwigoedd, fforestydd a
gwastadeddau; creaduriaid gwyllt a dof y maes, y rhos
a'r anialwch.
yr holl greadigaeth fyw, fraith hon a roddodd inni
a'i hymddiried i'n gofal.
Ac edrychodd Duw allan dros yr holl olygfa

ac fe'i llanwyd â gorfoledd oherwydd roedd yn dda
iawn i gyd.

Ond gwaetha'r modd nid felly yr arhosodd.
Caiff eliffantod eu camdrin yn erchyll a'u lladd er mwyn
eu hifori;
Caiff morfilod eu hela a'u difa er mwyn elw;
Try teigrod yn dlysau ym mân siarad y coctêls
a mwncïod yn destun difyrrwch mewn caets.
Cwymp yr eryr a'r hebog yn ysglyfaeth
i drachwant a balchder dynol;
cafodd rhywogaethau cyfan eu difodi
er mwyn bodloni awch hunanol pobl.
Ar draws creadigaeth Duw fe glywir cri y carw a helir;
dyrchefir galarnad uchel i'r Creawdwr
am ein bod ni fodau dynol wedi cefnu ar ein stiwardiaeth
a bradychu'n Creawdwr.

*'A dywedodd Duw, "Yr wyf yn rhoi i chwi bob llysieuyn sy'n
dwyn had ar wyneb y ddaear".'* (1:29)

GWEDDÏAU
Wehydd Dwyfol,
gwnaethost fyd o harddwch astrus
a pheri'n bod yn perthyn i'n gilydd ym mhatrwm
dy greadigaeth, natur, pobl, anifeiliaid, haul, sêr,
afonydd, moroedd,
wedi eu gwau yn un cyfanwaith ac eto mor amrywiol
yn unigol.
Cyffeswn nad ydym wedi parchu
y modd yr ydym wedi'n cydgysylltu;
rydym wedi rhwygo defnydd ein cymdeithas;
rydym wedi darnio brethyn ein hundod;
rydym wedi llarpio'r edafedd sy'n ein clymu.
Maddau inni a galluoga ni i ailweithio'r patrwm,

i adfer popeth sy'n ein clymu,
bobl wrth bobl, anifeiliaid a phobl,
ddynolryw i'r ddaear, dy blant i ti,
er mwyn inni fod eto'r hyn a fwriedaist inni fod,
yn unigryw ynom ein hunain
ac eto'n gyfan ac ynghyd yn ein byd cydgysylltiedig.

Fe'th geisiais mewn athroniaethau a llyfrau,
fe'th geisiais mewn damcaniaethau a chredoau,
ond dihengaist rhagof.
Fe'th geisiais mewn llyfrgelloedd ac amgueddfeydd,
fe'th geisiais mewn cadeirlannau ac eglwysi,
ond dihengaist rhagof.
Fe'th geisiais mewn banciau a chymdeithasau adeiladu,
fe'th geisias mewn ffatrïoedd a mannau arddangos,
ond dihengaist rhagof.
Fe'th geisiais ymysg y tlawd a'r toredig ar y stadau,
fe'th geisiais ymysg y gweiniaid a'r dirmygedig
y gwersylloedd ffoaduriaid,
a chael yno dy groeso;
ac yna deuthum o hyd iti yn y mannau eraill i gyd
wrth imi ymuno ag eraill i ddangos dy dosturi.

Dduw'r daran, mae dy rym yn ein cwmpasu
Dduw'r daeargryn, mae dy allu yn ein syfrdanu
Dduw'r tân cynddeiriog, mae dy ogoniant yn ein dallu
Dduw'r awel dyner, daw dy gariad o hyd inni.

YMATEB

A: Greawdwr Dduw,
rhoddaist inni ofal yr holl greaduriaid byw
Y: *Cymorth ni i ofalu am yr holl anifeiliaid,
gwyllt neu ddof.*

Bydded i'r Duw a wnaeth wryw a benyw eich bendithio
*Bydded i'r Duw a roddodd lywodraeth dros bob creadur
  byw eich arwain*
*Bydded i'r Duw a addawodd i chwi gynnyrch y ddaear
  ganiatáu i chwi gynaeafau da*
Bydded i'r Duw a wnaeth bopeth eich bendithio'n helaeth.

DIWRNOD 9

Bydd y dderwen yn tyfu'n gryf, dail llydan a gwyrdd
Bydd y boplysen yn ymestyn yn uchel, dail tenau'n
sgleinio
Yr ywen yn drwchus ac isel, dail bytholwyrdd
Yr helyg yn llaes wrth y llyn, dail tyner a hir
Mae'r coed hefyd o dan dy ofal, Arglwydd y greadigaeth

SALM YMATEBOL: 32: 1-2, 5-7

A: Gwyn ei fyd y dyn y maddeuwyd ei fai,
       ac y cuddiwyd ei bechod.

Y: *Gwyn ei fyd y dyn nad yw'r Arglwydd yn cyfrif*
      trosedd yn ei erbyn, ac nad oes dichell yn ei ysbryd.

A: Yna, bu imi gydnabod fy mhechod wrthyt,
       a pheidio â chuddio fy nrygioni;

Y: *dywedais, 'Yr wyf yn cyffesu fy mhechodau i'r*
      Arglwydd'; a bu i tithau faddau euogrwydd fy
      mhechod.

A: Am hynny fe weddïa pob un ffyddlon arnat ti
       yn nydd cyfyngder,

Y: *a phan ddaw llifeiriant o ddyfroedd mawr,*
      ni fyddant yn cyrraedd ato ef.

A: Yr wyt ti'n gysgod i mi; cedwi fi rhag cyfyngder;
Y: *amgylchi fi â chaneuon gwaredigaeth.*

DARLLENIAD: Genesis 2: 8-9, 15-17

MYFYRDOD

    Fel hyn y bwriadodd Duw i bobl fyw -
      yn harddwch gardd,
      wedi eu hamgylchynu gan goed,

pob un yn dwyn ffrwyth yn ei thymor,
eu holl anghenion wedi eu diwallu
yng nghynnyrch y fam ddaear,
yn canfod dedwyddwch
mewn ufudd-dod i'w Creawdwr.

Pan fyddaf yn sefyll mewn gardd daclus a bwrw golwg
   drosti rwyf ar drothwy paradwys.
Mae lawntiau esmwyth y glaswellt gwyrdd yn garped o
   dan draed;
   mil o flodau'n blaguro mewn gwelyau a chreigiau;
   y coed a'u haddewid o ffrwythau pêr;
   pili pala a gwenyn yn ychwanegu lliw a sain;
   y ffynhonnau'n pefrio wrth i ddŵr adfywiol
      ymestyn yn uchel fel bwa
   a syrthio â miwsig yn ôl i'r pwll.
Dyma rywbeth i'n hatgoffa o Eden,
   rhodd Duw i'w bobl, wedi eu creu ar ei ddelw.
Dyma harddwch na all yr un artist ei ddal,
   hyfrydwch na all yr un cerflunydd obeithio'i ddynwared.
Mewn gardd o'r fath y llefarodd Duw wrth ddynoliaeth;
   gan ofyn am ufudd-dod o ran daioni a drygioni;
gosododd Duw ni mewn gardd hyfryd
a phledio â ni i ddewis y goleuni,
   i ddewis bywyd.

' "Ni chei fwyta o bren gwybodaeth da a drwg". ' (2:17)

GWEDDÏAU

Arglwydd y winllan,
   rhown ddiolch iti am geinder gerddi,
      am brydferthwch blodyn a blagur,
      am hyfrydwch ffrwythau ac aeron,
      am y ffynhonnau a'r pyllau adfywiol,
      am ogoniant glesni natur,

33

am gynnwrf lliw mewn gwelyau wedi eu trin,
am gân lawen adar diofal,
am gyfarthiad cŵn chwareus
ac am chwerthin plant.
Maddau inni ein bod mor aml yn brin ein diolch
am roddion mor fawr ac amrywiol.
Cymorth ni i orfoleddu yn yr holl olygfeydd a synau
sy'n ein hamgylchynu mewn natur,
ac i rannu ag eraill y pethau da
a dderbyniwn oddi wrthyt ti.

Gwêl yn y bydysawd dy ddagrau, annwyl Arglwydd,
yn wylo gyda dinasyddion syrthiedig Jerwsalem,
yn llefain gyda chaethweision gorthrymedig Rhufain,
yn wylo dros ferthyron yr ymerodraeth yn eu hartaith,
yn llefain dros blant sy'n ysglyfaeth i haid farbaraidd.
Gwêl yn y bydysawd dy ddagrau, annwyl Arglwydd,
yn wylo dros bobl dduon o dan ormes diwylliant gwyn,
yn llefain dros deuluoedd y diflanedig,
yn wylo dros rai
a orthrymwyd gan lywodraeth Gomiwnyddol,
yn llefain dros y plant
yng ngwersylloedd y Palestiniaid.
Gwelwn yn y bydysawd dy ddagrau, annwyl Arglwydd,
yn gymysg â dagrau'r rhai y buost farw drostynt.

Yn yr un y mae symlrwydd, undod bendigaid.
Yn y tri y mae cymundeb, drindod sanctaidd.
Yn y saith y mae cyfanrwydd, popeth a grewyd.
Rhodd y Tri yn Un yw iachawdwriaeth lawn;
tyrd ar frys, Arglwydd, Waredwr a Phrynwr.

YMATEB

A: Arglwydd, creaist fyd o harddwch;
      rhoddaist inni baradwys.

Y: Maddau inni'n methiant
       i ymateb i'th gariad â chariad;
       maddau inni am anharddu wyneb dy greadigaeth.

Bydded i'r Tad gerdded gyda chwi yn ffresni'r ardd
Bydded i'r Mab gerdded gyda chwi ar lwybr y mynydd
Bydded i'r Ysbryd gerdded gyda chwi ar ffordd y pererin
Bendith y Tad, y Mab a'r Ysbryd
a fo arnoch yn wastad.

DIWRNOD 10

Diferion glaw yn syrthio o'r awyr, fel dagrau Duw
Haul yn tywynnu'n ddisglair yn y nefoedd, fel gwên Duw
Enfys yn yr awyr, haul a glaw, fel addewid Duw
Oherwydd mae Duw gyda ni mewn llawenydd a gofid

SALM YMATEBOL: 51: 1-3, 10-12

A: Bydd drugarog wrthyf, O Dduw,
yn ôl dy ffyddlondeb;
Y: *yn ôl dy fawr dosturi dilea fy meiau;*

A: golch fi'n lân o'm heuogrwydd,
a glanha fi o'm pechod.
Y: *Oherwydd gwn am fy meiau,*
ac y mae fy mhechod yn wastad gyda mi.

A: Crea galon lân ynof, O Dduw,
rho ysbryd newydd cadarn ynof.
Y: *Paid â'm bwrw ymaith oddi wrthyt,*
na chymryd dy ysbryd sanctaidd oddi arnaf.

A: Dyro imi eto orfoledd dy iachawdwriaeth,
Y: *a chynysgaedda fi ag ysbryd ufudd.*

DARLLENIAD: Genesis: 3: 1-8

MYFYRDOD

Dim ond inni wrando, mi fedrwn glywed llais Duw;
ond mewn byd o dda a drwg
bydd llais temtiwr yn wastad.
Mae ystryw'r sarff yn awgrymu
bod yna ryw brofiad yr ydym heb ei gael,
rhyw bŵer y mae arnom ei angen,

rhyw nwyddau y mae'n rhaid inni eu meddiannu,
rhyw wybodaeth y mae'n rhaid inni wrthi,
ac nad oes dim i sefyll yn ein ffordd i'w gael,
na chariad at Dduw na chariad at gymydog.
Pan fyddwn yn gwrando ar lais temtasiwn,
pan fyddwn yn gweithredu arno
er mwyn bodloni'n chwantau hunanol,
yna y mae arnom ofn cyfarfod â Duw
ac nid oes arnom eisiau clywed ei lais.
Rydym wedi syrthio oddi wrth ras;
aethom allan o ardd hyfrydwch;
gwelwn ein hunain yn hylltra anufudd-dod.
Pa bryd y cawn ni adennill diniweidrwydd gardd Eden?
Pa bryd y byddwn ni'n rhyngu bodd Duw
ac wrth ein bodd yn cerdded gydag ef?
Trwy ras Duw, bydd Crist yn ein harwain
i'r ardd honno a addawyd;
fe'n hadfer eto yn blant i'n Tad
ac y mae'r ffordd a ddewisodd ef yn un gostus,
yn arwain trwy ardd Gethsemane a phren Calfaria.

*'Ac ymguddiodd y dyn a'i wraig o olwg yr Arglwydd
Dduw.'* (3:8)

GWEDDÏAU

Fugail annwyl,
rwyt yn gofalu amdanom
hyd yn oed pan nad ydym yn ymwybodol ohonot;
rwyt yn ein rhybuddio
am beryglon, maglau a themtasiynau;
rwyt yn hiraethu am ein gweld yn ddiogel yn y gorlan.
Ond mynnwn fynd ein ffordd ein hunain;
ein balchder sy'n peri inni feddwl ein bod yn gwybod
yn well na thi;
rydym yn anufudd i'th gyfarwyddyd cariadlon;

crwydrwn oddi ar lwybr diogelwch a chyfiawnder
a syrthio i beryglon ac i ffyrdd drygionus.
Tywys ni'n ôl yn dyner i gorlan dy ddiogelwch
lle rwyt yn ein hadnabod a'n caru,
fesul un a chyda'n gilydd.
Felly y cawn lawenydd a thangnefedd yn dy bresenoldeb
a byw er gogoniant Duw ein Tad.

Arglwydd,
mae'n ymddangos weithiau fy mod wedi cerdded
y ffordd hon o'r blaen
ar fy mhererindod gylchynog,
pan fyddaf yn cadarnhau f'ymrwymiad iti
ac yn addo iti fy mywyd, fy ngolud, fy mlynyddoedd.
Weithiau mae'n edrych fel petawn wedi cerdded
y ffordd hon o'r blaen
pan fyddaf yn cyffesu fy methiannau
ac yn cydnabod fy nifrawder a'm haddewidion brau.
Mae fel petawn wedi cerdded y ffordd hon o'r blaen
pan fyddaf yn datgan ffydd sy'n gadarn
a gobaith sy'n ddisglair
ac yn cynnig fy mywyd yn dy wasanaeth
hyd ddiwedd amser.
Arglwydd, cymorth fi i dorri allan o'r cylch
a throelli at i fyny, gan deithio gyda'th Ysbryd.
Tyrd â mi i'r man cyfarfod
imi gael fy nghadarnhau mewn disgyblaeth
a'm gwneud yn barod i'th wasanaethu di'n ffyddlon.

Pan ddychwel y crwydryn atat, Arglwydd Dduw,
mae yna lawenydd
Pan ganfyddir y ddafad golledig, mae yna lawenydd
Pan ddaw'r mab colledig gartref, mae yna lawenydd
Rho lawenydd i ni yn ein cymdeithas
a thangnefedd yn dy bresenoldeb,
Dduw ffordd y pererinion.

YMATEB

A: Pan gawn ein temtio
i amau neu ddigalonni,
pan fydd balchder,
cenfigen neu drachwant yn temtio

Y: *boed inni ddwyn i gof*
fywyd a dysgeidiaeth ein Harglwydd
a gorchfygu temtasiwn
yn ein hymroddiad newydd iddo.

Bydded i Arglwydd y carw chwim fod wrth eich ochr
Bydded i Arglwydd y dŵr bywiol deithio gyda chwi
Bydded i Arglwydd y garan uchel eich arwain
Bydded i Arglwydd yr aer llifeiriol fynd gyda chwi.

GWEDDÏAU YMRYDDHAD

Darlleniadau o Exodus. Dyma stori ddramatig rhyddhau pobl Dduw o gaethiwed. Cafodd ei hysgrifennu o fewn cyd-destun arbennig ond y mae'n llefaru'n rymus wrth ein cenhedlaeth ni, yn enwedig wrth bobl orthrymedig a difreintiedig. Mewn llawer man y mae pobl wedi teithio trwy'r anialwch tua gwlad yr addewid. Cânt eu symbylu'n fawr wrth ddarllen yr hanes hwn am ffyddlondeb Duw i'w bobl. Dylai hefyd fod yn symbyliad inni i gyd i fentro ar daith o ymryddhad yn ein pererindod ysbrydol. Mae rhai o'r gweddïau wedi eu seilio ar adnodau o 1 Ioan.

DIWRNOD 11

Y tywyllwch
pan ddiffoddir golau'r haul a'r lleuad
Tywyllwch
pan na fydd hyd yn oed llewyrch sêr yn gloywi'r awyr
Tywyllwch
pan na welwch ddim wrth sefyll yn unig
Ac eto y mae Duw yno yn y tywyllwch hefyd;
gydag ef y mae'r nos mor ddisglair â'r dydd

SALM YMATEBOL: 119: 1-2, 5-6

DARLLENIAD: Exodus 1: 8-14

MYFYRDOD

Camgymeriad y gormeswr bob tro yw credu y gall ennill mwy oddi wrth bobl trwy eu camdrin a'u gosod o dan lafur caled. Am flynyddoedd gwasanaethodd yr Israeliaid yn hapus yn yr Aifft, a pharch o boptu'n arwain at bartneriaeth greadigol. Ond achosodd cenfigen ormes chwerw. Roedd Pharo mewn sefyllfa o rym absoliwt; a bydd grym o'r fath yn aml yn llygru, ac o'i ddefnyddio'n hunanol daw â dioddefaint i lawer o bobl. Gwelsom hynny mewn sawl cenhedlaeth gyda chodiad a chwymp y naill unben ar ôl y llall.

Yno yn yr Aifft fe ddioddefodd y genedl ddewisedig driniaeth gas, a'r bobl yn cael eu defnyddio fel caethweision i godi adeiladau mawreddog er mwyn chwyddo safle ymerodraeth fawr. Roedd dyddiau'r diolchgarwch i Joseff a'i deulu wedi mynd, ac yn eu lle daeth ofn yn wyneb llif cynyddol y mewn-ddyfodiaid. Dyma ddechrau holl ddioddefaint yr Israeliaid yn yr Aifft.

'Yr oedd y cwbl yn cael ei wneud dan ormes.' (1:14)

41

GWEDDÏAU

Dduw Abraham a Moses,
    rwyt ti gyda'th bobl
        pan fydd y ffordd yn eu harwain
        trwy ddyffrynnoedd pleserus
        mewn gwlad o laeth a mêl
        gyda phentrefi sefydlog a threfi hapus.
    Rwyt ti gyda'th bobl
        pan fydd y ffordd yn mynd trwy borfeydd geirwon,
            gwersylloedd caethweision a'r caeau lladd.
    Rwyt yn barod i herio dy bobl
        mewn cyfnodau o hawddfyd
        a'u cysuro mewn adegau o orthrwm.
Arglwydd Dduw,
    tyrd â rhyddid i'th bobl.
    Gweddïwn dros rai sydd wedi dioddef
        blynyddoedd maith o ormes gwleidyddol;
    pobl heb bleidlais, heb eu cynrychioli,
        yn cael eu trin fel broc môr
            gan y rhai sy'n dal grym gwleidyddol.
Arglwydd Dduw,
    tyrd â rhyddid i'th bobl.
    Caniatâ y bydd yna chwyldro tawel
    wrth i ddyheadau'r bobl
        droi'n realiti presennol i feistriaid gwleidyddol.
    Boed i'r rhai sy'n dal grym heb gyfrifoldeb
        ei ildio i'r rhai sy'n dal grym trwy gynrychiolaeth.
Arglwydd Dduw,
    tyrd â rhyddid i'th bobl.

Fugail Tyner,
    trwot ti y mae gennym air y bywyd,
        oherwydd rwyt ti

wedi dwyn bywyd tragwyddol i'r amlwg
gan ein dwyn i gymundeb
gyda'th Dad a chyda thi
a chyda'th holl bobl.
Yr hyn a glywyd â chlustiau dynol,
yr hyn a welwyd â llygaid dynol,
yr hyn a gyffyrddwyd â dwylo dynol
yr ydym yn ei gyhoeddi i bawb o'n cwmpas
ac mae'r newyddion da yn ein llenwi â gorfoledd.

GWEDDI'R ARGLWYDD

YMATEB

A: Arglwydd,
pan fyddwn yn wynebu ar chwerwder gorthrwm
neu nos anobaith
Y: *cymorth ni i roi'n ffydd ynot ti.*

Mae dy gariad yn dy arwain i galon Duw
Mae dy ymddiriedaeth yn dy arwain i oleuni Duw
Mae dy ffydd yn dy arwain i drigfan Duw
Bydded iti gael dy ganolbwynt ym mywyd Duw

43

DIWRNOD 12

Lle mae'r awel yn chwythu'n dyner dros flodau'r gwanwyn
Lle mae'r gwynt yn chwythu'n gryf dros frwyn y gors
Lle mae'r corwynt yn sgubo'n ffyrnig
dros goed sy'n plygu
Gwybydd fod Duw'r gwynt a'r don yn llefaru wrth ei bobl

SALM YMATEBOL: 119: 9-11, 15-16

A: Sut y ceidw llanc ei lwybr yn lân?
Y: *Trwy gadw dy air di.*

A: Fe'th geisiais di â'm holl galon;
       paid â gadael imi wyro oddi wrth dy orchmynion.
Y: *Trysorais dy eiriau yn fy nghalon*
       rhag imi bechu yn dy erbyn.

A: Byddaf yn myfyrio ar dy ofynion di,
       ac yn cadw dy lwybrau o flaen fy llygaid.
Y: *Byddaf yn ymhyfrydu yn dy ddeddfau,*
       ac nid anghofiaf dy air.

DARLLENIAD: Exodus 2: 1-10

MYFYRDOD

    Os oes angen chwyldro ar genedl, mae angen
gwaredwr arni hefyd. Yn achos Israel, Duw a ddewisodd
yr arweinydd i ryddhau ei bobl, a gwelir ei gynllun ar
waith yng ngenedigaeth a magwraeth Moses. Ni all un
dim rwystro'r amcan dwyfol, felly gall yr hyn sy'n
ymddangos yn drasiedi fod yn obaith i ddyfodol y
bobl. Ynghudd yn yr hesg yn ystod cyfnod o orthrwm
roedd gwaredwr Israel; trodd gofid ei fam yn orfoledd
pan ddaeth yn bosibl iddi fagu'i phlentyn wrth iddo dyfu
i fyny mewn llys brenhinol. Roedd holl sgiliau'r Aifft i

44

chwarae eu rhan ym mharatoad y plentyn hwn a gafodd
ei eni i ymgyrraedd yn uchel. Ym mhob cenhedlaeth
dylem ymddiried yn Nuw ar gyfer ffordd gwaredigaeth.

*'Galwodd ef yn Moses, oherwydd iddi ddweud, "Tynnais
ef allan o'r dŵr".'* (2:10)

GWEDDÏAU

Dduw Sanctaidd,
    eiddot ti yw'r deyrnas a'r gogoniant.
Mewn doethineb rwyt yn gweithio allan dy amcanion.
    Ar gyfer pob person y mae gennyt gynllun;
    ar gyfer pob teulu dy fwriadau;
    ar gyfer pob cenedl dy alwad.
Yn aml rydym yn amharod i glywed dy alwad
    ac yn ddiog wrth gyflawni dy bwrpas.
Ac eto rydym yn rhyfeddu wrth weld
    fel yr wyt wedi gosod dy gynllun ar ein cyfer
    cyn ein geni
    ac yn ein galw i orchwylion arbennig
    o blentyndod i henoed.
Pâr inni ddwyn i gof yn wastad dy bresenoldeb a'th allu.

Roddwr pob daioni
    rhyddha dy bobl
        o'r gorthrwm a ddaw
        o ddefnyddio cyfoeth yn hunanol,
        oddi wrth bŵer y rhai sy'n rheoli'r economi,
        oddi wrth gwmnïau rhyngwladol
        nad ydynt yn malio am y tlodion.
Rhyddha dy bobl, Arglwydd.
    Caniatâ y bydd newid heddychlon ond chwyldroadol;
    pâr i'r rhai sydd â grym economaidd weld eu cyfrifoldeb;
    caniatâ inni weld gweithredu stiwardiaeth dda
        wrth i rai a dderbyniodd bethau da

ddangos parodrwydd i'w rhannu ag eraill.
Arglwydd da, rhyddha dy bobl i roi ac i dderbyn.

Waredwr croeshoeliedig,
  mae gennym neges i'w chyhoeddi,
    bod Duw yn oleuni.
Ni fedrwn honni fod inni gymdeithas â thydi
  a pharhau i gerdded mewn tywyllwch.
Gwyddom ein bod wedi syrthio'n fyr;
  ein bod wedi methu'r marc.
Maddau inni ein camwedd a glanha ni o anghyfiawnder,
  am ein bod yn gofyn hyn yn dy enw gwerthfawr.

YMATEB

A: Dduw Sanctaidd, ti yw Duw tragwyddoldeb;
Y: *rwyt yn gweithio allan dy amcan dwyfol*
    mewn hanes.

Bydded i'r nos
eich adfywio â chwsg
Bydded i'r dydd
eich herio â gwaith
Bydded i'ch cymdeithion
ddod â llawenydd cyfeillgarwch i chwi
Rhodded Duw dangnefedd yn eich calon

DIWRNOD 13

Mae'r had yn y ddaear,
wedi'i amgylchynu â gwres a bwyd
Fe dyf yr had yn ddirgel, bob dydd
Fe dyf yr had gyda phwrpas, yn barod i dorri drwy'r pridd
Boed i hedyn dirgel dy gariad dyfu'n wastadol o'm mewn

SALM YMATEBOL: 119:17-18,23-24

A: Bydd dda wrth dy was; gad imi fyw,
       ac fe gadwaf dy air.

Y: *Agor fy llygaid*
      imi gael edrych ar ryfeddodau dy gyfraith.

A: Er i dywysogion eistedd mewn cynllwyn yn f'erbyn,
      bydd dy was yn myfyrio ar dy ddeddfau;

Y: *y mae dy farnedigaethau'n hyfrydwch ,*
      a hefyd yn gynghorwyr imi.

DARLLENIAD: Exodus 2:11-25

MYFYRDOD

   'Dyw rhywun ddim bob amser yn cael ei werthfawrogi wrth geisio helpu pobl eraill; nid yw'r gwaredwr bob amser yn cael ei groesawu â breichiau agored. Mae arweinyddiaeth gref yn gofyn ei phris yn ogystal â chynnig cefnogaeth. Un peth oedd beirniadu'r Eifftiaid ac ymosod arnynt, ond pan geisiodd Moses gynnig arweiniad i gyd-Israeliad cyfarfu â gwrthwynebiad.

   Nid yw'r darlun yn newid dros y cenedlaethau; mae yna bob amser fradwyr; mae yna bob amser rai a fydd yn barod i fradychu arweinwyr eu pobl eu hunain. Nid yw hunanoldeb yn parchu ffiniau cenedlaethol, ac y mae'n wir mewn aml i le nad yw hunan-aberth yn cael ei dderbyn er mwyn y lles cyffredinol. Bydd y gwaredwr

yn wynebu llawn cymaint o her oddi wrth ei bobl ei hun
ag oddi wrth y gormeswyr.

*"Pwy a'th benododd di yn bennaeth ac yn farnwr
arnom?".* ' (2:14)

GWEDDÏAU

Dad,
  'dyw hi ddim yn hawdd pan fo ffrindiau'n ein bradychu;
    mae'n anodd deall
    pan fo perthynas yn gwadu ein galwad.
Ac eto mae brad a gwadiad
  yn rhan o stori'r teulu dynol.
  Cadw ni'n fythol ymwybodol
  er i'n cyfeillion agosaf ein bradychu
    na fyddi di'n ein gadael byth, na'n gollwng.
Mae dy gariad di'n gyson
  drwy holl amgylchiadau cyfnewidiol bywyd.
Ynot ti yr ymddiriedwn.

Fugail cariadlon,
  cyflwynwn i'th ofal dy braidd,
    wedi'i boeni a'i flino gan fleiddiaid,
    yn ysglyfaeth i ladron ac ymosodwyr creulon.
  Rhyddha dy ddefaid o'r dwylo
    sy'n ceisio niwed iddynt.
Fugail cariadlon,
  mewn llawer gwlad y mae dy bobl yn dioddef
    am eu bod yn mawrhau dy enw.
  Cânt eu herlid a'u lladd
    am eu bod yn cadw'r ffydd yn ddewr.
  Newid feddyliau a chalonnau eu herlidwyr
    a rhyddha dy bobl o elyniaeth greulon.
  Ym mhob gwlad boed pob un yn rhydd i'th addoli
    a chyhoeddi dy efengyl.

Gyfryngwr cyfiawn,
  ti yw'n heiriolwr gyda'r Tad.
  Trwy dy aberth di y maddeuwyd ein pechodau,
    oherwydd mae dy ras di'n ddigon
      i ddwyn ymaith bechodau'r holl fyd.
  Cymorth ni i adnabod y gwirionedd;
  cymorth ni i ufuddhau i'th orchmynion;
  cymorth ni i gerdded ar hyd dy ffordd
    er mwyn i ni aros ynot ti a thithau ynom ni.

YMATEB

A: Arglwydd, gelwi dy bobl ym mhob cenhedlaeth;
Y: *cymorth ni i fod yn ffyddlon wrth ymateb i'th alwad.*

Ewch i fyd mewn angen
i lefaru gair o obaith
Ewch i fyd o newyn
i ymateb mewn gweithredoedd o gariad
Ewch i fyd o syched i gynnig cwpan Crist o ddŵr
Byddwch fyw a rhoddwch yn enw'r Tad, y Mab a'r Ysbryd

DIWRNOD 14

Caeaf fy ngwefusau ac yn fud clywaf dy air
Caeaf fy llygaid ac yn ddall gwelaf dy wedd
Caeaf fy nwylo a throi atat mewn gweddi
Agoraf fy nghledrau a derbyniaf dy fendith

SALM YMATEBOL: 119:25-26,31-32

A: Y mae fy enaid yn glynu wrth y llwch;
     adfywia fi yn ôl dy air.

Y: *Adroddais am fy hynt ac atebaist fi;*
     dysg i mi dy ddeddfau.

A: Glynais wrth dy farnedigaethau. O Arglwydd,
     paid â'm cywilyddio.

Y: *Dilynaf ffordd dy orchmynion,*
     oherwydd ehangaist fy neall.

DARLLENIAD: Exodus 3:1-12

MYFYRDOD

Gwelwyd gogoniant Duw ar y mynydd; clywyd llais
Duw gan ei arweinwyr etholedig. Yn sancteiddrwydd y
cyfarfyddiad hwnnw y daw'r wybodaeth mai Duw'r
gorthrymedig yw Duw, Duw'r tlawd, Duw'r rhai a erlidir.
Gwêl eu cyflwr ac y mae'n dewis y sawl a fyn i'w harwain
i ryddid. A phan fo'r rhyddhawr yn tynnu sylw at rym y
gormeswr ac amhosibilrwydd y dasg, yna bydd Duw'n ei
atgoffa nad yw'r dasg yn cael ei chyfyngu gan ddoethineb,
gallu na grym y rhyddhawr ond yn cael ei galluogi gan
bresenoldeb y Duw sy'n teithio gydag ef.

Nid yw ddim gwahanol i ni. Pan fo'r dasg yn
ymddangos yn amhosibl yna bydd Duw'n ein hatgoffa
fod pob peth yn bosibl gydag ef. Trwy ei ras rydym yn
goresgyn ein cyfyngiadau'n hunain wrth weithio allan y

pwrpas dwyfol. A phan elwir arnom i galonogi'r gorthrymedig a chynnig gobaith i'r rhai a erlidir fe dderbyniwn yr alwad honno mewn cyfarfyddiad llawn gogoniant, wedi'n llenwi â pharchedig ofn yn sŵn llais Duw.

' *"Yr wyf wedi dod i'w gwaredu o law'r Eifftiaid."* ' (3:8)

GWEDDÏAU

Anwylaf Arglwydd,
> rwyt yn caniatáu inni funudau gwerthfawr
> > pan fyddwn yn dy gyfarfod yn dy ogoniant dwyfol.

Rhoddi gipolwg inni ar dy ogoniant ar ben y mynydd.
Clywn sŵn dy lais yn nyfnder y goedwig.
Yng nghalon gweddïau'r eglwys
> plygwn gydag eraill i'th gydnabod,
> > sanctaidd, sanctaidd, sanctaidd;
> > llawn gras a gwirionedd.

Felly yr ymunwn yng nghynghanedd dragwyddol
> y caneuon o fawl i ti
> > gan ddisgwyl dy orchymyn dwyfol,
> > yn barod i fynd
> > b'le bynnag yr wyt ti'n ein gyrru.

Arglwydd y bywyd da,
> gweddïwn ar ran y rhai sydd,
> > wrth geisio'u hapusrwydd ym mhleserau'r byd hwn,
> > wedi mynd yn gaeth i alcohol.

Yn methu ag yfed yn gymedrol
> a'u bywydau wedi troi'n gylch o anobaith a meddw-dod.

Er iddynt ddyheu am dorri'n rhydd
> mae nhw'n cael eu hunain yn methu.

Arglwydd, helpa hwy i ganfod y nerth
> i ail ddechrau
> > ac i ddod o hyd i'r bywyd da
> > yn dy air di, dy deyrnas, dy bresenoldeb

51

ac i fwynhau mewn cymedroldeb
y cyfran o bethau'r byd hwn y rhoddi di iddynt.

Anwylaf Frawd
diolchwn dy fod wedi rhoi gorchymyn newydd inni
– i garu'n gilydd.
Sut y medrwn honni'n bod yn cerdded gyda thi
ac eto'n casáu'n brawd neu'n chwaer?
Llanw ni â chariad at ein cymdogion ym mhob man
er mwyn inni gerdded yn y goleuni
a bod yn symbyliad i eraill.

YMATEB

A: Fugail cariadlon, mae dy bobl
yn dioddef erledigaeth mewn llawer man;

Y: *pâr iddynt sylweddoli eu bod wedi eu hamgylchynu*
a'u cynnal gan lawer o weddïau.

Lle y bo gwirionedd, y mae bendith heddwch Duw
Lle y bo tegwch, y mae bendith heddwch Duw
Lle y bo cyfiawnder, y mae bendith heddwch Duw
Arhosed heddwch Duw
yn eich teulu, eich cenedl a'ch calon

DIWRNOD 15

Fel y bydd y blodeuyn i'r ffrwyth
Fel y bydd yr hedyn i'r blodeuyn
Fel y bydd y fesen i'r dderwen
Felly y mae'r Arglwydd yn fy ngalw i'w ddilyn

SALM YMATEBOL: 119: 33-34, 36-37

A: O Arglwydd, dysg fi yn ffordd dy ddeddfau,
   ac o'i chadw fe gaf wobr.

Y: *Rho imi ddeall, er mwyn imi ufuddhau i'th gyfraith*
   a'i chadw â'm holl galon.

A: Tro fy nghalon at dy farnedigaethau
   yn hytrach nag at elw;

Y: *tro ymaith fy llygaid rhag gweled gwagedd;*
   adfywia fi â'th air.

DARLLENIAD: Exodus 3: 13-22

MYFYRDOD

Nid yw'r teyrn yn gollwng ei afael yn hawdd. Nid ar chwarae bach y bydd yn ildio'r breintiau a'r manteision y mae wedi'u hennill. Ond y mae Duw yn gweithio allan ei ddibenion mewn ffordd sicr; bydd arwyddion a rhyfeddodau'n creu argraff ac arswyd. Caiff y rhai sy'n cael golwg ar air bywiol Duw eu llenwi ag arswyd. Mae'r dyn da bob amser yn barod i gydweithio â Duw. Mae'r gormeswr sydd â gronyn o ddoethineb ganddo yn gwybod pryd i ollwng; dim ond yr ystyfnig a'r pen-galed sy'n para i herio Duw gan weithio tuag at ei ddinistr ei hun. Ni all meidrolion wrthsefyll ei rym na rhwystro'i ddibenion. Nid oes unrhyw ormes yn y byd heddiw mor fawr nac mor ofnadwy na all Duw ei oresgyn.

' "Estynnaf fy llaw a tharo'r Eifftiaid â'r holl ryfeddodau a wnaf yn eu plith; wedi hynny, bydd yn eich gollwng yn rhydd." '

GWEDDÏAU

Arglwydd,
  gâd imi fod yn barod i weld dy arwyddion;
    yr arwyddion o rybudd
    sy'n galw cenhedloedd
    i edifeirwch a llwybrau newydd;
  arwyddion gras, enfys yn yr awyr,
  sy'n ein sicrhau bod dyfodol llewyrchus;
  yr arwyddion teithiol sy'n dangos
    lle y dylem fynd a phryd y dylem aros.
Dyro inni'r doethineb
i ddarllen dy arwyddion ar gyfer ein hamser.

Rhyddha, Arglwydd,
  y rhai hynny sy'n gaeth i bowdr a nodwydd,
  oddi wrth gyffuriau a'u holl effeithiau marwol.
Rhyddha, Arglwydd,
  y rhai hynny sydd wedi eu caethiwo
  i'r hyn sy'n diraddio,
  oddi wrth y chwant sy'n tanseilio.
Tro hwy oddi wrth eu dibyniaeth ar gyffuriau
  i ymddiried yn y Duw byw.
Tro hwy oddi wrth heroin ac opiwm
  at ffrwyth yr Ysbryd.
Newidia galonnau a meddyliau
  y rhai sy'n delio mewn marwolaeth,
  gwthwyr y cyffuriau a'r gwerthwyr
    sy'n ymelwa ar drueni eraill.
Rhyddha'r bobl, Arglwydd,
  oddi wrth gaethiwed cyffuriau.

Gyfaill annwyl,
mor aml y cerddwn mewn tywyllwch
yn y ffordd y byddwn yn trin ein brodyr a'n chwiorydd.
Medrwn fod yn ddall i gymaint o gamwri
a bod yn rhan o gymaint o anghyfiawnder.
Ond rwyt ti wedi'n dysgu i gerdded ar hyd ffordd arall;
rhoddaist orchymyn newydd inni
sef yr hen orchymyn a gawsom gan dy Dad.
Ffordd cariad yw ffordd y gwirionedd;
llwybr cariad yw llwybr y goleuni.
Boed i'r tywyllwch a'i ormes fynd heibio.
Arwain ni i'r goleuni
er mwyn inni garu'n chwiorydd a'n brodyr
ac felly adlewyrchu prydferthwch dy oleuni.

YMATEB

A: Pan fydd brenhinoedd a llywodraethwyr
yn herio dy ddeddfau ac yn gormesu dy bobl
Y: *boed iddynt ddysgu clywed dy lais*
a throi at ffyrdd newydd.

Bydded i'r Duw a greodd y moroedd
roi i chwi dawelwch dwfn
Bydded i'r Duw a greodd y sêr
roi i chwi oleuni disglair
Bydded i'r Duw a greodd bobl roi i chwi lawer o gyfeillion
Bydded i'r Duw sy'n Dad i chwi aros gyda chwi'n wastadol

DIWRNOD 16

Marchogion gwyn yr ewyn chwim
Tonnau melyn yr yd sigledig
Rhedegog lwyd yr awyr gymylog
Rhagflaenwyr Duw anfeidrol yr holl greadigaeth

SALM YMATEBOL: 119: 41-42, 45-46

A: Pâr i'th gariad ddod ataf, O Arglwydd,
       a'th iachawdwriaeth yn ôl dy addewid;

Y: *yna rhoddaf ateb i'r rhai sy'n fy ngwatwar,*
       oherwydd ymddiriedais yn dy air

A: Rhodiaf oddi amgylch yn rhydd,
       oherwydd ceisiais dy ofynion.

Y: *Siaradaf am dy farnedigaethau*
       gerbron brenhinoedd,
       ac ni fydd arnaf gywilydd.

DARLLENIAD: Exodus 4: 1-9

MYFYRDOD

Arwyddion - mae pobl yn eu ceisio; mae ar lawer eu hangen; caiff rhai eu dychryn ganddynt. Dywedir wrthym am beidio â gofyn am arwyddion, ond os bydd Duw'n eu caniatáu gall hynny fod o gymorth mawr a chalondid. Ond er bod yna arwyddion sy'n calonogi mae yna hefyd arwyddion sy'n llenwi pobl ag ofn. Y rheini sy'n cerdded yn eu ffordd eu hunain, y rhai balch, y rhai sy'n gormesu'r diniwed, bydd y rheini'n arswydo rhag arwyddion Duw. Daeth Moses wyneb yn wyneb â theyrn ystyfnig. Roedd angen mwy na gair oddi wrth negesydd Duw ar y fath un. Gallai'r arwyddion a gyflawnodd Moses ymddangos fel hud a lledrith, ond daeth yn amlwg yn fuan bod ei bŵer ef yn gryfach na hynny, nid ei bŵer ei hun, ond grym anfeidrol Duw.

' Yna dywedodd Duw, "Os na fyddant yn dy gredu nac yn ymateb i'r arwydd cyntaf, hwyrach y byddant yn ymateb i'r ail arwydd".' (4:8)

GWEDDÏAU

Dduw Sanctaidd,
   cymorth ni i ddeall dy allu
      a'r ffordd yr wyt yn troi'r gormeswr oddi ar ei lwybr.
Cymorth dy eglwys i ganfod y geiriau iawn
   i gondemnio'r pechod ond i achub y pechadur.
Paid â gadael inni ofni llefaru dy air o farn
   a gwna ni'n ymwybodol
   ein bod ni'n hunain yn sefyll o dan farn.
Pâr inni geisio dy drugaredd drosom ein hunain
   a phawb o'n hamgylch
   a bod yn ufudd i'th ewyllys dwyfol.

Rwy'n derbyn, O Arglwydd, bod angen rhyddhau eraill
   ond nid wyf bob amser yn gweld y pethau hynny
      sy'n fy nghaethiwo i.
Rhyddha fi o'r dicter sy'n achosi loes
   i bawb o'm hamgylch.
Rhyddha fi o'r dicter sy'n ffrwydro'n drais geiriol
   yn erbyn gelyn, cyfaill a pherthynas.
Rhyddha fi o'r dicter sy'n dy fradychu di
   ac yn gwadu'r alwad ddwyfol o'm mewn.
Rhyddha fi o ddicter
   a chymorth fi i ddangos ffrwyth yr Ysbryd,
      amynedd, caredigrwydd a hunan-reolaeth.

Arglwydd atgyfodedig,
   clyma ni ynghyd yn deulu o gariad.

Boed i famau a thadau wybod a dysgu'r gwirionedd;
boed i'r ifanc oresgyn y drwg o'u hamgylch;
boed i blant wybod stori dy gariad.
Clyma ni ynghyd yn deulu o wirionedd
    ac yn gyfeillach sanctaidd
        er gogoniant i'th enw.

YMATEB

A: Arglwydd Dduw, gwelir dy ddoethineb a'th gariad
    ym mhob cenhedlaeth;
Y: *cymorth ni i weld a deall dy arwyddion*
    yn ein hamser.

Rhodded Duw fara i chwi
i ddiwallu eich newyn
Rhodded Duw ddŵr i chwi
i dorri eich syched
Bydded i'r Duw a roddodd ei Fab
i gynnig i chwi iachawdwriaeth
Roi i chwi ei Ysbryd
i'ch galluogi i'w wasanaethu

DIWRNOD 17

Goleuni wedi'i adlewyrchu ar wyneb llyn
Goleuni wedi'i adlewyrchu yng ngwydr disglair potel
Goleuni wedi'i adlewyrchu yn sglein y drych
Goleuni Crist wedi'i adlewyrchu
mewn mil o fywydau pŵl

SALM YMATEBOL: 119: 49-50, 54-55

A: Cofia dy air i'th was,
        y gair y gwnaethost imi ymddiried ynddo.
Y: *Hyn fu fy nghysur mewn adfyd,*
        fod dy addewid di yn fy adfywio.

A: Daeth dy ddeddfau'n gân i mi
        ymhle bynnag y bûm yn byw.
Y: *Yr wyf yn cofio dy enw yn y nos,*
        O Arglwydd, ac fe gadwaf dy gyfraith.

DARLLENIAD: Exodus 4: 10-17

MYFYRDOD

    Mae'n galondid mawr i rai sy'n ei chael hi'n anodd siarad i sylweddoli nad oedd Moses, arweinydd cenedl yr Israeliaid, yn ei gyfrif ei hun yn siaradwr da. Ond bydd Duw'n galluogi'r sawl a fyn, hwn i siarad, un arall i weithredu. Hyd yn oed ar ôl i Moses dderbyn y sicrwydd, fe geisia osgoi'r dasg. Anfon rywun arall. Onid dyna'n hymateb ni mor aml? Mae yna waith i'w wneud - ond tyrd o hyd i rywun arall i'w gyflawni.

    A oes yna dasgau y mae Duw'n gofyn i chwi ymgymryd â hwy? A ydych yn ymateb i'w alwad, neu'n ceisio'i hosgoi? Cafodd Moses ei sicrhau y byddai ei frawd yn ei helpu, ond y sicrwydd pennaf yw bod Duw gyda'r ddau ohonynt ac y rhydd iddynt y geiriau i'w llefaru. Credwch yn Nuw: ni fydd yn gofyn i chwi wneud dim heb roi i chwi'r arweiniad a'r doniau y bydd arnoch eu hangen i gyflawni'r dasg.

' *"Yn awr, dos, rhof help iti i lefaru, a'th ddysgu beth i'w ddweud."* ' (4:12)

GWEDDÏAU

Dad,
    beth wyt ti'n disgwyl inni ei wneud
    mewn byd llawn angen?
Weithiau mae angen gair proffwydol; dro arall,
    neges o galondid. Sut y medraf ddweud,
        'Fel hyn y dywed yr Arglwydd'
    os nad wyf yn byw'n agos atat
        nac yn ymddiried ynot o ddydd i ddydd?
Os wyf yn pwyso ar fy noethineb fy hun,
    ac yn gweithredu yn ôl fy nerth fy hun,
        yna rwy'n wan ac yn ffôl.
Os disgwyliaf wrthyt ti mewn gweddi
    yna medraf lefaru â thafod aur
        a cherdded gyda ffon y bugail.

Arglwydd,
    rhyddha fi oddi wrth y genfigen
        sy'n methu â llawenhau yn noniau da pobl eraill
        ond sy'n ceisio ennill i mi fy hun
        yr hyn sy'n eiddo iddynt hwy.
Maddau imi am edrych mewn cenfigen
    ar holl eiddo gwych fy nghymydog
        er bod gennyf fy noniau a'm grasusau fy hun.
Gwared fi o bwysau
    dyheu am yr hyn nad yw'n eiddo imi
        pryd y dylai'r hyn sydd gennyf fod yn destun gorfoledd
        imi i'w fwynhau a'i rannu.

Waredwr trugarog,
   gwared ni o bopeth sy'n diraddio;
      rhag y nwyd sy'n camdrin
      y rhai yr ydym yn honni inni eu caru;
      rhag gweld eraill fel pethau i'w hecsploitio;
      rhag y balchder sy'n gosod ein lles ein hunain
      o flaen ein cymydog;
      rhag y bydolrwydd sy'n brin o welediad ysbrydol.
Cadw ni'n gadarn yn y ffydd
   ac yn barod i wneud ewyllys dy Dad
      ym mhresenoldeb yr hwn y cawn ein tangnefedd.

YMATEB

A: Dad, rydym yn aml yn teimlo'n wan a dinerth
Y: *dysg inni beth i'w ddweud*
     a sut i ymddwyn yn dy enw.

Rhodded Duw i chwi oleuni
ar eich ffordd fel pererinion
Rhodded Duw i chwi fiwsig
ar eich ffordd fel disgyblion
Rhodded Duw i chwi arweiniad
drwy ddryswch pob penderfyniad
Bydded i'r Drindod Sanctaidd
eich ysbrydoli â nerth ac â gobaith

DIWRNOD 18

Cymer oddi wrthyf felyndra llwfrdra a hunanoldeb
Cymer oddi wrthyf gochni nwyd a balchder
Rho imi wyrddni stiwardiaeth a gofal am y blaned
Rho imi lesni haelioni, ffrwyth yr Ysbryd

SALM YMATEBOL: 119: 57-58, 63-64

A: Ti yw fy rhan, O Arglwydd; addewais gadw dy air.
Y: *yr wyf yn erfyn arnat â'm holl galon,*
     bydd drugarog wrthyf yn ôl dy addewid.

A: Yr wyt yn gymrawd i bawb sy'n dy ofni,
     i'r rhai sy'n ufuddhau i'th ofynion.
Y: *Y mae'r ddaear, O Arglwydd,*
     yn llawn o'th ffyddlondeb;
     dysg i mi dy ddeddfau.

DARLLENIAD: Exodus 5: 1-14

MYFYRDOD

    Un o ffeithiau rhyfedd bywyd yw na fydd y gormeswr byth yn gweld yr ysgrifen ar y mur, ond yn creu gormes gwaeth. Yn y diwedd fe arwain hyn at newid llwyr - chwyldro. Pe byddai Pharo wedi bod yn barod i wrando ar gri'r bobl neu wedi cymryd sylw o rybuddion Duw, yna fe allai pobl Israel fod wedi aros yn yr Aifft. Ond fe wnaeth y gormes yn waeth, a thrwy hynny fe barodd fod gweithred radical yn anochel. Yn awr fe wyddai'r bobl fod yn rhaid iddynt ymadael gyda Moses a bod eu tynged wedi'i selio.

    Gallai llawer o sefyllfaoedd llawn tensiwn a gwrthdaro yn ein dydd gael eu datrys petai'r gwrthwynebiad yn cael ei symud, a bod ymgais wirioneddol yn cael ei gwneud i chwilio am bartneriaeth newydd, greadigol. Ond yn rhy aml y mae gormes wedi'i wreiddio'n ddwfn, ac un ai bydd gwrthryfel llwyr yn torri allan neu bydd y gorthrymedig yn ffoi i le diogel. Dyw'r teyrn byth yn dysgu oddi wrth hanes.

' *"Gwnewch y gwaith yn drymach i'r dynion er mwyn iddynt ddal ati i weithio".* ' (5:9)

GWEDDÏAU

Dduw cariadlon,
   plygaf o'th flaen mewn gweddi dawel
      ar ran pobl sydd wedi dioddef gormod o boen;
      ar ran y rhai sy'n gorfod dwyn beichiau trwm,
      ar ran rhai sy'n gyfarwydd â dychrynfeydd gormes,
      ar ran rhai a fu drwy dân erledigaeth,
      ar ran y rhai a gafodd eu gyrru o'u cartrefi.
Rho iddynt gysur yn dy bresenoldeb
   a bydded i ddydd rhyddid wawrio'n fuan arnynt

Cymorth ni, Arglwydd da, i waredu'n planed o lygredd.
   Rydym wedi llenwi'n cartrefi a'n hysgyfaint â mŵg,
  rydym wedi maeddu'r afonydd a'r moroedd
    â chemegau a sbwriel, a llenwi'r awyr â nwyon
    gan adael i simneiau chwydu allan
    haint a marwolaeth;
  rydym wedi llenwi'r blaned ag ymbelydredd
    a pheryglu'n hiliogaeth;
  rydym wedi tywyllu'r gwir
    ynghylch peryglon y fath weithgareddau
    i ni'n hunain a'r cenedlaethau a ddaw.
Cymorth ni, Arglwydd da, i edifarhau
  ac i ryddhau'n planed o lygredd.

Fugail llawn tosturi,

pan fyddwn yn crwydro oddi ar dy lwybr
fel defaid colledig
tywys ni'n ôl i lwybrau diogel a phorfeydd breision.
Cymorth ni i wrthsefyll temtasiynau ac osgoi maglau.
Boed inni ddal at y gwirionedd a gawsom
a cherdded yn ffordd cyfiawnder.
Boed inni ategu'n ffydd yn y Tad, y Mab a'r Ysbryd
a mynd i mewn i'n hetifeddiaeth , bywyd tragwyddol,
pan ddeui eto mewn gogoniant
i'n croesawu i'th deyrnas.

GWEDDI'R ARGLWYDD

YMATEB

A: Pan fydd gormeswyr yn gorthrymu
ac yn gosod beichiau trwm ar dy bobl

Y: *Arglwydd, arwain ni i'r chwyldro tawel*
ac i oes heddwch.

Boed i chwi rannu heddwch y môr dwfn, tawel
Boed i chwi rannu heddwch y goedwig ddofn, ddistaw
Boed i chwi rannu heddwch tawelwch mewnol y cyfrinydd
Boed i chwi rannu heddwch y Tri bendigaid
I dragwyddoldeb

DIWRNOD 19

Dail y dderwen, nodwyddau'r pîn, aeron coch, egroes,
Llygad y dydd a dant y llew, carped o laswellt,
Cerrig mewn nant, rhaeadrau, afonydd llydan, llawn –
Siaradant i gyd am Dduw, Greawdwr a Chyfaill

SALM YMATEBOL: 119: 65-66, 71-72

A: Gwnaethost ddaioni i'th was,
       yn unol â'th air, O Arglwydd.

Y: *Dysg imi farnu'n dda a gwybod,*
       oherwydd yr wyf yn ymddiried yn dy orchmynion.

A: Mor dda yw imi gael fy nghosbi,
       er mwyn imi gael dysgu dy ddeddfau!

Y: *Y mae cyfraith dy enau yn well i mi*
       na miloedd o aur ac arian.

DARLLENIAD: Exodus 6: 1-9

MYFYRDOD

Nid yw Pharo, grym y wladwriaeth, yn cyfrif am ddim gerbron gallu Duw. Pan fo Duw'n siarad, rhaid i Pharo ollwng y bobl yn rhydd. Efallai ei fod yn bwiadu yn ei feddwl ei hun eu cadw fel caethweision, ond ni all ei air, ei ewyllys, na'i fyddin gref wrthsefyll gair Duw.

Mewn sawl cenhedlaeth gwelwn yr ymrafael rhwng grym y wladwriaeth a grym Duw - nid yn unig yr eglwys; pan fydd yr eglwys yn ufudd i'w galwad nid yw'n ddim ond offeryn pwrpas Duw. Yn Rwsia, yn Ne Affrica, yn Ne a Chanolbarth America, ceisia'r grym economaidd a gwleidyddol herio ewyllys Duw. Yn ddifeth yn y diwedd caiff pwrpas Duw ei weithio allan; fe gwymp sustemau gormesol ac fe wawria cyfnodau newydd. Felly, yn ein dydd ni, boed i Dduw lefaru, 'Gad i'm pobl fynd'.

' "Myfi yw'r Arglwydd, ac fe'ch rhyddhaf o orthrwm yr Eifftiaid". ' (6:6)

GWEDDÏAU

Arglwydd Sanctaidd,
   nid yw bob amser yn hawdd i ni gredu dy addewidion.
   Gwyddom dy fod yn ffyddlon i'th bobl;
      yr hyn yr wyt yn ei addo yr wyt yn ei gyflawni.
Ac eto mor aml rydym ni'n ddi-ffydd, yn amheus.
Rydym yn dyheu am ryddid; gweddïwn am waredigaeth,
   ond nid ydym yn clywed dy air yn addo rhyddid
      neu nid ydym yn ei gredu.
Maddau inni fethiannau'r gorffennol
   a gwna ni'n barod
   i ymddiried ynot fwyfwy yn y dyfodol.

Gad inni fod yn rhydd, Arglwydd Dduw,
oddi wrth heintiau dŵr.
   Dylai dŵr fod yn bur ac yn fywiol;
   mewn cymaint o leoedd y mae'n amhur
      ac yn dwyn marwolaeth.
Dylai fod afonydd a llynnoedd yn iach
   ar gyfer pysgod a phobl;
   aethant yn feithrinfa heintiau
      yn gyfrwng i dorri cylch bywyd rhywogaethau
      eraill.

Dylai dŵr pur fod ar gael yn helaeth
   i dorri syched dy bobl.
I lawer aeth yn ddefnydd prin,
   y mae cymaint yn marw.
Boed i'r afonydd gael eu puro,
   y llynnoedd a'r moroedd eu parchu.
Gad inni droi'n stiwardiaid da

ar rodd werthfawr dŵr
er mwyn i'th bobl gael bywyd
a'i gael yn helaethach.

Waredwr croeshoeliedig,
 rhoddwn ein hymddiriedaeth ynot
  oherwydd rwyt yn ein gwneud yn bur fel rwyt ti'n bur.
Arwain ni oddi wrth anghyfraith ac anghyfiawnder;
  arwain ni yn ffordd ufudd-dod a gwirionedd.
Ni wyddom beth a fyddwn
  ond gweddïwn
  pan fyddi'n dychwelyd mewn gogoniant
y byddi'n ein gwneud fel ti dy hun
  a'n derbyn i'th deyrnas.

YMATEB

A: Dduw Sanctaidd,
     pan fyddwn mewn sefyllfa o anobaith
Y: *rho inni obaith newydd*
     a gweledigaeth trwy dy air.

Boed i'r Tad a'ch gwnaeth eich arwain yn eich ffordd
Boed i'r Mab sy'n eich caru eich ysbrydoli bob dydd
Boed i'r Ysbryd a'ch llanwo ateb eich gweddïau dyfnaf
Boed i'r Drindod Sanctaidd eich amgylchynu â chariad

DIWRNOD 20

Golau'r wawr, gogoniant lliw rhos
Golau canol dydd, yn ddisglair yn y nefoedd
Golau'r hwyrnos, yn dyner ymhlith cysgodion
Golau'r nos, seren yn ddisglair yn y tywyllwch
Yn adlewyrchu goleuni Duw, Greawdwr a Brenin

SALM YMATEBOL: 119: 73-74, 76-77

A: Dy ddwylo di a'm gwnaeth ac a'm lluniodd;
     rho imi ddeall i ddysgu dy orchmynion.

Y: *Pan fydd y rhai sy'n dy ofni yn fy ngweld,*
     fe lawenychant am fy mod yn gobeithio yn dy air.

A: Bydded dy gariad yn gysur i mi,
     yn unol â'th addewid i'th was.

Y: *Pâr i'th drugaredd ddod ataf, fel y byddaf fyw,*
     oherwydd y mae dy gyfraith yn hyfrydwch i mi.

DARLLENIAD: Exodus 7: 1-13

MYFYRDOD

   Mae ffyrdd Duw y tu hwnt i'n deall meidrol ni; caiff y
patrwm dwyfol ei wau mewn hanes ac mewn
gweithgareddau dynol. Ymddengys weithiau fel petai
un bennod yn gwadu'r llall yn stori Exodus; ac eto pan
welwn y stori'n gyflawn nid yw hynny'n wir. Mae Duw'n
anfon Moses gyda'r neges i adael i'w bobl fynd; ond y
mae hefyd yn caledu calon Pharo fel nad yw'n ymateb -
eto. Fe ddaw'r ymateb pan yw Duw'n barod ar ei gyfer,
pan fydd wedi paratoi Pharo a'r Israeliaid ar gyfer ei
bwrpas mawr.
   Felly y mae yn ein byd heddiw. Nid yw'r patrwm bob
amser yn glir. Mae yna ddioddefaint ac oedi . Caledir
calonnau llawer, ond pan fydd Duw'n barod fe weithir

popeth allan yn ôl ei gynllun dwyfol. Ymddiriedwch yn Nuw - heb beidio â rhyfeddu fyth ei fod yn ymddiried ynoch chwi i wneud ei waith.

' *"Er imi amlhau fy arwyddion a'm rhyfeddodau yng ngwlad yr Aifft, ni fydd ef yn gwrando arnoch".* ' (7:3)

GWEDDÏAU

Dad cyfiawn,
    mae'n byd yn llawn gorthrwm;
        mae yna feistri caled sy'n gwrthod ufuddhau iti.
    Mewn llawer gwlad caiff dy bobl eu gormesu a'u herlid.

Arglwydd,
    gwrando gri'r anghenus a'r tlawd.
    Newidia feddwl a chalon y gorthrymwyr
        er mwyn iddynt roi rhyddid a chyfiawnder yn y wlad.
    Pan fydd gorthrymwyr yn styfnig,
        yna gweithreda yn dy allu dwyfol
        i ddwyn gwaredigaeth i'th bobl.
Arglwydd,
    gad inni weld dy arwyddion a'th ryfeddodau
        yn ein cenhedlaeth.
    Cymorth ni, Arglwydd da, i fod yn rhydd
        oddi wrth ddychryn haint.
    Dyro inni ofal iach dros ein cyrff
        a'n holl angenrheidiau corfforol a meddyliol.
    Rho allu ac amynedd i feddygon a nyrsus
        er mwyn iddynt helpu yn y broses o wella.
    Rho i ni hyder tawel yn dy ras iachusol
        wrth inni ddisgwyl wrthyt mewn myfyrdod tawel.
    Felly rho inni iechyd corff, meddwl ac ysbryd
        er gogoniant i'th enw.

Waredwr trugarog,
    cymorth ni i ymateb i'th gariad
      sydd mor ddwfn a rhyfeddol
        ac sy'n ein gwneud yn blant i'n Tad.
    Ysbrydola ni i fynegi'r cariad hwnnw i eraill.
    Wnest ti ddim dal dim byd yn ôl
      ond rhoddaist dy fywyd er ein mwyn.
    Gwna ni'n barod i aberthu
      er mwyn rhoi i'n brodyr a'n chwiorydd
        sydd mewn angen.
    Bydded i'n cariad gael ei fynegi
      nid yn unig mewn geiriau a bwriadau
      ond mewn gweithredoedd didwyll o dosturi.
    Yr hyn a glywsom ac a dderbyniasom o'r dechrau
      boed i ni ei fynegi wrth gyhoeddi newyddion da'r cariad
      mewn gair a gweithred er gogoniant Duw ein Tad.

YMATEB

A: Pan fydd gorthrymwyr
       yn gwrthod troi oddi wrth eu ffyrdd drygionus
Y: *dônt â gofid i'r bobl a barn arnynt eu hunain.*

Bydded i'r Tad gerdded gyda chwi yn llonyddwch yr ardd
Bydded i'r Mab fod yn gydymaith i chwi ar ffordd Emaus
Bydded i'r Ysbryd eich tywys ar ffordd Gasa
Bydded i'r Drindod Sanctaidd, Tad, Mab ac Ysbryd
fod gyda chwi ar ffordd y pererin

DIWRNOD 21

Cerrig mân ar lan y môr, yn llyfn a chrwn gan y môr
Cerrig ar fin y ffordd, yn bigog dan droed
Creigiau ar fynydd, eu hysblander yn frenhinol
Siapiau'r creu, wedi eu llunio er gogoniant Duw

SALM YMATEBOL: 119: 81-82, 88

A: Y mae fy enaid yn dyheu am dy iachawdwriaeth,
ac yn gobeithio yn dy air;

Y: *y mae fy llygaid yn pylu wrth ddisgwyl*
am dy addewid;
dywedaf, 'Pa bryd y byddi'n fy nghysuro?'

A: Yn ôl dy gariad adfywia fi,

Y: *ac fe gadwaf farnedigaethau dy enau.*

DARLLENIAD: Exodus 7:14-25

MYFYRDOD

Pan na wnaiff y teyrn droi o'i orthrwm, yna daw'r plâu yn waeth. Delia Duw'n ddramatig â'r Eifftiaid, gan droi'r dŵr yn waed fel rhybudd. Ond nid yw Pharo'n dewis gwrando ac aiff y bobl a chloddio am ddŵr yn rhywle arall. Gall pobl anwybyddu'r arwyddion cliriaf oddi wrth Dduw a gwrthod ufuddhau iddo. Yna, dônt â phethau gwaeth arnynt eu hunain.

Mewn sefyllfaoedd o ormes heddiw mae yna lawer o ffyrdd y bydd pobl oddi mewn ac oddi allan i'r sefyllfa'n ceisio gweithredu er mwyn dwyn cyfiawnder. Gwneir apêl yn sumbolaidd, heddychlon, i'r gormeswr. Anwybyddir yr alwad. Gall hynny arwain at berswâd cryfach o lawer wrth i'r bobl godi mewn chwyldro treisgar er mwyn goresgyn eu gormes. Cymaint gwell fyddai pe rhoddid sylw i'r arwyddion heddychlon.

*'â'r wialen sydd yn fy llaw byddaf yn taro dŵr Afon Neil,
ac fe dry'n waed'.* (7:17)

GWEDDÏAU

Arglwydd,
mae'n resyn o beth nad yw pobl yn dod i'w coed
dim ond mewn canlyniad
i weithredoedd o rym ac o farn.
Mae'n resyn na chlywant mo'th air
nac ymateb i'th drugaredd di trwy drugarhau.
Mae'n resyn o beth gweld pobl yn benderfynol
o fynd ymlaen ar hyd llwybr hunan-ddistryw.
Arglwydd,
gwna bobl yn barotach i ymateb i arwyddion yr enfys
fel na fydd raid iddynt brofi arwydd y gwaed.

Dywed rhai wrthyf, Arglwydd, bod gwaith yn rhyddhau;
ond ar adegau mewn hanes
bu hynny'n gelwydd eironig
oherwydd mae caethwasiaeth wedi arwain
at haint a marwolaeth. Ac eto mae urddas mewn
llafur gwerthfawr,
mewn gwaith wedi'i gyflawni'n dda,
nid yn unig er mwyn y tâl
ond er mwyn y lles cyffredinol.
Mae'n beth diraddiol
pan nad oes waith i'w gael,
pryd na all rhiant fwydo na dilladu plant yn iawn
am nad oes waith.

Arglwydd,
rhyddha ni oddi wrth bla diweithdra;
caniatâ y bydd yna waith gwerthchweil, boddhaol
ar gyfer pawb sy'n barod i ymgymryd ag ef.

Felly boed i'n bywyd gyda'n gilydd gael ei atgyfnerthu
gan waith wedi'i wneud yn dda er lles pawb
ac er gogoniant dy enw.

Gyfaill cariadlon,
Ti yw'r ffordd a'r gwirionedd;
gweddïwn y byddi yn ein cadw yn dy ffordd
ac yn ein cynorthwyo
i dderbyn a deall y gwirionedd.
Derbyniasom roddion mawr oddi wrth y Tad
wrth inni geisio rhyngu ei fodd.
Yr hyn a rydd y boddhad pennaf iddo
yw ein bod yn ymddiried ynot ti ac yn caru'n gilydd.
Wrth wneud hynny, cawn ein gwneud yn un ynot ti
a bydd yr Ysbryd, rhodd y Tad, yn trigo ynom.
Boed ein heddwch i'w gael
mewn cymundeb â'r Tad, y Mab a'r Ysbryd.

YMATEB

A: Arglwydd, pan fydd gorthrymwyr
     yn gwrthod troi oddi wrth ddrygioni
Y: *byddi'n gofidio*
     o'u gweld yn cerdded yn ffordd distryw.

Fel y mae'r tywod ar lan y môr yn aneirif
Fel y mae'r sêr yn yr awyr yn fyrddiwn
Fel y mae'r defnynnau yn y môr yn ddirifedi
felly bydded i Dduw eich bendithio, o ddydd i ddydd.

DIWRNOD 22

Arglwydd, rwy'n tynnu'r mwgwd
a wisgaf o flaen dieithriaid
Arglwydd, rwy'n cadw'r mwgwd
a wisgaf ymhlith ffrindiau
Arglwydd, rwy'n tynnu'r mwgwd
a wisgaf hyd yn oed gyda'm teulu
Ac felly, gan ddatguddio fy wir wyneb, safaf o'th flaen,
fy ngwaredwr a'm cyfaill ffyddlon

SALM YMATEBOL: 119: 89-94

A: Y mae dy air, O Arglwydd, yn dragwyddol,
       wedi ei osod yn sefydlog yn y nefoedd.

Y: *Y mae dy ffyddlondeb hyd genhedlaeth a*
       chenhedlaeth; seiliaist y ddaear, ac y mae'n sefyll.

A: Yn ôl dy ordeiniadau y maent yn sefyll hyd heddiw,
       oherwydd gweision i ti yw'r cyfan.

Y: *Onibai i'th gyfraith fod yn hyfrydwch i mi,*
       byddai wedi darfod amdanaf yn fy adfyd;

A: nid anghofiaf dy ofynion hyd byth,
       oherwydd trwyddynt hwy adfywiaist fi.

Y: *Eiddot ti ydwyf; gwared fi, oherwydd ceisiais dy*
       ofynion.

DARLLENIAD: Exodus 11:1-10

MYFYRDOD

Mor ofnadwy yw'r canlyniad pan fydd pobl yn gwrthod
gweld yr arwyddion. Yma gwelwn fod yr holl blâu a
anfonwyd i rybuddio Pharo yn cyrraedd eu penllanw ym
marwolaeth meibion cyntaf-anedig yr holl Eifftiaid. Mae
yna ofid a galar cyffredinol, ond y tro hwn o blith yr

74

Eifftiaid ac nid yr Israeliaid a fu'n dioddef gyhyd dan eu llaw. Beth a wnawn ni o hyn? Gwledd fawr o ddathlu yw'r Pasg ymhlith yr Israeliaid oherwydd dyma ddydd eu gwaredigaeth, ond y mae'n ddydd o alar mawr i'r Eifftiaid am ei fod yn nodi amser eu dioddefaint.

Ai dyma felly ffordd Duw o ddelio â phobl ystyfnig? Ai Duw llid a barn ydyw yn hytrach na Duw trugaredd a maddeuant? Onid y gwir yw mai'r ddau ydyw, oherwydd y mae'n barod i faddau a bod yn drugarog, ond os bydd pobl yn gwrthod ei gynnig o faddeuant ac yn parhau yn ffordd drygioni dônt â distryw arnynt eu hunain? Darllenwch a myfyriwch ar yr hanes grymus hwn, a dysgwch hyn - y cafwyd mwy o alar yn yr Aifft na dim yr oeddent wedi ei brofi o'r blaen, am eu bod wedi parhau â'u gormes er gwaetha'r Duw byw.

'Bydd llefain mawr trwy holl wlad yr Aifft, mwy nag a fu o'r blaen nac a welir eto'. (11:6)

GWEDDÏAU

Arglwydd,
  cadwn saib o dawelwch
    dros bawb sy'n dioddef galar dwys.
  Er i orthrymwyr ddwyn distryw arnynt eu hunain,
    er i ormeswyr haeddu eu dinistr eu hunain,
    eto pan fo galar yn y tir
    fe deimlwn dros y rhai sy'n galaru,
    wylwn gyda'r rhai sy'n wylo
  a gweddïwn y bydd eu profiad
    yn peri newid calon a meddwl.
Arglwydd, yn dy drugaredd, gwrando'n gweddi.

Dduw cariadlon,
  mae yna lawer o bobl yn alltud,
    ymhell o'u cartref a'u cyfeillion,

75

wedi eu hymlid gan lywodraethau caled
a gormeswyr creulon.
Maddau i ni ein bod yn dygymod mor hawdd
â nifer cynyddol y ffoaduriaid,
ac mor aml nad ydym yn cynnig dim croeso.
Brysied y dydd pan y gall pob teulu a phob person
fyw'n hapus ac yn rhydd
yn y wlad sy'n gartref iddynt
ac, hyd nes y daw hyn, y bydd bob amser
ddinasoedd noddfa, fannau diogel,
lle y cynigir cartref a chroeso yn dy enw di.

Gyfryngwr cyfiawn,
gwarchod ni rhag ysbrydion gau,
rhag ysbryd cyfeiliornad, ysbryd negyddol,
ysbryd balchder ac ysbryd cenfigen.
Dysg ni i brofi'r ysbrydion i wybod a ydynt oddi wrthyt ti.
Credwn dy fod wedi dy anfon oddi wrth y Tad
i ddod yn gnawd a phreswylio yn ein plith.
Mae ysbryd cyfeiliornad yn ceisio'n gwyrdroi
oddi wrth y gwirionedd hwn,
a'r rhai bydol eu bryd yn ceisio dinistrio'n ffydd.
Arwain ni i ddirnad ysbryd y gwirionedd ac
ysbryd y gau
ac ategu'r naill a gwrthod y llall,
inni gael ein hadnabod fel plant i Dduw.

YMATEB

A: Dduw sanctaidd, pan fo pobl ddrwg
yn cau eu clustiau a'u calonnau iti
Y: *dônt â gofid ar y byd ac arnynt eu hunain.*

Bydded i'r Un Mawr sy'n dad ac yn fam
eich bendithio
Bydded i'r Gwas Dioddefus sy'n frawd ac yn chwaer
eich bendithio

Bydded i'r Ysbryd mawr nad yw'n wryw nac yn fenyw
eich bendithio
Bendith y Drindod, y Dirgelwch mawr,
a fo'n eiddo i chwi yn awr a byth

DIWRNOD 23

Llinellau ar draws y cae, cwysi harddwch
Llinellau ar draws y môr, tonnau ysblander diderfyn
Llinellau ar draws yr awyr, cymylau'r stratosffir
Llinellau o berson i berson, cysylltiadau cariad

SALM YMATEBOL: 119: 97-98, 101-104

A: O fel yr wyf yn caru dy gyfraith!
     Hi yw fy myfyrdod drwy'r dydd.

Y: Y mae dy orchymyn yn fy ngwneud yn ddoethach
     na'm gelynion, oherwydd y mae gyda mi bob amser.

A: Cedwais fy nhraed rhag pob llwybr drwg,
     er mwyn imi gadw dy air.

Y: *Nid wyf wedi troi oddi wrth dy farnau,*
     oherwydd ti fu'n fy nghyfarwyddo.

A: Mor felys yw dy addewid i'm genau,
     melysach na mêl i'm gwefusau.

Y: *O'th ofynion di y caf ddeall;*
     dyna pam yr wyf yn casáu llwybrau twyll.

DARLLENIAD: Exodus 12: 1-13

MYFYRDOD

    Dyma wledd Pasg yr Arglwydd, y goffadwriaeth am
Dduw'n cadw pobl Israel, a dyma wledd barhaol y bobl
ym mhob cenhedlaeth oddi ar hynny. Mae'n tanlinellu
defosiwn fawr yr Iddewon. Cyfyd hefyd gwestiynau
mawr bywyd o'r newydd. Yn ystod yr holocost daliodd
yr Iddewon i gadw gwledd y Pasg, ac eto bu i'r bobl
ddioddef yn ddychrynllyd, gan fynd eu hunain yn ŵyn
aberthol wrth iddynt gael eu gyrru i farwolaeth wrth eu

78

miliynau.

Pwy all chwilio dirgelion mor ddwfn, a gwybod yr atebion i gwestiynau mor ddyrys? Eto fe ŵyr yr Iddew yn ei galon fod Duw wedi gwaredu ei bobl o gaethiwed ar adeg y Pasg, a gŵyr y Cristion fod Duw wedi caru ei fyd gymaint nes i Iesu gael ei anfon i fod yn oen y Pasg dros bawb, a thrwy waed ei aberth ef y dôi pobl yn rhydd o gaethiwed pechod.

' *"Yr ydych i'w fwyta ar frys...Pasg yr Arglwydd ydyw"* .'
(12:11)

GWEDDÏAU

Arglwydd,
 mae pob coffadwriaeth yn werthfawr inni;
  cofio gwaredigaeth dy bobl, Israel,
  yn yr Exodus mawr o'r Aifft;
  cofio'r rhai a gollodd eu bywydau
   yn yr holocost yn Ewrop;
  cofio dioddefaint dy Fab ar groes Calfaria;
   y cofio bob tro y byddwn yn rhannu gyda'n gilydd
  yn y diolchgarwch,
    yng ngwledd y Cymun Sanctaidd.
  Helpa ni nid yn unig i gofio am y gorffennol
  ond i gysegru'r dyfodol iti.

Fugail da,
 y fath ofid ydyw
  pan fydd rhai o'th bobl wedi eu caethiwo
  gan lywodraethau gormesol,
   a'u hecsploitio ar sail hil.
 Cyffeswn inni'n rhy barod
 roi cyfle i feddyliau a gweithredoedd hiliol.
Arwain ni at fangre rhyddid

lle y caiff pob un ei dderbyn
    fel unigolyn beth bynnag ei hil, ei liw neu ei wlad
a lle yr ydym yn cydnabod mai un teulu ydym oll,
    yn edrych at un Tad, ein Gwaredwr,
    Cyfaill ac Arglwydd.

Frawd hoff,
    daethost i'n mysg
        i ddangos inni ffordd cariad.
Ti yw mynegiant cariad y Tad.
Helpa ni i garu'n gilydd
    oherwydd daw cariad oddi wrth Dduw.
Pinacl cariad yw nid ein cariad ni tuag at Dduw
    ond cariad y Tad tuag atom ni
        wrth dy anfon di i gymryd ymaith ein pechodau
            trwy dy aberth perffaith.
Ni fedrwn ni weld gogoniant ein Creawdwr
    ond y mae inni gymundeb ag ef
        pan garwn ein gilydd.
Felly rho inni orfoledd undeb
    â'r Tad, â thi, y Mab, ac â'r Ysbryd Sanctaidd,
        un Duw yn awr a hyd byth.

YMATEB

A: Arglwydd, pan fyddi'n galw dy bobl ar daith rhyddid
Y: *gwna hwy'n barod i ymateb yn sydyn ac yn llawen.*

Bydded i'r Duw a wnaeth yr afonydd,
y moroedd a'r eigion eich bendithio
Bydded i'r Duw a wnaeth y caeau,
y bryniau a'r mynyddoedd eich bendithio
Bydded i'r Duw a wnaeth bob creadur,
gwyllt a dof, eich bendithio
Bydded i Dduw, Tad, Mab ac Ysbryd
eich bendithio yn awr a byth

DIWRNOD 24

Clywaf sŵn y rhaeadr, sŵn dyfroedd lawer
Clywaf adenydd yn curo, sŵn adar lawer
Clywaf lais Duw, geiriau wedi eu llefaru'n glir
a thry fy holl fod yn dawel, yn gwrando ar air Duw

SALM YMATEBOL: 119: 105-108, 111-112

A: Y mae dy air yn llusern i'm troed, ac yn oleuni i'm llwybr.

Y: *Tyngais lw, a gwneud adduned i gadw dy farnau cyfiawn.*

A: Yr wyf mewn gofid mawr; O Arglwydd, adfywia fi yn ôl dy air.

Y: *derbyn deyrnged fy ngenau, O Arglwydd, a dysg i mi dy farnedigaethau.*

A: Y mae dy farnedigaethau yn etifeddiaeth imi am byth, oherwydd y maent yn llonder i'm calon.

Y: *Yr wyf yn gosod fy mryd ar ufuddhau i'th ddeddfau; y mae eu gwobr yn dragwyddol.*

DARLLENIAD: Exodus 12:14-28

MYFYRDOD

Mae'n bwysig cadw'r ŵyl; mae'n bwysig dwyn i gof y waredigaeth. Ar ddydd y Pasg bydd yr Iddew yn cofio'r cyfan a wnaeth Duw i'w bobl; yn Swper yr Arglwydd bydd y Cristion yn cofio'r cyfan a wnaeth Duw trosom yng Nghrist. Mae'n haws cofio mewn dyddiau o ddioddefaint; mae'n anos cofio mewn dyddiau o ffyniant, ac eto dylai rhywun ddal i gofio yn holl amrywiol sefyllfaoedd bywyd ac ym mhob cenhedlaeth weithredoedd achubol ein Duw. Ni fydd y genedl honno

sy'n anystyriol o Dduw yn ffynnu. Ni fydd y bobl hynny
sy'n anghofio presenoldeb Duw a'i roddion yn canfod
gwir hapusrwydd. Ystyriwch yn aml y cyfan y mae Duw
wedi'i gyflawni trosoch.

* "Yr ydych i'w gadw yn ŵyl i'r Arglwydd; cadwch yr ŵyl
yn ddeddf am byth dros y cenedlaethau".' (12:14)*

GWEDDÏAU

Mor aml, Arglwydd, byddwn yn cofio adegau o dristwch
- rydym yn dwyn i gof ddioddefaint
    y rhai a fu farw mewn rhyfel;
  cofiwn am ormes cenedlaethau gynt;
  dygwn i gof artaith y merthyron,
    dy bobl di a gafodd eu herlid;
  cofiwn am ddioddefaint ein Harglwydd ar Galfaria.
Cymorth ni i gofio hefyd adegau o orfoledd,
  gwaredigaeth dy bobl o'r Aifft,
  diwedd rhyfel a theyrnasiad heddwch,
  yr ymryddhad sydd wedi dod
    i ran llawer yn ein cenhedlaeth ni,
  llawenydd dydd yr Atgyfodiad i'th ddisgyblion.
Helpa ni i fod yn bobl y Pasg,
  yn llawenhau ym mhopeth a wnei drosom yng Nghrist.

Dduw Sanctaidd,
  creaist dy bobl ar dy ddelw dy hun, yn wryw a benyw.
Fe'n creaist i garu ein gilydd
  ac i rannu yn llawenydd dy greadigaeth.
Rydym yn bradychu hynny wrth gam-drin ein gilydd
  neu pan fydd un rhyw yn gormesu'r llall.
Maddau inni'n triniaeth greulon o ferched
  mewn cymaint o leoedd,
    dros gymaint o genedlaethau.

Boed inni roi i ferched le teilwng yn ein cymdeithas,
gan gydnabod eu doniau a'u talentau'n gyfartal
ochr yn ochr â dynion a derbyn ein tasg gyffredin
i weithio er lles pawb yn ein cymdeithas.

Arglwydd atgyfodedig,
llenwaist ein bywydau â llawenydd
trwy rodd werthfawr dy Ysbryd Glân.
Wedi'n llenwi â'r Ysbryd
medrwn ddatgan ein ffydd
mai ti yw Gwaredwr y byd.
Cawn ein gwneud yn un â thi trwy gariad
ac o aros yn y cariad hwnnw cawn drigo yn y Tad.
Mae cariad yn ein perffeithio ar gyfer y cyfrif olaf.
Pan fydd gennym gariad nid oes arnom ofn
oherwydd y mae cariad perffaith yn goresgyn pob ofn.
Fe'th garwn di, ac, yn ufudd i'th ddysgeidiaeth,
ceisiwn garu'n cymdogion.
Dymuniad dy Dad
yw ein bod yn dangos ein cariad tuag ato
yn nyfnder ein cariad tuag at ein gilydd.
Felly boed i'n cariad fod yn arwydd o'th bresenoldeb.

YMATEB

A: Fugail Cariadlon, na fydded inni fyth anghofio
dy drugaredd mawr
Y: *yn arwain dy bobl allan o gaethiwed*
i Wlad yr Addewid.

Bydded i strydoedd y ddinas gael eu llenwi â llawenydd
Bydded i dai'r ddinas atseinio â mawl
Bydded i bobl y ddinas ddangos cariad tuag at ei gilydd
Bydded i'r ddinas fod yn fangre heddwch,
dy heddwch di, yn fythol.

DIWRNOD 25

Llygaid yn agored i harddwch byd natur
Clustiau'n agored i synau fyrdd y greadigaeth
Gwefusau'n agored i foli'r Duw a'n gwnaeth
Calonnau'n agored i'w dderbyn i'n bywydau

SALM YMATEBOL: 119: 113-114, 116-117

A: Yr wyf yn casáu rhai anwadal,
ond yn caru dy gyfraith.
Y: *Ti yw fy lloches a'm tarian;*
yr wyf yn gobeithio yn dy air.

A: Cynnal fi yn ôl dy addewid, fel y byddaf fyw,
ac na chywilyddier fi yn fy hyder.
Y: *Dal fi i fyny, fel y caf waredigaeth,*
imi barchu dy ddeddfau yn wastad.

DARLLENIAD: Exodus 12:29-42

MYFYRDOD

Yn yr Exodus pryd y gadawodd yr holl bobl wlad yr
Aifft y mae'r waredigaeth. Ac eto nid mater syml mo
hwn os yw'r adroddiad hanesyddol i'w gredu. Bu'r
Israeliaid yn yr Aifft am 430 o flynyddoedd, sef llawer o
genedlaethau. Ymadawodd tua miliwn o bobl fel
ffoaduriaid a chychwyn ar daith i'r anwybod. Roedd
hynny'n exodus enfawr.

Yn yr oes fodern, mae hynny'n debyg i exodus y
Cwrdiaid o Irac, yn ffoi rhag gorthrwm creulon Saddam
Hussein; cannoedd o filoedd o Gwrdiaid yn ffoi am Dwrci
ac Iran, a'r rhan fwyaf ohonynt yn aros ar fynyddoedd y
ffindir lle y bu farw llawer wrth iddynt ddisgwyl am
hafanau diogel.

84

Wrth geisio rhifo'r fath symudiadau enfawr o bobloedd, gall y darlun fod yn gymhleth. Byddai'n haws pe gellid rhoi terfyn ar orthrwm, a gadael i bobl grwydro'n hytrach na chael eu gyrru allan i fannau anghyfarwydd. Ond cyn belled ag yr oedd Israel yn y cwestiwn, y cynllun dwyfol oedd i ddod â hwy i Wlad yr Addewid. A dyna gychwyn un o symudiadau mwyaf hanes - exodus yr Israeliaid o'r Aifft.

'Aeth holl luoedd yr Arglwydd allan o wlad yr Aifft'. (12:41).

GWEDDÏAU

Dduw Moses a Miriam,
    fe'n llenwir â llawenydd wrth ddwyn i gof
        y rhai hynny oll a aeth o gaethiwed i ryddid.
Cofiwn am exodus mawr dy bobl di o'r Aifft,
    gwelwn yn ymgasglu i mewn i Israel
        yr holl bobl a fu'n dioddef yn Nwyrain Ewrop;
gwelwn rai a ymfudodd o ganolfannau gormes
    yn yr Americas, yn Asia, yn Affrica, i fannau diogel.
Arglwydd, rhown ddiolch i ti fod dydd gwaredigaeth
    wedi gwawrio i gymaint o bobl;
gweddïwn y bydd terfyn yn fuan
    ar bob gorthrwm ac erledigaeth
        er mwyn i'th bobl fyw mewn rhyddid a chytgord
        drwy'r holl fyd.

O Arglwydd,
    mae'n rhaid inni dorri'n rhydd
        oddi wrth ofynion pob ideoleg
        sy'n anwybyddu anghenion pobl gyffredin,
        sy'n dyrchafu safle a dylanwad ar draul urddas,
        sy'n well ganddi rodio'n falch na chynorthwyo'r tlawd,
        sy'n mynnu ei phwys o gnawd gan weithwyr

er mwyn dwyn gogoniant
i syniadau gwleidyddol rhyw *elite.*
Arglwydd, dygwn o'th flaen y rhai hynny oll
sydd wedi dioddef gorthrwm ac erledigaeth
o achos ideoleg terfysgwyr gwleidyddol.
Adfer berspectif cywir i arweinwyr y cenhedloedd
er mwyn inni geisio ffyrdd cyfiawnder a heddwch.

Arglwydd Iesu cariadlon,
gwyddom mai ti yw'r Meseia a addawyd, Crist y Brenin;
wrth roi'n hymddiriedaeth ynot ti down yn blant Duw
a chan ein bod yn caru'n Tad fe garwn ei blant i gyd.
Mewn cariad rydym wrth ein bodd
yn ufuddhau i ewyllys Duw
ac mae'n hufudd-dod yn achos ac yn ffrwyth
cariad.
Credwn mai ti yw'r Crist, mab Duw,
a bod ffydd yn rhoi inni oruchafiaeth dros y byd,
buddugoliaeth dros drachwant,
casineb a gelyniaeth.
Gan ein bod wedi'n geni o Dduw cawn ein geni i gariad,
ac wrth gyrraedd pinacl cariad
profwn gymundeb â Duw.

GWEDDI'R ARGLWYDD

YMATEB

A: Arglwydd, pan wawria dydd rhyddid
Y: *ni all yr un teyrn rwystro lledaeniad y golau.*

Ymlonyddwch a disgwyliwch wrth yr Arglwydd
Bydded i dawelwch y Creawdwr gau amdanoch
Bydded i dawelwch y Gwaredwr eich cwmpasu
Bydded i dawelwch y Cysurwr eich amgylchynu
Bydded i dawelwch y Tri bendigaid
eich cwmpasu i dragwyddoldeb.

DIWRNOD 26

Y Tad gyda chwi yn ffordd creu
Y Mab gyda chwi yn ffordd caru
Yr Ysbryd gyda chwi yn ffordd rhoi
Y Drindod wrth eich ochr yn ffordd byw

SALM YMATEBOL: 119: 121-124, 127-128

A: Gwneuthum farn a chyfiawnder;
    paid â'm gadael i'm gorthrymwyr
Y: *Bydd yn feichiau er lles dy was;*
    paid â gadael i'r trahaus fy ngorthrymu.

A: Y mae fy llygaid yn pylu
    wrth ddisgwyl am dy iachawdwriaeth,
    ac am dy addewid o gyfiawnder.
Y: *Gwna â'th was yn ôl dy gariad,*
    a dysg i mi dy ddeddfau.

A: Yr wyf yn caru dy orchmynion yn fwy nag aur,
    nag aur coeth.
Y: *Am hyn cerddaf yn union yn ôl dy holl ofynion,*
    a chasâf lwybrau twyll.

DARLLENIAD: Exodus 13: 17-22

MYFYRDOD

Mae Duw'n rhoi arwyddion i'w bobl er mwyn eu
harwain. Roedd yr Exodus yn ddigwyddiad cenedlaethol
o'r pwys mwyaf yn hanes y bobl a'u parhad. Felly, mae'r
arwyddion yn ddramatig rhyfeddol. Arweiniwyd y bobl
yn y dydd gan golofn fawr o niwl. Gall ffenomenâu
natur fod yn ddieithr a hynod. Byddai colofnau llwch yn
ymffurfio mewn rhai mannau; ffurfiannau o gymylau
anghyffredin eu siâp. Mae colofn o'r fath yn bosibl. Ond

beth am y golofn o dân yn y nos, y goleuni hwn yn
arwain yn y tywyllwch? Nid yw'n hawdd meddwl am
unrhyw ffenomenon naturiol i egluro'r fath ddigwyddiad.
Ond yna fe welwn yn y profiad crefyddol fod ymyrraeth
ddwyfol yn naturiol a bod Duw'n darganfod ffyrdd i
ryddhau ei bobl a'u harwain. Mae arwyddion mawr o'r
fath yn angenrheidiol ac yn ddealladwy ar gyfer
digwyddiadau cenedlaethol o bwys - ond fe rydd Duw ei
arwyddion i chwi hefyd. Byddwch yn barod ar eu cyfer.

*'Yr oedd yr Arglwydd yn mynd o'u blaen mewn colofn o
niwl yn ystod y dydd i'w harwain ar y ffordd, ac mewn
colofn o dân yn ystod y nos i'w goleuo.'* (13:21)

GWEDDÏAU

Cymaint yw ein hangen am dy arweiniad, Dduw sanctaidd,
    a ninnau'n crwydro yn anialwch ein byd modern,
    yng nghanol seciwlariaeth, mewn mannau o ormes,
    yng ngwydd yr ocwlt,
    a chymaint o ddrygioni yn ein byd.
Dos o'n blaen fel colofn o niwl
    i'n harwain yn ffordd cyfiawnder.
Dos o'n blaen fel colofn o dân
    i adnewyddu dy bobl mewn ymroddiad ac ymddiriedaeth.
Dangos inni'r ffordd y dylem fynd
    a helpa ni i gerdded ynddi er mwyn dy enw.

Dad cyfiawn,
    cyffeswn o'th flaen
        i ddioddefaint ddod i ganol bywydau dy bobl
            trwy gulni crefyddol,
        a gweddïwn am dy faddeuant
    am bob anoddefgarwch a diffyg dealltwriaeth.
Dygwn hefyd o'th flaen
    bawb a fu'n ysglyfaeth i gwltiau od

a chabledd dychrynllyd yr ocwlt.
Boed i'th Ysbryd Sanctaidd fwrw allan bopeth drwg
   a goresgyn galluoedd y tywyllwch.
Boed inni geisio'r hyn sy'n wir, yn gyfiawn ac yn bur
   a chanfod yn dy bresenoldeb
      y tangnefedd sydd uwchlaw pob deall.

Waredwr Sanctaidd,
   daethost i'r byd trwy ddŵr a gwaed
      a thrwy ddŵr a gwaed y rhoddaist dy fywyd i fyny.
Yr Ysbryd sy'n deor dros y greadigaeth
        a fu'n gwylio dros dy eni a'th farw.
Yr Ysbryd, y dŵr a'r gwaed,
   tystion ydynt oll i'th wirionedd
      mai ti yw'r Crist, Mab Duw,
         trwy farwolaeth yr hwn y daw bywyd i ni.

YMATEB

A: Dduw Sanctaidd, pa mor galed bynnag
       fo'r llwybr ar daith rhyddid
Y: *byddi'n arwain dy bobl*
       drwy arwyddion a rhyfeddodau.

Bydded i'r golofn o dân a arweiniodd yr Israeliaid
   eich tywys chwi
Bydded i'r seren a ddisgleiriodd dros Fethlehem
   eich tywys chwi
Bydded i'r llais a lefarodd wrth Samuel
   eich tywys chwi
Bydded i'r llais a heriodd Paul
   eich tywys chwi
Bydded i'r Duw byw fod yn gydymaith i chwi
   drwy gydol eich dyddiau.

DIWRNOD 27

Arglwydd disglair y wawr, bydd gyda ni yn ein haddoliad
Boed i oleuni dy Fab lewyrchu arnom
Boed i fywyd dy Ysbryd fod ynom
Drindod Sanctaidd, symbyla ni a gwna ni'n frwd,
ysbrydola ni a defnyddia ni

SALM YMATEBOL: 119: 129-130, 133-136

A: Y mae dy farnedigaethau'n rhyfeddol;
am hynny yr wyf yn eu cadw.

Y: *Pan ddatguddir dy air, bydd yn goleuo*
ac yn rhoi deall i'r syml.

A: Cadw fy ngham yn sicr fel yr addewaist,
a phaid â gadael i ddrygioni fy meistroli.

Y: *Rhyddha fi oddi wrth ormes dynion,*
er mwyn imi ufuddhau i'th ofynion di.

A: Bydded llewyrch dy wyneb ar dy was,
a dysg i mi dy ddeddfau.

Y: *Y mae fy llygaid yn ffrydio dagrau*
am nad yw dynion yn cadw dy gyfraith.

DARLLENIAD: Exodus 14:5-31

MYFYRDOD

Fe welir llaw gadarn Duw'n gweithredu er mwyn achub pobl Israel a dinistrio'r Eifftiaid. Ai myth ynteu hanes yw hyn? Ffaith ynteu ffantasi? Nid oes unrhyw amheuaeth o ran yr Israeliaid nad yw'n rhan hanesyddol o stori fawr yr achub, wedi'i thrysori a'i choffáu drwy'r canrifoedd. O edrych arni o bersbectif arall, cafodd y digwyddiad hwn ei ddiogelu gan y sipsiwn fel dinistr trasig eu pobl.

Ceisiodd rhai ysgolheigion esbonio'r hanes trwy gyfeirio at ffenomenâu naturiol sy'n digwydd yn yr ardal. Bydd eraill yn ei ystyried fel hanesyn a gafodd ei orliwio, adroddiad o achubiaeth ar ffurf myth. Ond mae'n ddiamau fod rhywbeth wedi digwydd i droi'r hyn oedd yn ymddangos yn fethiant anorfod yn waredigaeth. Mae'n gwbl glir i'r Iddewon bod Duw wedi achub ei bobl. Myfyriwch ar hyn, a byddwch sicr fod Duw'n gweithredu ar ran ei bobl.

'A thrwy'r nos gyrrodd yr Arglwydd y môr yn ei ôl â gwynt cryf o'r dwyrain. Gwnaeth y môr yn sychdir, a holltwyd y dyfroedd'. (14:21)

GWEDDÏAU

Arglwydd Dduw,
  eiddot ti yw'r ddaear oherwydd ti a'i gwnaeth,
    dy greadigaeth di yw'r môr a'r sychdir.
  Eiddot ti yw gogoniant y planedau
    a newidiadau'r tymhorau.
  Ti sy'n rheoli'r gwyntoedd ac yn rhoi'r glaw.
  Yr hyn a ymddengys i ni yn wyrth fawr –
    ti sydd yn gweithio allan dy gynllun cadarn.
  Gan mai ti a alwodd y ddaear i fodolaeth
    a pheri i'r moroedd a'r sychdir i gael eu lle
      felly fe elli di droi'r môr yn sychdir
        a gorchuddio'r sychdir â moroedd.
Does yna ddim y tu hwnt i'th fwriad
  mewn doethineb a chariad.
    Eiddot ti yw'r gogoniant,
      Arglwydd nef a daear.

Dywysog Tangnefedd,
  gwared ni rhag pla rhyfel.
    O genhedlaeth i genhedlaeth

91

dros achosion da a drwg
bu dy bobl yn ymrafael
a bu'r pris yn ddychrynllyd
mewn dioddefaint a marwolaeth.
Maddau inni am fodloni ar ryfela.
Cymorth ni i oresgyn anghyfiawnder
trwy weithredu mewn ffyrdd di-drais;
cymorth ni i ddilyn llwybr heddwch,
gan ddatrys gwahaniaethau trwy gymodi.
Arglwydd Iesu, rhyddha ni oddi wrth drais rhyfel;
ac arwain ni yn ffordd dy dangnefedd.

Gymodwr Cyfiawn,
ti yw'r bont rhyngom a Duw;
derbyniasom y ffydd hon gan bobl eraill
ond daw'r dystiolaeth bennaf inni oddi wrth Dduw.
Mae dy Dad yn dwyn tystiolaeth iti,
a dyma'r newydd da a dderbyniwn –
bod Duw wedi rhoi inni fywyd tragwyddol
ac fe geir y bywyd helaeth hwn ynot ti,
Arglwydd Iesu.
Os trown oddi wrthyt fe gollwn fywyd;
os trown atat fe gawn fywyd.
Mawl fo i Dduw am ei roddion rhyfeddol.

YMATEB

A: Arglwydd, pan fydd ffordd rhyddid
      yn edrych yn amhosibl
Y: *cymorth ni i gredu ynot am wyrth gras.*

Bydded i'r pryfed yn y ddaear
ddweud wrthych am Dduw
Bydded 'r pysgod yn y môr
ddweud wrthych am Dduw
Bydded i adar yr awyr

ddweud wrthych am Dduw
Bydded i'r gwartheg yn y maes
ddweud wrthych am Dduw
Boed i chwi adnabod presenoldeb Duw
yn eich mysg ddydd a nos

DIWRNOD 28

Arglwydd yr afonydd,
llifa drwy'n bywydau â chyfiawnder
Dduw'r moroedd,
adnewydda'n calonnau â sancteiddrwydd
Dduw'r eigion, adfywia ni â dyfnderoedd dy dosturi
Ddŵr bywiol y bywyd, adnewydda ni oddi mewn

SALM YMATEBOL: 119: 137-138, 141-144

A: Cyfiawn wyt ti, O Arglwydd, a chywir yw dy farnau.
Y: *Y mae'r barnediagaethau a roddi yn gyfiawn*
ac yn gwbl ffyddlon.

A: Er fy mod i yn fychan ac yn ddinod,
nid wyf yn anghofio dy ofynion.
Y: *Y mae dy gyfiawnder di yn gyfiawnder tragwyddol,*
ac y mae dy gyfraith yn wirionedd.

A: Daeth cyfyngder a gofid ar fy ngwarthaf,
ond yr wyf yn ymhyfrydu yn dy orchmynion.
Y: *Y mae dy farnedigaethau di'n gyfiawn byth;*
rhônt imi ddeall, fel y byddaf byw.

DARLLENIAD: Exodus 16: 1-36

MYFYRDOD

Nid yw ffordd gwaredigaeth bob amser yn ffordd
hawdd. Ambell dro fe all ymddangos fel petai caethiwed
yn haws ei ddioddef na llwybr rhyddid. Mae yna ryw
ddiogelwch yn y ddarpariaeth a gynigir gan y gormeswr;
mae yna fentr yn ffordd yr anwybod. Felly mae Israel yn
grwgnach. O leiaf yn yr Aifft roedd ganddynt fara; yn
awr maent yn llwgu yn yr anialwch.

Ond bydd y Duw sy'n rhoi rhyddid yn darparu manna yn yr anialwch. Ni fydd ef yn gadael i'w bobl lwgu. Mae'r ddarpariaeth yn ddigonol ar gyfer y dydd. Nid ydynt i storio ar gyfer y dyfodol. Dim ond ar y diwrnod o flaen y Saboth yr oedd Duw'n rhoi digon ar gyfer dau ddiwrnod.

Rhaid inni ddysgu ymddiried yn Nuw. Beth bynnag sy'n eich caethiwo chwi, gadewch iddo fynd, a gadewch i Dduw eich rhyddhau. Cewch fod yn sicr y bydd Duw'n darparu ar gyfer eich anghenion; teithiwch mewn ffydd; teithiwch yn syml; teithiwch yn rhydd; gwybyddwch fod Duw'n mynd gyda chwi.

'Bu'r Israeliaid yn bwyta manna am ddeugain mlynedd, nes iddynt ddod i wlad gyfannedd.' (16:35)

GWEDDÏAU

Dad Sanctaidd,
    rwyt ti'n darparu ar gyfer anghenion dy holl bobl.
  Yng nghynnyrch y blaned daear
      mae yna ddigon i bob person
        i fwyta a chael ei ddigoni.
  Cyffeswn inni yn ein ffolineb
      beri newyn, haint a thrallod.
  Ni fûm yn ofalus wrth drin y ddaear
      nac wrth rannu ei chynhyrchion.
  Rhoddaist inni greadigaeth ffrwythlon
      a'r modd i groesi cyfandiroedd
        gan wneud hwn yn un byd, ein planed daear.
  Dysg inni ffordd rhannu;
      rho ynom y gallu i ddirnad y blaenoriaethau cywir
        er mwyn i rai newynog yr holl genhedloedd
          gael eu bwydo ac i'th enw di gael ei barchu
          ym mhob rhan o'r byd.

Dduw'r Creawdwr,
ti yw rhoddwr popeth da
ac nid ydym ni ond stiwardiaid
ar y cyfan sydd gennym.
Ac eto'n rhy aml bydd pobl ddrwg
yn defnyddio grym arian
er mwyn gormesu'r anghenus a'r tlawd.
Bydd grym economaidd yn cael ei ddal fel arf
ac achosir dolur i gymunedau gwan.
Daliwn o'th flaen y rhai hynny oll
y cafodd eu bywydau eu bygwth
eu cartrefi eu distrywio
a'u cymunedau eu rhannu
gan y rhai oedd yn rheoli'r economi.
Maddau'r fath gamddefnydd o bŵer
ac arwain ni oll yn ffordd gofal, llwybr rhannu,
er mwyn hybu'r lles cyffredinol
ac anrhydeddu dy enw yn ein hamser.

Waredwr Croeshoeliedig,
rhoddaist hyder inni
i ddod o flaen gorsedd gras gyda'n herfyniadau.
Cymorth ni i weddïo'n ddoeth yn ôl dy ewyllys
oherwydd fe wyddom wedyn
y caiff ein herfyniadau eu hateb.
Gweddïwn dros frodyr a chwiorydd mewn trafferthion
ac angen i ti eu harwain, eu hiachau a'u bendithio.
Gweddïwn dros frodyr a chwiorydd
sydd wedi gwneud yr hyn na ddylent,
fel y bydd iddynt edifarhau
a derbyn dy faddeuant.
Boed inni oll droi oddi ar ein llwybr cyfeiliornus;
wedi derbyn maddeuant ac yn rhydd,
boed inni gerdded yn dy ffordd
am inni ofyn hyn yn dy enw gwerthfawr.

YMATEB

A: Fugail Cariadlon, mae yna adegau
pryd yr ymddengys i rai
na fydd yna ddim bwyd;

Y: *gan dy fod·ti'n darparu*
ar gyfer anghenion dy holl bobl,
helpa ni i rannu dy roddion.

Bydded i'r Tad, Creawdwr y Cyfanfyd,
eich bendithio ym more oes
Bydded i'r Mab, Tywysog Tangnefedd,
eich bendithio yng nghanol dydd eich gwasanaeth
Bydded i'r Ysbryd, Symbylwr a Chysurwr,
eich bendithio yn eich hwyrddydd
Boed i'r Drindod fendigaid fod gyda chwi
yng nghodiad yr haul a'i fachlud

DIWRNOD 29

Tywod gwyn lan y môr yn ymestyn yn ddibendraw
Cribau glas y myddoedd uchel yn y pellter
ŷd euraid y meysydd ar y gwastadedd eang
Myrddiwn sêr y Llwybr Llaethog
yng nghromgell awyr y nos
Llefarant am ogoniant Duw, grym hanfodol bywyd

SALM YMATEBOL: 119: 145-148, 153-154

A: Gwaeddaf â'm holl galon; ateb fi, Arglwydd,
ac fe fyddaf ufudd i'th ddeddfau.

Y: *Gwaeddaf arnat ti; gwared fi,*
ac fe gadwaf dy farnedigaethau.

A: Codaf cyn y wawr a gofyn am gymorth,
a gobeithiaf yn dy eiriau.

Y: *Y mae fy llygaid yn effro*
yng ngwyliadwriaethau'r nos
i fyfyrio ar dy addewid.

A: Edrych ar fy adfyd a gwared fi,
oherwydd nid anghofiais dy gyfraith.

Y: *Amddiffyn fy achos ac achub fi;*
adfywia fi yn ôl dy addewid.

DARLLENIAD: Exodus 17:1-7

MYFYRDOD

Fel y bu iddo ddarparu bwyd, felly hefyd fe ofalodd
Duw am ddŵr. Am ddeugain mlynedd yn yr anialwch fe
ddarparodd ar ran ei bobl. Nid bywyd moethus mo
hwn; bywyd teithiol caled ydoedd, ond bod yr
angenrheidiau sylfaenol er mwyn ymgynnal wedi eu rhoi

- bwyd a dŵr.

Yn rhy aml nid ydym yn ymddiried yn Nuw. Nid ydym yn barod i gael ein rhyddhau. Nid ydym yn barod ar gyfer dyddiau o deithio garw. Pan fentrwn ymlaen mewn ffydd, byddwn fel Pedr yn oedi'n sydyn mewn anghrediniaeth. Byddwn yn amau a yw Duw wir am ofalu, wir am ddarparu. Darganfu'r Israeliaid ei fod yn wir, ond bu'n rhaid iddynt grwydro am ddeugain mlynedd yn yr anialwch cyn iddynt gyrraedd Gwlad yr Addewid. Rydym ni'n disgwyl Gwlad yr Addewid heb aros amdani, heb grwydro, heb gost. Myfyriwch ar flynyddoedd yr anialwch a dysgwch ymddiried yn Nuw beth bynnag fo'r fentr a'r ansicrwydd a ddaw i'ch ffordd.

' " Taro'r graig, a daw dŵr allan ohoni". ' (17:6)

GWEDDÏAU

Mae'n resyn o beth gweld plant yn marw
    trwy ddiffyg dŵr pur;
yn ddifrifol o beth pan fydd cymaint yn dioddef o heintiau
    a achosir gan ddŵr wedi'i lygru.
Annwyl Arglwydd, rhoddaist i ni nentydd ac afonydd;
    anfoni'r glaw o'r nef i'n hadfywio.
Dylai fod digon o ddŵr ar gyfer pawb.
Rydym yn gwario'n harian yn hunanol ac yn ofer
    yn hytrach na darparu dŵr ar gyfer pentrefi a threfi.
Difrodwn y ddaear â thechnoleg ddinistriol
    yn hytrach na chymhwyso'n sgiliau
        mewn darganfyddiadau allai achub bywyd.
Arglwydd, maddau inni
    a chymorth ni i ddod yn bartneriaid gyda thi
        i ddiogelu a defnyddio popeth
        sy'n dda yn dy greadigaeth.
Caniatâ y bydd dŵr pur ar gyfer holl bobl dy fyd
    er mwyn i bawb gael byw'n iach er gogoniant dy enw.

Arglwydd,
maddau'r anonestrwydd
sy'n gosod pobl gyffredin mewn perygl
er mwyn diogelu diddordebau rhai
neu er mwyn gwarchod enw'r pwerus.
Maddau'r rhai sydd er mwyn elw
yn peryglu cymunedau cyfan trwy ymbelydredd
ac yn cael effaith niweidiol ar iechyd plant
trwy heintio dŵr neu lygru'r awyr.
Helpa ni i fod yn fwy onest wrth ymwneud â'n gilydd
ac yn fwy parod i dderbyn cost ein camgymeriadau
er mwyn i iechyd y gymuned gael ei ddiogelu
a'i amddiffyn.

Anwylaf Frawd,
cadw ni rhag y dylanwadau drwg
sy'n ymosod ar ein ffydd;
gwared ni rhag y pwerau drygionus
sy'n ceisio'n goresgyn;
rhyddha'n byd oddi wrth y drwg sy'n ymosod arno.
Gan ein bod yn derbyn bywyd newydd trwot ti
helpa ni i ymddwyn fel plant y goleuni
gan wybod bod ein bywyd yn ddiogel
yn nwylo Duw, ein Tad a'n Cyfaill.

YMATEB

A: Arglwydd y greadigaeth,
rhoddi ddŵr pur inni i'w yfed;
Y: *gwna ni'n fythol ddiolchgar am dy roddion.*

Bydded i fendith yr Un fod gyda chwi yn eich unigedd
Bydded i fendith y Tri fod gyda chwi yn eich cymdeithas
Bydded i fendith y Creawdwr
eich adnewyddu fel disgyblion
Bendith y Tad, y Mab a'r Ysbryd
a'ch cadwo yng nghymundeb y saint.

100

DIWRNOD 30

Creodd yr Arglwydd Dduw y graig,
wyneb ithfaen y mynydd
Creodd yr Arglwydd Dduw yr haearn,
cynnyrch mwyn y ddaear
Creodd yr Arglwydd Dduw y perl,
gem guddiedig yr eigion
Greawdwr Dduw, bydd yn bresennol
yn dy harddwch a'th allu

SALM YMATEBOL: 119: 161-162, 165-166, 169-170, 175-176

A: Y mae tywysogion yn fy erlid yn ddiachos,
ond dy air di yw arswyd fy nghalon.

Y: *Yr wyf yn llawenhau o achos dy addewid,*
fel un sy'n cael ysbail mawr.

A: Caiff y rhai sy'n caru dy gyfraith wir heddwch,
ac nid oes dim yn peri iddynt faglu.

Y: *Yr wyf yn disgwyl am dy iachawdwriaeth,*
O Arglwydd, ac yn ufuddhau i'th orchmynion.

A: Doed fy llef atat, O Arglwydd;
rho imi ddeall yn ôl dy air.

Y: *Doed fy neisyfiad atat; gwared fi yn ôl dy addewid.*

A: Gad imi fyw i'th foliannu di,
a bydded i'th farnau fy nghynorthwyo.

Y: *Euthum ar gyfeiliorn fel dafad ar goll;*
chwilia am dy was,
oherwydd nid anghofiais dy orchmynion.

DARLLENIAD: Exodus 20: 1-20

MYFYRDOD

Mae Duw'n gwaredu ei bobl; Duw sy'n gyfrifol am eu rhyddhau, ond nid er mwyn rhoi iddynt fywyd o benrhyddid, nac er mwyn iddynt fyw fel y mynnont. Mae Duw yn sanctaidd ac yn galw ar ei bobl i fyw bywydau sanctaidd. O fewn y deg gorchymyn mae gennym wedi'i osod i lawr y ffordd i addoli Duw mewn purdeb, y ffordd i osod anrhydedd o fewn ein teulu ein hunain, a'r ffordd i drin pobl eraill o'n cwmpas. Gelwir ar bobl Dduw i fyw bywydau heddychlon a phur, yn un â'u cymdogion, ac yn un â Duw.

Gwareda Duw ei bobl heddiw oddi wrth ormes gwleidyddol, gormes economaidd, a hiliaeth, nid er mwyn i ni wedyn droi yn y tresi a gormesu eraill, ond er mwyn inni fod yn rhydd i addoli Duw ac i ofalu am ein gilydd. O na welem wawr rhyddid yn hanes holl bobloedd y byd, ac y dysgem fyw gyda'n gilydd mewn cyfiawnder a heddwch.

' "Myfi yw'r Arglwydd dy Dduw, a'th arweiniodd allan o wlad yr Aifft, o dŷ caethiwed". ' (20:2)

GWEDDÏAU

Arglwydd Dduw Sanctaidd,
   rwyt ti'n ein harwain yn ffordd cyfiawnder
      ac yn ein dysgu yn dy wirionedd.
Rwyt yn dod â ni o gaethiwed i wlad yr addewid.
Helpa ni i droi oddi wrth bopeth sydd wedi ein caethiwo
      ac i ymddiried ynot am ryddid a heddwch.
Rho inni weld ein llawenydd wrth gerdded yn dy ffordd
      ac ym mhrydferthwch sancteiddrwydd.
Helpa ni i fyw yn y ffordd a ddysgaist inni
      ac i gyflawni dy bwrpas cariadlon ar ein cyfer.

Gad inni dy wasanaethu yn y fath fodd yn y bywyd hwn
nes y byddwn yn canfod gwlad ein haddewid
yn dy deyrnas dragwyddol.

Argwlydd Dduw,
gwared dy bobl rhag gorthrwm o bob math.
Gad inni fod yn rhydd oddi wrth y gorthrwm gwleidyddol
sy'n anwybyddu anghenion y tlawd;
gad inni fod yn rhydd oddi wrth yr erledigaeth grefyddol
sy'n gwadu'n hawl i'th addoli di.
Deued ar gyfer dy holl bobl
ddydd gwaredigaeth, wawr newydd rhyddid,
bendith heddwch gyda chyfiawnder
er mwyn i'th enw di gael ei sancteiddio
lle bynnag y bydd dy bobl yn byw.

Arglwydd Iesu sy'n ein caru,
helpa ni i droi oddi wrth ddelwau'n hoes;
delwau dur, arian ac aur,
delwau materoliaeth, trachwant a golud.
Ysbrydola ni i ddeall y gwirionedd
er mwyn i'r gwirionedd ein rhyddhau.
Daethost i'n byd
i ddangos inni'r ffordd, y gwironedd, y bywyd;
boed inni ddarganfod y ffordd, wybod y gwirionedd
a phrofi'r bywyd sy'n dragwyddol
trwy gariad Duw, Dad, Mab ac Ysbryd Glân
i'r hwn y byddo gogoniant, yn awr ac am byth.

YMATEB

A: Dad, fe all fod yna lawer adeg
o gaethiwed a gorthrwm;
Y: *gad inni ymddiried ynot ti*
i'n harwain i ryddid a heddwch.

Boed i chwi gael eich bendithio gan Dduw Moses
a wyliodd mewn parchedig ofn y berth yn llosgi
Boed i chwi gael eich bendithio gan Dduw Moses
a lefarodd yn eofn air Duw wrth Pharo
Boed i chwi gael eich bendithio gan Dduw Moses
a arweiniodd ei bobl i Wlad yr Addewid

GWEDDÏAU'R BERERINDOD

Darlleniadau o Actau'r Apostolion. Mae hwn yn adroddiad bywiog o ymateb yr eglwys fore i gomisiwn Iesu yn nerth yr Ysbryd Glân ac o dan ei aeweiniad. Ceir hanesion manwl am anawsterau ymarferol yr eglwys, ond fe welir hefyd yr arwyddion a'r rhyfeddodau oedd yn mynd ochr yn ochr â'r cyhoeddiad ffyddlon. Trwy'r adroddiad dramatig hwn fe ddysgwn lawer am yr hyn a olyga i fod yn ddisgybl unigol, ynghyd â natur cenhadaeth yr eglwys yn ein cymdeithas gyfoes. Cafodd rhai o'r gweddïau eu sylfaenu ar Ganiad Solomon a'r Philipiaid.

DIWRNOD 31

Arglwydd Dduw, ymhle medra i fod a methu dy gael?
Rwyt ti yn y nefoedd ac ar y ddaear
Rwyt ti yn yr uchelderau a'r dyfnderau
Ym mhob man, ymhob sefyllfa,
gwelaf dy fod ti gyda mi

SALM YMATEBOL: 84: 1-4

A: Mor brydferth yw dy breswylfod,
    O Arglwydd y lluoedd.
    Yr wyf yn hiraethu,
    yn dyheu hyd at lewyg am gynteddau'r Arglwydd;
Y: *y mae'r cyfan ohonof*
    yn gweiddi'n llawen ar y Duw byw.

A: Cafodd hyd yn oed aderyn y to gartref,
    a'r wennol nyth iddi ei hun,
    lle y mae'n magu ei chywion –
Y: *wrth dy allorau di, O Arglwydd y lluoedd,*
    fy mrenin a'm Duw.

A: Gwyn eu byd y rhai sy'n trigo yn dy dŷ,
Y: *yn canu mawl i ti'n wastadol.*

DARLLENIAD: Actau 1: 1-11

MYFYRDOD

Geilw Iesu arnom i fod yn dystion iddo, ond mor aml byddwn yn methu'r marc. Rydym yn ei chael hi'n anodd siarad am yr hyn sydd bwysicaf mewn bywyd. Pam yr ydym yn oedi? Ai oherwydd diffyg hyder neu ddoethineb neu allu? Ac eto y mae'r addewid yn bŵer! Mae'r byd yn canfod grym mewn arian, bomiau a chynghreiriaid, ond nid dyna'r grym a addawodd Iesu. Mae ef yn rhoi grym ysbrydol inni; yn addo rhodd yr Ysbryd. Oni ddylem groesawu ein bedydd yn yr Ysbryd? A ydym yn amau addewid Iesu neu'n ofni ei chanlyniadau? Ni fedrwn fod yn dystion dros Grist oni bai ein bod wedi derbyn arweiniad a rhoddion yr Ysbryd. Unwaith yr ydym wedi mynd i mewn i'r addewidion yna cawn ymuno yng nghwmni'r rhai sydd wedi mynd allan mewn cylchoedd sy'n ehangu fwyfwy, gyda'r ymbil, Tyrd, Ysbryd Glân, tyrd!

' "Derbyniwch nerth wedi i'r Ysbryd Glân ddod arnoch, a byddwch yn dystion i mi".' (1:8)

GWEDDÏAU

Greawdwr Dduw,
    anfonaist dy Fab i waredu'r byd.
Rhoddodd ef ei hun yn gyfan gwbl, heb ddal dim yn ôl.
    Yn ei farw y mae'n hatgyfodiad;
    yn ei atgyfodi y mae'n gobaith;
    yn ei rodd y mae'n pŵer.
Diolchwn iti am anfon atom dy Fab
    a diolchwn am ei rodd o'r Ysbryd Glân.

Dad,
    gweddïwn dros y newynog yn y byd;
        dros famau sydd mewn trallod
        o achos prinder bwyd ar gyfer y teulu;
    dros dadau sy'n rhy wan i weithio nac i gerdded;
    dros blant, yn newynog hyd at farwolaeth.
Gweddïwn y bydd pobl ym mhob man yn dysgu gofalu,
    yn ymroi i rannu, fel y bydd bara i'r newynog,
        ac y gallwn fwydo'r byd gyda'n gilydd.

Iesu,
    rwyt yn ein hanfon allan i fod yn dystion

ac awn yn llawen â'th neges o gariad.

Does gennym ni ddim byd mwy gwerthfawr na hyn
i'w rannu.

Hyn yw bara'r bywyd,

hyn ddaw â'r tangnefedd sydd uwchlaw pob deall.

Felly dos gyda ni, Arglwydd,

cyfarwydda'n siarad a'n gweithredu

er mwyn inni fod yn llysgenhadon teilwng
drosot.

GWEDDI'R ARGLWYDD

YMATEB

A: Pan ddown i derfyn ein hadnoddau prin
Y: *rwyt ti'n ein hysbrydoli*
a'n galluogi o ddigonedd dy gariad.

Bydded i'ch traed gerdded yn ffordd yr Arglwydd
Bydded i'ch llais lefaru gair yr Arglwydd
Bydded i'ch dwylo wasanaethu Duw wrth fendithio eraill
Bydded i'ch bywyd ddangos rhywbeth o ogoniant Duw
Boed i chwi brofi tangnefedd Duw yn awr a hyd byth

DIWRNOD 32

Lle y bydd tonnau'r môr yn treiglo'n rymus
Lle y bydd tonnau sain yn dod yn dawel
Lle y bydd tonnau teimladrwydd yn troelli'n ddwfn
Cyfarchwn ein Gwaredwr mewn cyfarfyddiad llawen

SALM YMATEBOL: 84: 10-12

A: Gwell yw diwrnod yn dy gynteddau di na mil gartref;
Y: *gwell sefyll wrth y drws yn nhŷ fy Nuw*
na thrigo ym mhebyll drygioni.

A: Oherwydd haul a tharian yw'r Arglwydd Dduw;
Y: *rhydd ras ac anrhydedd.*

A: Nid atal yr Arglwydd unrhyw ddaioni
oddi wrth y rhai sy'n rhodio'n gywir.
Y: *O Arglwydd y Lluoedd,*
gwyn ei fyd y dyn sy'n ymddiried ynot.

DARLLENIAD: Actau 1: 12-26

MYFYRDOD

Roedd yr apostolion gyda'i gilydd mewn gweddi. Sut y medrwn ni deimlo'n bod ynghyd, yn un mewn meddwl a chalon? O fewn ein heglwysi rydym yn ymdrechu am undeb, ond mor aml bydd rhaniadau'n ein goresgyn. Yn ein bywyd cenedlaethol y mae rhaniadau ac anghyfartaledd. Mewn bywyd teuluol gall gwahaniaethau'n hawdd danseilio'n hawddfyd. O fewn ein cymuned leol pa wahaniaethau sy'n bodoli mewn blaenoriaeth a phwrpas, pa densiynau sy'n llechu o dan y wyneb? Unigolion oedd yr apostolion. Mae'n siwr eu bod yn rhanedig ynghylch pob math o syniadau. Ond

109

roeddent yn un yn eu pwrpas sylfaenol a daethant at ei gilydd mewn gweddi; arferent geisio arweiniad yr Ysbryd Glân mewn materion o bwys, megis dod o hyd i olynydd yn yr apostolaeth. Fel Cristnogion heddiw, rydym yn wynebu ar gyfle mawr. Mae yna faes cenhadol ym mhobman o'n cwmpas. Mae yna ystod eang o wasanaeth y medrwn ei gynnig yn enw Crist. Ond er mwyn bod yn effeithiol mewn cenhadaeth ac mewn gwasanaeth rhaid inni fod yn bobl weddigar, wedi ein huno mewn calon a meddwl.

'Yr oedd y rhain oll yn dyfalbarhau yn unfryd mewn gweddi.' (1:14)

GWEDDÏAU

Arglwydd Iesu,
> gelwaist ynghyd dîm o bobl i fod yn ddisgyblion iti,
>> yn amrywio o ran cymeriad, doniau a thalentau.
> Wedi i un dy adael i lawr,
>> cafodd un arall ei ddewis yn ei le.
> Felly yr wyt wedi'n dewis ni i gyflawni dy waith;
>> mae gennyt bwrpas ar ein cyfer.
> Os bydd i ni dy adael i lawr,
>> bydd un arall yn cymryd ein lle.
> Cymorth ni i fod yn ffyddlon i'th gomisiwn;
>> gwna ni'n ddisgyblion teyrngar, parod i'th ddilyn.
> Pan fyddwn ni'n syrthio'n fyr, helpa ni i ddechrau eto,
>> wedi ein hadnewyddu
>>> ar gyfer gwasanaeth a chenhadaeth.

Dad,
> daliwn o'th flaen blant y byd;
>> plant digartref lle y mae teuluoedd yn ffoaduriaid;
>> plant newynog mewn mannau sy'n profi newyn;
>> plant wedi eu curo o gartrefi toredig;

110

plant wedi eu hesgeuluso
o ardaloedd mewn-ddinesig;
plant unig mewn rhannau diarffordd o'r wlad;
plant amddifad mewn mannau lle mae terfysg a thrais.
Fel y bendithiodd Iesu'r plant ymhell yn ôl
rho dy fendith ar blant heddiw
a helpa ni i ofalu amdanynt fel rhoddion gwerthfawr.

Ysbryd Glân,
mae dy ddoniau di'n rhyfeddol
a diolchwn i ti amdanynt.
Diolchwn iti am ddawn iacháu.
Mae'n wych gweld cleifion yn dod yn holliach,
a thystio i ddeillion yn cael adferiad golwg
a'r cloffion yn gallu cerdded.
Diolchwn iti am rai sydd ynghlwm wrth waith ymchwil,
am feddygon, nyrsus a llawfeddygon.
Diolchwn iti am bawb sy'n ymarfer gweinidogaeth iacháu
a phawb sy'n rhoi mynegiant i'th rodd di o iachâd.

YMATEB

A: Pan ddown atat ti mewn ffydd, Arglwydd Dduw,
Y: *byddi'n gwrando ac yn ateb*
     mewn doethineb a chariad.

Bydded i Arglwydd y lleuad arian lewyrchu arnoch
Bydded i Frenin y myrddiwn sêr deyrnasu drosoch
Bydded i Wneuthurwr yr haul disglair
fwrw ei wres o'ch amgylch
Bydded i Ganol byw'r Cyfanfyd mawr
eich tynnu ato'i hun

DIWRNOD 33

Yn y ganolfan siopau brysur, dof o hyd i'r Tad
Yn y stryd, uwchben rhu'r traffig, clywaf y Mab
Yn y clwb myglyd, cyfarfyddaf â'r Ysbryd
Tri Bendigaid, yn bresennol mewn cwmni dynol

SALM YMATEBOL: 85: 8-11

A: Bydded imi glywed
yr hyn a lefara'r Arglwydd Dduw,

Y: *oherwydd bydd yn cyhoeddi heddwch i'w bobl*
ac i'w ffyddloniaid, ac i'r rhai uniawn o galon.

A: Yn wir, y mae ei waredigaeth
yn agos at y rhai sy'n ei ofni,

Y: *fel bod gogoniant yn aros yn ein tir.*

A: Bydd teyrngarwch a ffyddlondeb yn cyfarfod,
a chyfiawnder a heddwch yn cusanu ei gilydd.

Y: *Bydd ffyddlondeb yn tarddu o'r ddaear,*
a chyfiawnder yn edrych i lawr o'r nefoedd.

DARLLENIAD: Actau 2: 1-24

MYFYRDOD

Roedd dydd y Pentecost yn afieithus, yn ddilyffethair,
fel yr ennaint a dywalltodd Mair mor hael. Ein tuedd ni
yw bod yn fwy atalgar o lawer yn ein haddoliad, ein
cyfraniadau a'n tystiolaeth. Ond y mae yna adegau i
ymollwng, a chaniatáu i'r Ysbryd Glân gymryd drosodd.
Mae yna adegau i weld gweledigaethau a breuddwydio
breuddwydion ac i roi lle i'r gair a'r weithred broffwydol.
Adeg o'r fath yw'r presennol. Pan fydd ofn yn cynyddu,
mae anobaith yn rhemp, amddiffynfeydd yn cael eu codi

a theimladau ymosodol yn cael mynegiant. Dyma'r amser i freuddwydio am fyd gwell, i fod â gweledigaeth am gymdeithas wedi'i thrawsffurfio. A rhaid daearu'r weledigaeth yn y mannau lle mae pobl yn dioddef ac yn brwydro. Rydym yn byw mewn dyddiau allai'n hawdd ddiweddu mewn dychryn a dinistr, mewn gwaed a thân. Ond gallai hefyd fod yn amser i dywallt yr Ysbryd, a gweld arwyddion a rhyfeddodau, i droi'n meddyliau a'n calonnau tuag at Dduw. Ceir yr ysbrydoliaeth i droi'n dyddiau yn amser o gymod a heddwch yn Iesu o Nasareth, dyn a gafodd ei gydnabod gan Dduw trwy ei weinidogaeth o wyrthiau a rhyfeddodau. Trwyddo ef y mae pob peth yn bosibl; y mae'n ein galw ni i fod yn dystion ac yn wneuthurwyr heddwch drosto.

' "Iesu o Nasareth, gŵr y mae ei benodi gan Dduw wedi ei amlygu i chwi trwy wyrthiau a rhyfeddodau ac arwyddion".' (2:22)

GWEDDÏAU

Arglwydd cariad,
> cynorthwya ni yn ein hieuenctid i weld gweledigaethau
>> ac yn ein henoed i freuddwydio breuddwydion.

Fe'n creaist i fyw mewn cytgord
> a bod yn heddychol gyda'n cymydog.

Cynorthwya ni i weithio dros fyd o ofalu a rhannu;
> rho inni yn ein dydd lawenydd arwyddion a rhyfeddodau
>> a gweld sefydlu dy deyrnas di.

Arglwydd goleuni,
> dygwn o'th flaen rai digartref ein byd;
>> y ffoaduriaid sydd wedi dianc rhag trais a gormes;
>> y rhai sy'n byw mewn cabanau cardbord yn Asia;
>> y rhai sy'n byw wrth ddrysau siopau yn Ewrop;

y rhai a gafodd eu gyrru o'u pentrefi yn Affrica
o achos newyn;
y rhai sydd heb gartref yn ein tref ni
neu sy'n byw dan amodau
na ellid eu galw'n gartref.
Bydd gyda hwy i'w cysuro a'u nerthu,
i ddwyn goleuni i leoedd tywyll,
a symbyla ni i wneud ymdrech gyffredin
er mwyn i'r digartref gael eu gosod mewn tai
a'r rhai isel-radd eu dyrchafu.

Waredwr cariadus,
rydym yn dystion iti gael dy godi i fywyd
ac y mae'n gobaith yn dy atgyfodiad.
Ni adewaist dy bobl;
derbyniaist ddioddefaint a marwolaeth ar y groes
er mwyn rhoi gobaith bywyd i ni.
Bydd gyda ni wrth inni gyhoeddi'r newyddion da
i bawb sy'n dyheu am glywed.

YMATEB

A: Greawdwr Dduw,
      pan fydd anobaith yn bygwth llethu dy bobl
Y: *Cymorth ni i ymateb gyda gweledigaeth*
      ac i weithredu â thosturi.

Bydded i Dduw'r teithwyr fod gyda chwi wrth i chwi fynd
Bydded i Grist ffordd y pererin gerdded wrth eich ochr
Bydded i Ysbryd y goleuni oleuo eich llwybr
Ewch mewn heddwch
a boed i Dduw'r heddwch fynd gyda chwi

DIWRNOD 34

Yn wyneb y gorthrymedig clywaf lais Duw
Yn wyneb y rhai a gafodd eu trin yn greulon
gwelaf wyneb Crist
Yn chwerwder y gwersyll llafur cyfarfyddaf â'r Ysbryd
Drindod Sanctaidd, yn un gyda'r rhai sy'n dioddef,
yn trawsffurfio, rhyddhau ac adfywio

SALM YMATEBOL: 86: 3-6

A: Bydd drugarog wrthyf, O Arglwydd,
      oherwydd arnat ti y gwaeddaf trwy'r dydd.

Y: *Llawenha enaid dy was,*
      oherwydd atat ti, Arglwydd, y dyrchafaf fy enaid.

A: Yr wyt ti, Arglwydd, yn dda a maddeugar,
      ac yn llawn trugaredd i bawb sy'n galw arnat.

Y: *Clyw, O Arglwydd, fy ngweddi,*
      a gwrando ar fy ymbil.

DARLLENIAD: Actau 2: 37-47

MYFYRDOD

Dyma ddarlun hyfryd o fywyd syml a diffuant y Cristnogion cynnar hynny. Byddent yn cyfarfod i addoli yn y Deml, ond roedd eu cartrefi hefyd wedi eu cysegru i addoli Duw. Yn nhoriad y bara byddent yn dwyn i gof gorff drylliedig eu Harglwydd. Roeddent yn bobl weddigar, yn bobl hoff o ganu, yn bobl lawen, a gwyddent hefyd eu bod yn bobl yr addewid.

A beth amdanom ni? Rydym wedi etifeddu'r addewidion hynny. Gwyddom, dim ond inni gredu, gan roi'n hymddiriedaeth yn Nuw trwy Grist, y cawn faddeuant ac y derbyniwn rodd yr Ysbryd. A ydym yn addoli Duw â gorfoledd yn ein heglwys ac yn ein cartref?

A ydym yn cynnig ein cartrefi a'n hadnoddau ar gyfer cenhadaeth yr eglwys? A ydym yn deall bod yr addewid ar gyfer ein plant hefyd? A fyddwn yn cymell ein plant i'n dilyn yn y ffydd? A ydym yn rhannu â'n gilydd ac yn gofalu am ein gilydd ac yn gweld arwyddion a rhyfeddodau yn ein bywyd gyda'n gilydd? Tyfodd yr eglwys fore am fod y credinwyr yn cynnig tystiolaeth syml a llawen i'r ffydd. Cawn ninnau hefyd weld yr eglwys yn tyfu o'n hamgylch dim ond inni gynnig ein bywydau, ein heglwysi, ein cartrefi, i Dduw ac er ei ogoniant.

'A chan dorri bara yn eu tai, yr oeddent yn cydgyfranogi o'r lluniaeth mewn llawenydd a symledd calon'. (2:46)

GWEDDÏAU

Arglwydd ein Duw,
 ti sy'n ein galw ac yn ein hanfon;
  awn allan yng ngrym dy Ysbryd
  i gyhoeddi gair dy fywyd.
 Gad inni'n hadnabod ein hunain
  fel pobl a dderbyniodd faddeuant.
 Boed inni ddarganfod llawenydd
  wrth dorri bara gyda'n gilydd
   ac yn ein gweddi a'n haddoliad.
 Gad inni weld yr eglwys yn tyfu mewn rhif,
  yn nyfnder ei ffydd
   ac yn ei pharodrwydd i wasanaethu.
 Boed inni oll ag un galon a llais
  dy foli di am holl roddion dy gariad.

Iesu'r Iachawr,
 gweddïwn dros y rhai sy'n glaf
  a'r rhai sy'n dioddef poen a thrallod.
 Daliwn yn ein calonnau o'th flaen

berthnasau a chyfeillion
y ceisiwn dy gymorth di ar eu rhan.
Bu iti ymweld â phentrefi a threfi Galilea,
yn estyn dy law i iacháu,
ac roedd y bobl yn gorfoleddu wrth weld
arwyddion a rhyfeddodau.
Llawenhawn hefyd yn wyneb sgiliau meddygon a
nyrsus;
rydym yn synnu at ryfeddodau gwyddoniaeth
ac ymchwil.
Ac eto fe wyddom fod yna rai
na all sgiliau meddygol gynnig help iddynt.
Bydd yn agos, fe ddeisyfwn,
i roi dy gyffyrddiad iachusol
ac i nerthu ac i ysbrydoli rhai sy'n dioddef
poen.

Ysbryd Sanctaidd,
byddi'n dod weithiau gyda fflamau o dân
a sŵn gwynt yn rhuo.
Dro arall, byddi'n dod fel gwlith o'r nefoedd
ac yn llenwi dy bobl yn dawel.
Syrthia arnom ni a chrea dawelwch o'n mewn
er mwyn inni, fel pobl dangnefeddus,
lefaru tangnefedd wrth eraill.

YMATEB

A: Pan fyddwn gyda'n gilydd,
wedi'n huno mewn gweddi a phwrpas

Y: *bydd yr Arglwydd Dduw yn ein defnyddio*
er gogoniant ei enw.

Boed i'r Creawdwr Dduw eich amgylchynu â'i gariad
Boed i Iesu ein Harglwydd eich amgylchynu â'i
lawenydd

117

Boed i'r Ysbryd Glân eich amgylchu â'i dangnefedd
Boed i'r Drindod fendigaid eich llenwi â gobaith a ffydd

DIWRNOD 35

Ynot ti rwy'n canfod pob ffordd yn cwrdd
Ynot ti rwy'n canfod pob gobaith yn gyflawn
Ynot ti, Arglwydd, pendraw stori bywyd
Ynot ti, Arglwydd, cyflawnder gogoniant

SALM YMATEBOL: 86: 11-13

A: O Arglwydd, dysg i mi dy ffordd,
       imi rodio yn dy wirionedd;

Y: *rho imi galon gywir i ofni dy enw.*

A: Clodforaf di â'm holl galon, O Arglwydd fy Nuw,
       ac anrhydeddaf dy enw hyd byth.

Y: *Oherwydd mawr yw dy ffyddlondeb tuag ataf,*
       a gwaredaist fy mywyd o Sheol isod.

DARLLENIAD: Actau 3: 1-10

MYFYRDOD

Allan o sefyllfa gyffredin fe ddigwydd rhywbeth pur
anghyffredin. Roeddent ar eu ffordd i'r eglwys i weddïo
ac yno fe ddaethant ar draws rhywun mewn angen. Buasai
mor hawdd i Pedr ac Ioan basio heibio. Doedd ganddynt
ddim arian ac roedd y dyn yn amlwg yn cardota. Ond
aethon nhw ddim heibio, a chafodd y dyn gynnig
llawer mwy na'r hyn yr oedd wedi gofyn amdano.
Rhoesant gynnig iddo y gallu i'w helpu ei hun ac adfer
ei annibyniaeth. Cafodd y dyn cloff ei iacháu a dyna'r
fath neidio o lawenydd wedyn!

Fel yna y byddwn ni hefyd yn cyfarfod â phobl yn
sefyllfaoedd cyffredin bywyd. Dynes neu ddyn di-waith
o bosib ac mewn angen am gymorth. Medrwn roi cil-
dwrn iddynt i'w helpu yn y tymor byr. Medrwn gynnig

cymorth mewn argyfwng ac yn sicr byddent yn
gwerthfawrogi'n gofal a'n haelioni. Ond pe byddai modd
inni gyflawni gwyrth a rhoi gwaith iddynt er mwyn iddynt
ail-ddarganfod eu hannibyniaeth, fe neidient o lawenydd.
Ac onid yw hynny'n bosibl, beth petaem yn barod i ail
ystyried ein blaenoriaethau a defnyddio'n llais
gwleidyddol? Gellir canfod gobaith ar gyfer y dyfodol
mewn mynegiant ymarferol o ffydd sy'n gofalu.

*'Dywedodd Pedr, "Arian ac aur nid oes gennyf; ond yr
hyn sydd gennyf, hynny yr wyf yn ei roi iti ; yn enw Iesu
Grist o Nasareth, cod a cherdda". '* (3:6)

GWEDDÏAU

Greawdwr Dduw,
   gosodaist enfys yn yr awyr,
      arwydd na fyddai'r dyfroedd
      byth eto'n boddi'r holl dir.
   Cymorth ni i weld mai dyna yw'r groes –
      arwydd gyffredinol o'th gariad di,
   yn ein sicrhau na fydd dy bobl yn mynd i ddistryw
      ond, trwy gredu yng Nghrist,
         yn cael bywyd tragwyddol.

Annwyl Iesu,
   mynegodd dy ddisgyblion eu ffydd yn ardderchog.
   Dy gymryd ar dy air ac iacháu'r cleifion;
      cerddodd y dyn cloff gan weiddi o lawenydd.
   Rho inni o leiaf hedyn mwstard o ffydd
      a pharodrwydd i weithredu
      er mwyn i ni hefyd weld gwyrth gras.

Ddwyfol golomen,
   yn deor dros yr anhrefn cyn i amser ddechrau,
   yn deor dros yr anhrefn cyn i amser ddarfod,

llanw ein bywydau â'th hedd,
ysbrydola ynom waith y cymod
a chofleidia ni yn y cariad
  sy'n ein clymu ni oll ynghyd
    mewn cytgord perffaith.

YMATEB

A: Pan fydd y claf yn galw allan mewn poen a dioddefaint
Y: ymestyn dy law i iacháu a chynorthwyo.

Bydded i'th gyfodiad fod fel yr ehedydd mewn llawenydd
Bydded i'th weithio fod fel yr ychen mewn bodlonrwydd
Bydded i'th orffwyso fod fel y golomen mewn heddwch
Bydded i'th ddydd a'th nos fod wedi eu hamgylchu
gan ogoniant Duw

DIWRNOD 36

Yn yr anialwch clywch y gwynt dros y tywod
Yn y diffeithwch profwch y tawelwch dros y tir
Yn y tir diffaith clywch lais Duw
Yn y diffeithwch profwch bresenoldeb Duw a'i heddwch

SALM YMATEBOL: 89: 1-2

A: Canaf byth am dy gariad, O Arglwydd,
Y: *ac â'm genau mynegaf dy ffyddlondeb*
dros y cenedlaethau;

A: Oherwydd y mae dy gariad
wedi ei sefydlu dros byth,
Y: *a'th ffyddlondeb mor sicr â'r nefoedd.*

DARLLENIAD: Actau 3: 11-26

MYFYRDOD

Beth yw iechyd? Mae'n golygu mwy nag absenoldeb haint. Balans ydyw, cyfanrwydd, rhywbeth sy'n orffenedig. Yn ôl y safon hon rydym i gyd yn afiach i ryw raddau ac mewn angen am iachâd. Mae Iesu'n rhoi iechyd perffaith. Does yna ddim byd crintachlyd yn ei rodd. Golyga iechyd corff, meddwl ac ysbryd.

Er enghraifft, roedd yna wraig na allai symud oherwydd cryd y cymalau, ac roedd hi hefyd yn llawn chwerwder. Roedd ymweld â hi'n golygu gwrando ar gatalog o enwau rhai oedd wedi ei digio. Gweddïodd cyfeillion Cristnogol iddi gael iachâd. Dros ychydig o flynyddoedd fe newidiodd yn raddol. Roedd hi'n dal yn gaeth i'r tŷ o achos cryd y cymalau ond nid oedd mwyach yn gaeth i ysbryd negyddol. Yn awr, roedd ymweld â hi'n golygu cael eich cyfarch â gwên a'i chlywed yn siarad yn dda am bobl. Aeth yn berson hyfrytach.

Gwelwn o'n hamgylch lu o anghenion, yn gorfforol, meddyliol ac ysbrydol. Dylem weddïo am gyflawnder, am ddylanwad Duw ar bob rhan o fywyd. Trwy ffydd yn Iesu fe ddaw iachâd cyflawn, iechyd perffaith.

'Ffydd yn ei enw ef, a'r ffydd sydd drwyddo ef a roddodd iddo'r llwyr wellhad hwn'. (3:16)

GWEDDïAU

Dduw Sara ac Abraham,
   diolchwn iti am dy ddisgyblion,
      am wŷr a gwragedd drwy ffydd
      a gyhoeddodd y newyddion da,
      gan iacháu'r cleifion,
      cysuro'r galarus a chynnig gobaith i'r trallodus.
   Dyro ras i ni fel iddynt hwy
      i dystio i'th gariad
         a bod yn arwyddion dy deyrnas.

Arglwydd pob gobaith,
   boed i genhedloedd y ddaear ganfod heddwch;
   boed i arweinwyr y cenhedloedd
      geisio ffordd dy dangnefedd;
   boed i bobl fyw mewn cytgord â'i gilydd;
   boed i wŷr a gwragedd doeth
      heddiw ddilyn seren gobaith
   a rhoi eu hymddiriedaeth yn Nhywysog Tangnefedd,
   Iesu, plentyn cariad.

Fugail Cariadlon,
   gweddïwn dros weithwyr cymdeithasol,
      swyddogion prawf ac eraill
         sy'n cynnig gwasanaeth bugeiliol.
Gwna hwy'n garedig, yn dyner,
   ac yn gariadlon yn eu gofal;

gwna hwy'n barod i roi o'u hamser, eu hegni a'u doniau
i gynorthwyo rhai sydd mewn helynt, angen neu drallod,
    gan ddwyn i bobl obaith newydd a dechreuad newydd.
Boed iddynt ganfod ysbrydoliaeth yn esiampl Iesu,
    ein Harglwydd a'n Gwaredwr.

YMATEB

A: Arglwydd, lle y bu gaeaf anobaith
Y: pâr fod gwanwyn bywyd newydd a gobaith newydd.

Bydded i'r Tad sy'n eich caru eich bendithio
Bydded i'r Mab sy'n eich prynu eich bendithio
Bydded i'r Ysbryd sy'n eich cynnal eich bendithio
Bydded i'r Drindod Sanctaidd eich bendithio
*   heddiw a phob dydd*

DIWRNOD 37

Greawdwr Dduw, agor ein clustiau i glywed dy Air
Iesu annwyl, agor ein llygaid i weld dy groes
Ysbryd Glân, agor ein calonnau i dderbyn dy roddion
Drindod Fendigaid, trig ynom a ninnau ynot ti

SALM YMATEBOL: 89: 5-8

A: Bydded i'r nefoedd foliannu dy ryfeddodau,
O Arglwydd,
Y: *a'th ffyddlondeb yng nghynulliad y rhai sanctaidd.*

A: Oherwydd pwy yn y nefoedd
a gymherir â'r Arglwydd?
Y: *Pwy ymysg y duwiau sy'n debyg i'r Aglwydd?*

A: yn Dduw a ofnir yng nghyngor y rhai sanctaidd,
Y: *yn fawr ac ofnadwy goruwch pawb o'i amgylch*

A: O Arglwydd Dduw y lluoedd,
pwy sydd nerthol fel tydi
Y: *gyda'th ffyddlondeb o'th amgylch?*

DARLLENIAD: Actau 4: 1-12

MYFYRDOD

Cawsant eu dwyn i'r carchar oherwydd eu bod yn
cyhoeddi'r Arglwydd atgyfodedig. Cawsant eu
croesholi am eu bod wedi iacháu dyn cloff yn enw Iesu.
Buont yn achos terfysg ac yn wahanol i bobl eraill.
Roeddent yn barod i dderbyn cost bod yn ddisgybl.
Roeddent yn cyhoeddi Iesu fel y ffordd i iachawdwriaeth.
Mae llawer ohonom yn byw mewn ardaloedd o aml
ddiwylliannau ac yn cyfarfod â phobl o wahanol

grefyddau. Mae gan y Muslim a'r Hindŵ, y Bwdhydd a'r Sikh rywbeth i'w ddysgu inni. Dylem fod yn barod i wrando er mwyn sylweddoli bod llawer wedi teithio ymhell ar hyd y llwybr ysbrydol. Fel Cristnogion rydym yn barod i rannu'n profiad a'n ffydd. Nid dangos y ffordd a wna Iesu, ond datgan mai ef ei hun yw'r Ffordd. Ceir yr allwedd i ddirgelwch iachawdwriaeth yn nioddefaint, marwolaeth ac atgyfodiad Iesu. Nid cau pobl eraill allan a wnaeth Paul yn Athen, gan wadu realrwydd profiad ysbrydol y rhai y mae'n eu cyfarfod. Ond y mae'n dangos Iesu fel pendraw eu hymchwil ysbrydol. Yn Iesu fe ddônt o hyd i'r boddhad llwyr y maent wedi hiraethu amdano wrth geisio nesáu at Dduw. A bydd y rheini sydd wedi dod at galon Duw'n canfod fod Iesu gyda hwy.

' "Ac nid oes iachawdwriaeth yn neb arall, oblegid nid oes enw arall dan y nef, wedi ei roi i ddynion, y mae i ni gael ein hachub drwyddo". ' (4:12)

GWEDDÏAU

Arglwydd Dduw,
   anfonaist dy Fab Iesu i'r byd am dy fod yn caru dy bobl
     yn eu holl amrywiaeth
         ac yn hiraethu iddynt gael bywyd tragwyddol.
   Boed iddynt ddod o'r dwyrain a'r gorllewin,
     gogledd a de;
   boed iddynt ymgynnull, du a gwyn, hen ac ifanc;
   boed iddynt ddod o bob cenedl, gwragedd a gwŷr,
     tlawd a chyfoethog;
   boed iddynt ddod â'u diwylliant a'u rhoddion
     yn amrywiaeth oludog,
   ac yn enw Iesu boed i bob glin blygu
     a'r holl dafodau gwahanol gyhoeddi
        bod Iesu Grist yn Arglwydd.

Iesu, athro a phregethwr,
gweddïwn dros bawb sy'n weinidogion yr efengyl.
Boed iddynt gyhoeddi dy air â dewrder a ffydd;
boed iddynt wasanaethu eraill
mewn gwyleidd-dra a thosturi.
Arwain hwy i'r gwirionedd wrth iddynt astudio dy air.
Ysbrydola hwy â doethineb
wrth iddynt bregethu'r newyddion da.
Yng ngofal eu praidd,
dyro iddynt ofal a chariad y bugail.
Boed iddynt fod yn bobl llawn ysbrydoledd a gweddi
nes cael boddhad ym mywyd y disgybl.
Gweddïwn yn dy enw sanctaidd.

Arglwydd pob bywyd,
mae dy gariad tuag ataf yn fwy gwerthfawr
na'r gwinoedd gorau a'r persawr drutaf.
Rwyt yn fy nhynnu atat dy hun
ac fe'm llenwir â llawenydd
wrth adnabod dyfnder a rhyfeddod dy gariad.
Y tu hwnt i bob rhodd ddaearol
y mae dy gariad yn werthfawr.

YMATEB

A: Pan fydd helynt ac erledigaeth
yn dod i ran dy eglwys
Y: *Rho i'th saint y ffydd a'r dewrder i ddal ati.*

Ewch i'r byd i lefaru gyda dewrder
Ewch i'r byd i weithredu gyda thosturi
Ewch i'r byd i galonogi eich cymdogion
Ewch i'r byd i dystio i'r efengyl
A boed i'r Drindod fendigaid, Tad, Mab ac Ysbryd,
gyfarwyddo ac ysbrydoli eich meddwl,
eich siarad a'ch gweithredu

DIWRNOD 38

Bydded tawelwch o'n hamgylch ac o'n mewn
Boed i'r tawelwch fod yn ddwfn ac ystyrlon
Boed i'r tawelwch fod yn ddwys ac iachusol
Boed i'r tawelwch lefaru wrthym am Dduw

SALM YMATEBOL: 89: 9-13

A: Ti sy'n llywodraethu ymchwydd y môr;
      pan gyfyd ei donnau, yr wyt ti'n eu gostegu.

Y: *Ti a ddrylliodd Rahab yn gelain;*
      gwasgeraist dy elynion â nerth dy fraich.

A: Eiddot ti yw'r nefoedd, a'r ddaear hefyd;
      ti a seiliodd y byd a'r cyfan sydd ynddo.

Y: *Ti a greodd ogledd a de;*
      y mae Tabor a Hermon yn moliannu dy enw.

A: Y mae gennyt ti fraich nerthol;

Y: *y mae dy law yn gref, dy ddeheulaw wedi ei chodi.*

DARLLENIAD: Actau 4: 13-22

MYFYRDOD

    Sut y medrwn gadw'n dawel? Y mae rhai wedi darganfod cost bod yn ddisgybl. Y mae Mwy na Choncwerwyr, adroddiad grŵp eciwmenaidd a fu ar ymweliad â Chanolbarth America, yn adrodd hanes Donato Mendoza a oedd yn brofwr yn Nicaragua. Daeth y Contras a'i gymryd o'i gartref. Tynasant ei lygaid allan, rhwygo'i ewinedd, torri llawer o'i esgyrn, rhwygo stribedi o gnawd oddi ar ei goes, ac yna'i saethu. Darganfuwyd ei gorff rhwygedig ar ddydd Gwener y Groglith. Gallai fod wedi cadw'n dawel ac arbed ei fywyd. Ond beth yw bywyd os ydym i gadw'n dawel ynghylch cariad Duw a'r newyddion da a dderbyniwn oddi wrth Iesu Grist? Pe byddem yn dawel byddai'r cerrig yn llefain a ninnau wedi ein troi'n gerrig oherwydd ein distawrwydd. Sut y medrwn fod yn dawel? Sut y medrwn fod yn fud tra bod merched a dynion yn cael eu harteithio? Sut y medrwn fod yn ddileferydd tra bod plant yn dioddef gormes? Rhaid inni fod yn llais i'r di-lais. Ni fedrwn ond dweud am yr hyn yr ydym wedi ei ddarllen, ei glywed a'i brofi o gariad Duw.

' "Ni allwn ni dewi â sôn am y pethau yr ydym wedi eu gweld a'u clywed".' (4:20)

GWEDDÏAU

Dduw'r gwehydd,
   rwyt yn dwyn ynghyd dapestri cyfoethog bywyd;
      yng nghanol gwyrddni ein heiddigedd a'n cenfigen,
      yng nghanol sgarled ein nwyd a'n balchder,
      yng nghanol cochni cynnes ein cyfeillgarwch
         a glesni ein doniau ysbrydol
      caniatâ y bydd bob amser linyn aur dy gariad
         yn cydredeg â llinyn arian ein hymateb iti.

Dduw'r heddwch,
   gweddïwn dros wlad Nicaragua
      a gwledydd eraill yng Nghanolbarth America.
   Lle y bu ymraniad ac ymrafael,
   lle y bu erchylltra a lladd,
   bydded ysbryd newydd o gymod
      ac awydd i sefydlu cyfiawnder a heddwch.
   Arwain ac ysbrydola bawb sydd mewn llywodraeth
      er mwyn iddynt geisio lles yr holl bobl;
   bydded i'r rhai sy'n anghytuno
      ddysgu defnyddio'r blwch pleidleisio
   yn hytrach na bomiau a bwledi.

Bydded i friw'r gorffennol gael ei iacháu
ac i gyfnod o ailadeiladu cenedlaethol ddechrau.
Rhoddwn ddiolch am ddewrder a ffydd y merthyron
y mae eu tystiolaeth ddrud
yn symbyliad cyson i'r eglwys
i gyhoeddi mewn gair a gweithred
efengyl Iesu Grist.

Llefara wrthyf, gyfaill fy enaid, fugail y preiddiau.
Deui â defaid o aml breiddiau gan ofalu amdanom oll,
a'n hadnabod wrth ein henw.
Gwna inni orwedd yn yr haul ganol dydd;
fe'n tywysi'n ôl pan fyddwn wedi crwydro.
Fugail, sy'n caru dy ddefaid,
arwain ni'n ôl at dy babell a gofala amdanom yn dyner.

GWEDDI'R ARGLWYDD

YMATEB

A: Pan fydd galluoedd y tywyllwch yn bygwth ein trechu
Y: llifa trwy'n bywyd â'th oleuni godidog.

Bydded yr Arglwydd gyda chwi
wrth i chwi adrodd eich gweddïau
Bydded yr Arglwydd gyda chwi
wrth i chwi wneud eich gwaith
Bydded yr Arglwydd gyda chwi yn eich holl hamdden
Bydded goleuni Duw yn llewyrchu ar eich llwybr

DIWRNOD 39

Bydded i'r Tad fy amgylchynu â chariad a gofal
Bydded i'r Mab lefaru wrthyf ei air o gysur
Bydded i'r Ysbryd gau amdanaf â thân creadigol
Drindod Fendigaid, Dri sanctaidd,
o'm hamgylch ac o'm mewn

SALM YMATEBOL: 89: 14-16

A: Cyfiawnder a barn yw sylfaen dy orsedd;
Y: *y mae cariad a gwirionedd yn mynd o'th flaen.*

A: Gwyn eu byd y bobl sy'n medru dy gyfarch,
Y: *sy'n rhodio, Arglwydd, yng ngoleuni dy wyneb,*

A: sy'n gorfoleddu bob amser yn dy enw,
Y: *ac yn llawenhau yn dy gyfiawnder.*

DARLLENIAD: Actau 4: 23-37

MYFYRDOD

Beth yw'r rheswm ein bod yn teimlo'r fath angen am feddiannu cymaint o bethau ac yn dweud 'fi piau' am gymaint o bethau, gan anwybyddu anghenion y rhai o'n hamgylch? Roedd pobl yr eglwys fore'n mynegi gwir gymdeithas, yn creu pwll cyffredin o adnoddau yr oeddent yn eu rhannu, a thrwy hynny'n gofalu am les y naill a'r llall. Lle y daeth ffydd a chariad at ei gilydd, cafwyd profiad helaeth o'r Ysbryd gydag arwyddion a rhyfeddodau, iacháu a chyhoeddi'r newyddion da mewn grym. Ymhle y down o hyd i'r fath gymdeithas heddiw ac ymhle y gwelwn y fath ryfeddodau? Cafodd y gwreiddyn ei drawsblannu nes tyfu'n wyrgam, fel y gwelir mewn 'comiwnyddiaeth' a 'chyngor cymuned' lle nad yw'r enw'n gwarantu dim o natur y peth. Rhaid inni

ddod at ein gilydd mewn gofal cyffredin, ac, os nad yw
popeth yn cael ei ddal yn gyffredin, o leiaf dylai gael ei
ddal mewn stiwardiaeth. Rhaid i angen rhywun arall ddod
o flaen fy awydd fy hun i berchenogi. Daw rhoi a rhannu'n
fendith i bobl Dduw.

*'Yr oedd y lliaws credinwyr o un galon ac enaid, ac ni
fyddai neb yn dweud am ddim o'i feddiannau mai ei
eiddo ef ei hun ydoedd, ond yr oedd ganddynt bopeth
yn gyffredin.'* (4:32)

GWEDDÏAU

Annwyl Arglwydd a rhiant i bawb,
 maddau inni ein hunanoldeb,
  ein cadw'n ôl, a'n difrawder,
   ein balchder, ein trachwant a'n materoliaeth.
Gwna ni'n hael mewn ysbryd, yn barod i rannu,
 heb fod yn rhy farus i roi, na'n rhy falch i dderbyn.
Felly boed inni dyfu'n gymdeithas o gariad.

Waredwr y byd,
 ti sy'n rhoi tawelwch meddwl;
 ti sy'n iacháu'n cyrff o haint;
 ti sy'n gwaredu'n hysbryd o iselder;
 ti sy'n ein gwneud yn un â'r Creawdwr
  trwy rodd rad dy ras.
Arwain ni at heddwch â'n cymdogion;
 helpa ni i weithio dros gytgord rhwng cenhedloedd.
Pâr fod rhyngom a'n Tad
 gwlwm tangnefedd, dy Ysbryd Glân.

Arglwydd,
 ti yw rhosyn Saron i ni,
  lili'r dyffrynnoedd.
Ti yw'r goeden afal ymlith y coed

ac y mae dy ffrwyth yn ein hadfywio.
Rwyt yn rhoi gwledd inni y tu hwnt i'n haeddiant
a'th faner drosom yw cariad.
Cynnal ni â rhoddion dy ras
a boed inni ymateb i brydferthwch dy sancteiddrwydd
â bywydau wedi eu cynnig i ti
mewn gwasanaeth llawen.

YMATEB

A: Waredwr cariadlon, pan draddodir dy saint i garchar
Y: *galluoga hwy i lefaru dy air yn ddewr ac eofn.*

Bydded i'r Tad fynd gyda chwi
ar eich taith o ddarganfyddiad
Bydded y Mab yn gwmnïwr i chwi
ar ffordd y pererin
Bydded yr Ysbryd yn dywysydd i chwi
yn eich ymchwil am wirionedd
Bydded i'r Drindod Fendigaid fod gyda chwi
ddydd a nos

DIWRNOD 40

Ysbryd tyr fi, Ysbryd llunia fi
Ysbryd mowldia fi, Ysbryd amgylcha fi
Ysbryd heria fi, Ysbryd cysura fi
Ysbryd gwagia fi, Ysbryd llanw fi

SALM YMATEBOL: 90: 1-2, 4

A: Arglwydd, buost yn gadernid i ni
ymhob cenhedlaeth.

Y: *Cyn geni'r mynyddoedd,*
a chyn esgor ar y ddaear a'r byd,
o dragwyddoldeb hyd dragwyddoldeb, ti
sydd Dduw.

A: Oherwydd y mae mil o flynyddoedd yn dy olwg
fel doe sydd wedi mynd heibio,

Y: *ac fel gwyliadwriaeth yn y nos.*

DARLLENIAD: Actau 5: 1-11

MYFYRDOD

Pechod Ananias a Saffeira oedd eu bod wedi addo mwy
nag yr oeddent yn barod i'w roi. Nid eu bod wedi rhoi
rhy ychydig; mater iddynt hwy i benderfynu arno oedd
hynny. Y twyll oedd y drwg. Ond beth amdanom ni?
Beth ydym ni wedi'i addo i Dduw yn gyhoeddus, a beth
ydym ni wedi'i ddal yn ôl yn ymarferol? Mae mor hawdd
twyllo ein cymdogion, hyd yn oed twyllo'n hunain. Ond
fedrwn ni ddim twyllo Duw. Caiff ein hunan-dwyll ei
ganfod ac yr ydym yn ddiesgus. Rhaid inni wneud ein
dewis. Egwyddor stiwardiaeth yw bod ein holl eiddo
wedi ei ddal yn ymddiriedolaeth gan Dduw, nid i'w
ddefnyddio'n hunanol ond trwy ofalu am anghenion eraill.

134

Mewn stiwardiaeth rhaid inni benderfynu beth yr ydym
am ei roi i'r tlawd, beth tuag at waith yr eglwys a beth at
ein dibenion a'n pleser ein hunain. Medrwn gynnig
ychydig neu lawer i Dduw. Ond yr hyn yr ydym yn ei
gynnig, dylem fod yn barod i'w roi.

*'Cadwodd ef beth o'r tâl yn ôl, a'i wraig hithau'n gwybod,
a daeth â rhyw gyfran a'i osod wrth draed yr apostolion.'*
(5:2)

GWEDDÏAU

Arglwydd,
maddau inni.
Mor aml rydym yn hanner-wybod beth i'w wneud.
Rydym yn cymryd arnom wrthym ein hunain
ac o flaen eraill
ein bod wedi rhoi'r cwbl iti,
ond yn nyfnder ein calon mae yna ffordd allan ohoni,
cymalau dianc, opsiynau, hanner-addewidion
nad oeddem yn bwriadu eu cadw.
Maddau inni a derbyn ni
wrth i ni wneud ymrwymiad newydd ac ystyrlon
yn enw Iesu.

Arglwydd byw,
rhoddaist dy air sanctaidd i'th bobl
er mwyn i ni wybod dy wirionedd.
Arwain a bendithia bawb sydd â sgiliau ysgrifennu;
boed iddynt geisio mynegi'r hyn sy'n faethlon a da;
boed iddynt ysgrifennu er mwyn hyfforddi neu ddiddanu,
nid i ddiflasu, i demtio nac i sarhau.
Boed i ysgrifennu creadigol chwarae ei ran briodol
yn lles ac addysg ein gwlad.

Arglwydd cariadlon,

135

pan af trwy gyfnod o chwerwder ac anobaith
byddi'n croesi bryniau a mynyddoedd
er mwyn dod ataf a rhoi gobaith newydd imi.
Gyda'th ddyfodiad di mae'r gaeaf yn mynd heibio;
 daeth yn amser canu
   ac fe glywn sŵn colomennod heddwch
    a gwelwn y blodau'n lledaenu eu
    gogoniant dros y coed.
Arglwydd cariad, mae dy lais yn felys i mi,
 dy wyneb yn hardd.
Tyrd yn fuan, Arglwydd, tyrd.

YMATEB

A: Dduw Abraham a Sara,
  pan fyddwn yn gwneud ein haddewidion iti
Y: *gwna ni'n ffyddlon i'w cadw*
  fel yr wyt ti yn dy gariad tuag atom.

Bydded i heddwch yr afonydd fod yn eich calon
Bydded i heddwch y coed fod yn eich bywyd
Bydded i heddwch y sêr fod yn eich enaid
Heddwch yr Ysbryd Mawr fo gyda chwi a'r eiddoch

DIWRNOD 41

Gadawn i heddwch Duw gael ei wau i'n calonnau
Gadawn i lawenydd Duw gael ei wau i'n meddyliau
Gadawn i gariad Duw gael ei wau i'n bywydau
Dduw'r gwehydd,
gwea dy batrwm dwyfol i mewn i'n bod

SALM YMATEBOL: 90:13-16

A: Dychwel, Arglwydd, am ba hyd?
Trugarha wrth dy weision.

Y: *Digona ni yn y bore â'th gariad,*
inni gael gorfoleddu a llawenhau ein holl ddyddiau.

A: Rho inni lawenydd
gynifer o ddyddiau ag y blinaist ni,
gynifer o flynyddoedd ag y gwelsom ddrygfyd.

Y: *Bydded dy weithredoedd yn amlwg i'th weision,*
a'th ogoniant i'w plant.

DARLLENIAD: Actau 5: 17-32

MYFYRDOD

Dedwydd y dyn neu'r wraig sy'n canfod bod dyletswydd i Dduw a dyletswydd i'r Wladwriaeth yn cyd-daro. Ond beth am yr adegau pryd y bydd y Wladwriaeth yn hawlio ein bod yn gwneud yr hyn na fedr ein cydwybod ei ganiatáu? Nid yw derbyn ein cyfran o'r baich cyffredin trwy neilltuo rhan o'n henillion i gynnal ysbytai neu ysgolion, yn ddim mwy na mynegiant o'r efengyl. Ond a fedraf ildio cymydog o Iddew i arswyd gormeswyr gwrth-Semitaidd? A fedraf wrthod lloches i *campesinos* yn ffoi oddi wrth erchyllterau yng Nghanolbarth America? A fedraf fod yn dawel tra bod Palestiniaid yn cael eu llofruddio yn eu gwersylloedd?

137

A fedraf dalu trethi i adeiladu taflegrau sy'n gallu gyrru dinasoedd i ebargofiant gyda difrod niwclear? A fedraf fod yn dawedog mewn awyrgylch gwrthnysig ar ôl derbyn comisiwn i bregethu'r efengyl? Gallai'r sefyllfaoedd hyn ein hwynebu â dilema moesol neu argyfwng cydwybod. Gwyn ei fyd y dyn neu'r wraig a erlidir yn achos cyfiawnder, oherwydd eiddynt hwy yw teyrnas nefoedd.

'Atebodd Pedr a'r apostolion, 'Rhaid ufuddhau i Dduw yn hytrach nag i ddynion.' (5:29)

GWEDDÏAU

Arglwydd, diolchwn iti am yr apostolion
  a dystiodd yn eofn i'r ffydd
  hyd yn oed
    pan oedd hynny'n golygu carchar a merthyrdod.
Boed i esiampl Pedr,
  y trodd ei wadiad yn gadarnhad drud,
  ein hysbrydoli yn ein ffyddlondeb
  wrth inni geisio dilyn ein Harglwydd Iesu Grist.

Dduw Sanctaidd,
  dygwn o'th flaen yr eglwys
    sy'n ferthyr yn ein cenhedlaeth ni;
  y saint yn Neheudir Affrica
    sy'n sefyll dros gyfiawnder a thegwch,
      gan roi diolch
        am y rhai a dalodd y pris
          mewn dioddefaint a merthyrdod;
  y rhai yn y Dwyrain Canol sydd wedi profi dioddefaint,
  bomiau a bwledi a'u cymryd yn wystlon
    wrth iddynt geisio dal ar y ffydd;
  yr holwyr, bugeiliaid
  a phobl yn El Salvador, Nicaragua a Guatemala
  sydd wedi goddef erchyllterau

a gweld eu perthnasau'n cael eu lladd.
Bydded i'r rhai sydd wedi dioddef wybod am dy gysur
a'r rhai a gafodd eu merthyru gael coron y bywyd
yn llawenydd dy deyrnas nefol.

Arglwydd cariadlon,
mae yna adegau pryd y byddaf yn teimlo ar goll
ac wedi fy ngadael ac fe'th geisiaf di;
af o amgylch y ddinas, trwy ei strydoedd a'i sgwariau,
yn chwilio amdanat, garwr fy enaid.
Efallai bod pobl yn fy ngweld wrth imi fynd a dod
a'u bod yn dyfalu pam fy mod yn chwilio,
yn edrych ffordd hyn a ffordd arall.
Pan deimlaf na fedraf chwilio ddim mwy
ac y caf fy nhemtio i ddigalonni,
rwyt ti'n dod o hyd i mi a'm tynnu atat dy hun;
dwyt ti ddim yn fy ngollwng; rwyt yn dal ataf.
Yna mi wn nad wyf wedi fy ngwrthod
na chael fy ystyried yn ddiwerth.
Arglwydd cariadlon, rwyt yn fy nghroesawu'n ôl.

YMATEB

A: Dad, pan fydd erledigaeth yn bygwth trechu dy saint
Y: *rho iddynt ddewrder, dyfalbarhad,*
ffydd a gobaith yng Nghrist ein Harglwydd.

Duw a fo gyda chwi wrth ichwi gyfarch y dydd
Duw a fo gyda chwi yn y gwaith a wnewch
Duw a fo gyda chwi yn addoli ei enw
Duw a fo gyda chwi yn eich gorffwys drwy'r nos

DIWRNOD 42

Tyn dy gylch o'n hamgylch,
Greawdwr Dduw'r gwyntoedd
Tyn dy gylch o'n hamgylch, Arglwydd cariadlon y goleuni
Tyn dy gylch o'n hamgylch, Ysbryd sanctaidd y tân
Tyn dy gylch o'n hamgylch, Drindod Fendigaid

SALM YMATEBOL: 91: 1-4

A: Y mae'r sawl sy'n byw yn lloches y Goruchaf,
ac yn aros yng nghysgod yr Hollalluog,

Y: *yn dweud wrth yr Arglwydd, 'Fy noddfa a'm caer,*
fy Nuw, yr un yr ymddiriedaf ynddo'.

A: Oherwydd bydd ef yn dy waredu o fagl heliwr,
ac oddi wrth bla difaol;

Y: *bydd yn cysgodi drosot â'i esgyll,*
a chei nodded dan ei adenydd;
bydd ei wirionedd yn darian a bwcled.

DARLLENIAD: Actau 6:1-7

MYFYRDOD

Mae yna gymaint i'w wneud ym mywyd yr eglwys a'r gymuned. Rhaid cofio'r pethau ymarferol megis cynnal yr adeiladau a chodi'r arian. Ac yna mae'r gofal dros bobl yn eu hamryfal anghenion - tai ar gyfer y digartref, bwyd i'r newynog, cynghori'r digalon, gwneud cyfeillion â'r unig. Yn sicr mae'r rhain i gyd yn bethau ardderchog, ond beth am yr alwad i weddïo a phregethu? Onid oes yna le ar gyfer astudio, tawelwch, dysgu a chyhoeddi? Yn y bywyd Cristnogol cytbwys mae yna amser ar gyfer gofalu a rhannu, dim ond inni gofio beth yw gwir ofynion ein galwedigaeth arbennig. Da o beth yw cyhoeddi'r ffydd mewn gair a gweithred. Nid oes yna wrthdaro ond cyfosodiad perffaith. Bydd gweddi a gweithred yn mynd law yn llaw. Oni bai fod gan bobl Dduw ddaear ysbrydol ddofn i wreiddio'u bywydau ynddi, bydd gorweithredu yn diwreiddio'u ffydd. Ond bydd ffydd sydd wedi ei gwreiddio'n iawn yn esgor ar ffrwythlondeb ysbrydol.

'Fe barhawn ni yn ddyfal yn y gweddïo ac yng ngwasanaeth y Gair'. (6:4)

GWEDDÏAU

Y gwas o Arglwydd,
 cymeraist y tywel, arwydd gawsanaeth,
  a rhoi i'th ddisgyblion
   wers mewn gostyngeiddrwydd.
Diolchwn i ti am bawb sy'n gwasanaethu
 o fewn yr eglwys a'r gymuned heddiw.
Gweddïwn dros y rhai sy'n cynnal adeiladau'r eglwys,
 y rhai sy'n codi arian,
 rhai sy'n trefnu cyfarfodydd
 a phawb sy'n offrymu doniau ymarferol
  yn dy wasanaeth
  ac yn cyfarfod â phob angen o'n cwmpas.
Fe wylaist, Iesu annwyl,
 fel y bydd mam yn wylo am ei phlant
 am nad oedd pobl y ddinas
  yn adnabod ffordd tangnefedd,
 felly roedd trasiedi a dinistr yn eu haros.
Rwyt yn wylo dros ein dinasoedd ni heddiw,
 annwyl Arglwydd,
 am nad ydym eto wedi adnabod ffordd tangnefedd
  ac mae dinistr yn dal i fygwth ein dinasoedd.
Gwared ni, Arglwydd, rhag y dinistr sydd ar ein gwarthaf
 ac arwain ni yn ffordd dy dangnefedd di.

Pan fyddaf yn gorwedd ar ddi-hun a chwsg yn dianc
  rhagof,
  pan fyddaf yn dyfalu a oes rhywun yn malio
    yn nhywyllwch bywyd,
      yna fe'th glywaf yn curo.
Ti yw fy chwaer, fy ngholomen,
  a gelwi arnaf i agor y drws.
Pan fyddaf yn torri allan o'm doniolwch,
    yn dianc rhag fy ngofid,
    tynnaf y bolltau'n ôl, agoraf ddrws fy mywyd.
Weithiau mae fel pe na bai neb yno i'm cyfarch
  a theimlaf yn ddwbl fy llethu.
Ond os byddaf yn aros yn amyneddgar mewn gweddi
  rwyt yn dod ataf fel y wawr yn torri,
    fy chwaer a'm cyfaill, yn hardd a chariadus,
  yn maddau imi a rhoi croeso imi,
    yn fy nwyn gartref, nes canfod heddwch
      gyda'r colomennod wrth afonydd dyfroedd.

YMATEB

A: Pan fydd pwysau bywyd yn drwm, Arglwydd Dduw,
Y: *boed inni gael ein gorffwys,*
      ein hysbrydiaeth a'n nerth ynot ti.

Ewch i fyd o angen i roi
Ewch i fyd o newyn i rannu
Ewch i fyd o drallod i ofalu
Ewch mewn cariad a Duw a fo gyda chwi

DIWRNOD 43

Rhoddaf iti fy amser, Arglwydd,
oherwydd rhoddi i ni dragwyddoldeb
Rhoddaf iti fy nawn, Arglwydd,
oherwydd rhoddaist i ni dy Fab
Rhoddaf iti fy nghariad, Arglwydd,
oherwydd rhoddaist i ni dy Ysbryd
Rhoddaf iti fy hun, Arglwydd,
oherwydd rhoddi i ni dy Fod

SALM YMATEBOL: 91: 9-13

A: I ti, bydd yr Arglwydd yn noddfa;
gwnaethost y Goruchaf yn amddiffynfa;
Y: *ni ddigwydd niwed i ti,*
ac ni ddaw pla yn agos i'th babell.

A: Oherwydd rhydd orchymyn i'w angylion
i'th gadw yn dy holl ffyrdd;
Y: *byddant yn dy godi ar eu dwylo*
rhag iti daro dy droed yn erbyn carreg.

A: Byddi'n troedio ar y llew a'r neidr,
Y: *ac yn sathru'r cenau llew a'r sarff.*

DARLLENIAD: Actau 6: 8-15

MYFYRDOD

Peth da yw mynegi grym - nid grym fel y mae'r byd yn
ei ddeall, ond grym Duw. Peth boddhaol iawn yw bod
yn gyfrwng rhyfeddodau ac arwyddion Duw, a phan fydd
pobl yn gweiddi'n groch o amgylch am gael iachâd a
chymorth, mae estyn llaw rymus yn rhoi boddhad mawr.

Roedd Steffan yn llawn o'r grym dwyfol hwnnw. Ond roedd hefyd yn llawn gras. Dyna air sy'n crynhoi addfwynder, cwrteisi, harddwch, sancteiddrwydd a chariad. Mae yna rai sy'n mynd yn gaeth i ryw gyffro wrth fynegi grym. Ambell dro gall gweinidogaeth iacháu gael ei llygru trwy awydd am ddrama a phoblogrwydd. Ond yn Steffan gwelwn rym wedi ymbriodi â gras. Dim rhyfedd iddynt ddweud bod ei wyneb fel wyneb angel. Yn y disgybl hwn gwelodd pobl rym Duw a gras Duw. O'r fath ysbrydoliaeth!

'Yr oedd Steffan, yn llawn gras a nerth, yn gwneud rhyfeddodau ac arwyddion mawr ymhlith y bobl.' (6:8)

GWEDDÏAU

Iesu,
    roddwr bywyd a gobaith,
        tyrd â'th oleuni lle y bo tywyllwch;
        rho dy heddwch lle y bo anghydfod;
        ysbrydola â'th gariad lle y bo casineb;
        dyro dy obaith lle y bo anobaith
        a boed i'th fywyd oresgyn pwerau marwolaeth.

Iachawdwr Dduw,
    o'n hamgylch y mae llu o bobl
        gyda mil o anhwylderau a chlefydau:
    ânt yn isel eu hysbryd; daw rhai â chancr;
        rhai'n ddall a rhai'n ddigalon.
Dônt yn gaeth a chyda meddyliau briw,
    gydag atgofion poenus a gobeithion gwan.
Estyn allan gyda'th rym, iachawdwr Dduw,
    a gwna ni'n gyfryngau dy ras,
        i ddwyn adferiad, i iacháu celloedd a ddifrodwyd,
        i ddwyn goleuni yn y tywyllwch, i iacháu atgofion,
        i ddwyn bywyd a gobaith ac iechyd yn enw Iesu.

Annwyl Iesu,
  gad imi dy gymryd i'm calon
    fel yr wyt ti wedi fy nghymryd i i'th galon
    oherwydd y mae dy gariad yn drech nag angau;
  mae'n llosgi fel tân ysol, fel fflam enfawr.
Ni all dyfroedd lawer ddiffodd y cariad hwnnw;
  ni all afonydd ei olchi ymaith.
Petai rhywun yn cynnig holl gyfoeth ei dŷ am dy gariad,
  byddai ei gynnig yn ddirmygus.

Iesu'r Bugail,
mae dy gariad y tu hwnt i ruddem;
  nid yw ifori na diamwnt yn cymharu ag ef.
Mae dy gariad tuag atom yn ddisglair,
  y tu hwnt i aur coeth neu emau gwerthfawr.
Gad imi agor drws fy nghalon iti;
  boed imi dy wasanaethu hyd nes y tyr y dydd
    ac y bydd y cysgodion yn ffoi
    ac y caf fy hun yn dy bresenoldeb
    yng ngoleuni parhaol y bywyd nad yw'n darfod
    byth.

YMATEB

A: Yn llonyddwch y nos ac ym mhrysurdeb y dydd
Y: *bydded inni ganfod ynot ti ein goleuni,*
    ein gobaith a'n heddwch.

Bydded i'r glaw o'r nefoedd ddisgyn ar eich caeau
Bydded i'r haul o'r nefoedd gynhesu eich tyfiant
Bydded i'r gwynt o'r nefoedd ruo drwy eich bywyd
A bydded i Arglwydd y nefoedd eich bendithio,
  a'ch teulu a'ch cyfeillion

DIWRNOD 44

Wrth i'r tywyllwch ddod i ben, plygwn mewn myfyrdod;
wrth i'r goleuni dorri, canwn ein haddoliad.
Gyda'r wawr newydd lleisiwn ein moliant;
ym mhob dydd newydd, dyrchafwn ein cân.
Duw a fo gyda ni y dydd hwn a phob dydd;
cadw ni, arwain ni, yn ffordd y pererin

SALM YMATEBOL: 92: 1-4

A: Da yw moliannu'r Arglwydd,
     a chanu mawl i'th enw di, y Goruchaf,
Y: *a chyhoeddi dy gariad yn y bore*
     a'th ffyddlondeb bob nos,

A: gyda'r dectant a'r delyn a chyda chordiau'r tannau.
Y: *Oherwydd yr wyt ti, O Arglwydd,*
     wedi fy llawenychu â'th waith;
     yr wyf yn gorfoleddu yng ngweithgarwch dy
     ddwylo.

DARLLENIAD: Actau 7: 1-22

MYFYRDOD

   Cyn lleied yr ydym yn gwerthfawrogi'r antur sydd
ynghlwm wrth ymateb i ewyllys Duw. Gadawodd
Abraham ei gynefin a phopeth cyfarwydd o'i amgylch er
mwyn teithio ar draws tir gelyniaethus, yn barod i
ddechrau bywyd newydd. Galwodd Duw ef i fentro i'r
anwybod ac yr oedd yn barod i ymateb. Pan brofodd y
bobl ormes yn yr Aifft, clywodd Duw eu cri a galwodd
waredwr i'w rhyddhau. Roedd Moses yn berson o allu
mawr ac ysbrydoledd ddwfn. Roedd amgylchiadau
anghyffredin ei blentyndod a'i lencyndod wedi ei baratoi
ar gyfer gweithred fawr y waredigaeth a gafodd ei

chynllunio yn noethineb a phwrpas Duw, sy'n rheoli tynged pobloedd a chenhedloedd. Gall gormeswyr gredu eu bod yn dal grym, ond, fel y mae Iesu'n dysgu, ni fyddai ganddynt rym oni bai i Dduw ei ganiatáu. Dylem fod yn barod i fentro fel disgyblion, i gychwyn ar deithiau i'r anwybod. Bydd y Duw sy'n ein galw hefyd yn ein harwain, ein tywys a'n nerthu. Byddwn yn barod bob amser i ymateb i alwad Duw i anturio mewn pererindod.

'Hyfforddwyd Moses yn holl ddoethineb yr Eifftwyr, ac yr oedd yn nerthol yn ei eiriau a'i weithredoedd'. (7:22)

GWEDDÏAU

Dduw Abraham a Sara, Moses a Miriam,
rwyt yn galw dy bobl ym mhob cenhedlaeth.
Mae ymateb i'r alwad honno
yn mynd â hwy i fannau pell a pheryglus.
Na fydded i ofn na dychymyg gor-fywiog
ein cadw rhag ymateb gyda dewrder a gweledigaeth
i'th alwad di i fod yn bererinion heddiw.
Boed inni fynd lle'r wyt ti'n arwain
a chael boddhad wrth gyflawni dy ewyllys.

Greawdwr Dduw,
gweddïwn dros rai sy'n byw mewn dinasoedd,
yn arbennig y rhai sy'n profi colled a thlodi
mewn ardaloedd sydd wedi eu rhedeg i lawr
a stadau sy'n dadfeilio.
Arwain a bendithia'r rhai sy'n gwneud penderfyniadau
ac yn cynllunio
er mwyn i ddinasoedd gael eu hadnewyddu,
i gartrefi, ysbytai ac ysgolion gael eu
hail-adeiladu.
Nertha ac ysbrydola'r rhai sy'n byw yn y ddinas,
yn arbennig y rhai sy'n profi anobaith,

147

er mwyn iddynt weithio gyda'i gilydd i wella'u rhan
i ddarganfod partneriaid parod
ymhlith y tlawd a'r cyfoethog fel ei gilydd.
Cynorthwya ni i ganfod galluoedd ac anghenion pawb
wrth inni geisio ail-greu ein dinasoedd
    yn fannau llawn goleuni a bywyd.

Gweddïwn dros y gyfeillach Gristnogol
    yr ydym yn perthyn iddi,
    gan ddioch am ein partneriaeth yn yr efengyl,
    yn ddiolchgar am yr addoliad
        a'r sacramentau yr ydym yn eu rhannu,
yn gofyn, Arglwydd Dduw,
    gan iti ddechrau gwaith da o'n mewn,
    y byddi'n ei ddwyn i gyflawnder
        yn nydd Iesu Grist ein Harglwydd.

YMATEB
A: Yn holl brysurdeb strydoedd y ddinas
     a'r archfarchnadoedd
Y: *bydded inni helpu'n gilydd a gogoneddu dy enw.*

*Bydded i'ch llwybr eich arwain drwy goedwig llawenydd
Bydded i'ch cwrs eich arwain drwy feysydd caredigrwydd
Bydded i'ch ffordd ddringo dros fynyddoedd moliant
Bydded i'ch pererindod fynd heibio afonydd heddwch*

DIWRNOD 45

Dduw Sanctaidd,
cymer oleuni fy llygaid i'w ddefnyddio er dy ogoniant
cymer eiriau fy mywyd i gyhoeddi dy stori
cymer lafur fy nwylo i weithio er dy glod
cymer gamrau fy nhraed i gerdded yn dy ffyrdd

SALM YMATEBOL: 92: 12-15

A: Y mae'r cyfiawn yn blodeuo fel palmwydd,
    ac yn tyfu fel cedrwydd Lebanon.
Y: *Y maent wedi eu plannu yn nhŷ'r Arglwydd,*
    ac yn blodeuo yng nghynteddau ein Duw.

A: Rhônt ffrwyth hyd yn oed mewn henaint,
    a dal yn wyrdd ac yn iraidd,
Y: *i gyhoeddi fod yr Arglwydd yn uniawn,*
    ac am fy nghraig, nad oes anghyfiawnder ynddo.

DARLLENIAD: Actau 7: 23-34

MYFYRDOD

Rydym yn byw mewn dyddiau pryd nad yw pobl at ei gilydd ddim yn ymwybodol o sancteiddrwydd Duw, nac o'r Ysgrythurau sanctaidd, na lleoedd sanctaidd, na'r hyn a olyga i fod yn bobl sanctaidd. Efallai ein bod wedi mynd yn rhy faterol i ddirnad byd yr ysbryd, yn rhy hunan-ganolog i osod ein bryd ar y 'cwbl arall', yn rhy fychan ein meddwl i ddeall y goruchel.

Ni chafodd Moses hi'n hawdd i gymodi dau ddyn mewn ymrafael, nac ychwaith i ymateb i anghenion pobl orthrymedig, yn dyheu am fod yn rhydd. Ond roedd ganddo ymdeimlad dwfn o sancteiddrwydd Duw. Gwyddai fod Duw'n gwrando cri'r bobl orthrymedig ac y byddai'n galluogi gwaredwr i arwain y bobl i ryddid. Yn enw'r Duw sanctaidd, gwnaeth Moses ryfeddodau. Pan sylweddolwn fod y lle y safwn arno'n dir sanctaidd, pan ddysgwn wrando ar lais Duw, yna rydym wedi cael ein rhyddhau a medrwn helpu i ryddhau eraill, oherwydd wedyn down yn sianelau grym Duw a'i ras.

'Yna dywedodd yr Arglwydd wrtho, "Datod dy sandalau oddi am dy draed, oherwydd y mae'r lle'r wyt yn sefyll arno yn dir sanctaidd. gwelais, do, gwelais sut y mae fy mhobl sydd yn yr Aifft yn cael eu cam-drin".' (7:33)

GWEDDÏAU

Dduw Sancteiddiolaf,
 clywi gri dy bobl,
  y tlawd, y newynog, y gorthrymedig,
ac rwyt yn codi negeswyr
 i arwain dy bobl allan o gaethiwed i wlad yr addewid.
Gofynnwn iti barhau i ysbrydoli
 a bendithio'r rhai yr wyt yn eu galw yn ein cenhedlaeth
 i arwain y bobl o chwerwder gormes
  i laeth a mêl rhyddid.
Boed iddynt lefaru dy air di gyda dewrder
 a llenwi dy bobl â gobaith.

Dduw Cariadlon,
 gweddïwn dros bobl sydd mor ddigalon
 neu'n byw o dan y fath bwysau
  nes eu bod yn mynd yn gaeth
   i gyffuriau neu alcohol.
Pan fydd bywydau'n troi mor wag o ystyr
 nes bod cynnwys potel neu baced
  yn medru difa lles ac iechyd,
 mae yna gyflwr o anobaith dwys.

150

Rho i'r fath bobl obaith newydd yng Nghrist;
gyda chymorth dy Ysbryd
  boed iddynt dorri'n rhydd o'u caethiwed
    a chanfod nerth ac ysbrydiaeth
      yng nghymdeithas dy bobl di.

Ysbryd Sanctaidd,
  gweddïwn dros yr eglwys yn yr ardal hon
    y bydd iti ysbrydoli ei gweinidogion a'i haelodau.
Boed i'w cariad fynd ar led fwyfwy
  wrth i hen ac ifanc, du a gwyn, geisio byw'r efengyl.
Rho inni wybodaeth a dirnadaeth
  er mwyn inni fedru gweld yr hyn sy'n dda,
  er mwyn inni geisio purdeb mewn meddwl a gair,
  er mwyn inni ddwyn ffrwyth cyfiawnder
    trwy Iesu Grist,
    ac er clod a gogoniant i'th enw.

GWEDDI'R ARGLWYDD

YMATEB

A: Dduw'r gras, pan fyddwn yn troi'n rhy faterol,
      balch neu hunanol

Y: atgoffa ni o aberth dy Fab, Iesu Grist.

Bydded i'r Tad gau amdanoch â chylch gofal
Bydded i'r Mab gau amdanoch â chylch cariad
Bydded i'r Ysbryd gau amdanoch â chylch grym
Bydded i'r Drindod fendigaid gau amdanoch bob dydd

DIWRNOD 46

Dad, offrymaf iti bob meddwl o'm heiddo
Iesu, offrymaf iti bob gair o'm heiddo
Ysbryd, offrymaf iti bob gweithred o'm heiddo
Drindod Sanctaidd, offrymaf iti fy hunan

SALM YMATEBOL: 94:8-12

A: Deallwch hyn, chwi'r dylaf o ddynion!
Y: *Ffyliaid, pa bryd y byddwch ddoeth?*

A: Onid yw'r un a blannodd glust yn clywed,
a'r un a luniodd lygad yn gweld?
Y: *Onid oes gan yr un sy'n disgyblu cenhedloedd gerydd,*
a'r un sy'n dysgu dynion wybodaeth?

A: Y mae'r Arglwydd yn gwybod meddyliau dyn,
mai gwynt ydynt.
Y: *Gwyn ei fyd y dyn a ddisgybli, O Arglwydd,*
ac a ddysgi allan o'th gyfraith.

DARLLENIAD: Actau 7: 44-60

MYFYRDOD

Dyn ymarferol oedd Steffan a gafodd ei ddewis i fod yn un o'r diaconiaid. Trefnydd da a allai fynd yn gyfrifol am weinyddu achosion da, gan adael yr apostolion yn rhydd i bregethu'r efengyl. Ond roedd Steffan hefyd yn ddyn ysbrydol, a gweledigaeth ganddo, wedi ei ysbrydoli gan Iesu, yn byw'n agos at Dduw.

Bydded i Dduw roi inni bobl sy'n medru trin arian, gweinyddwyr, adeiladwyr, glanhawyr, pobl pwyllgorau, trefnyddion gyda gweledigaeth ysbrydol, sy'n breuddwydio breuddwydion, yn byw'n agos at Dduw ac yn gyrru ymlaen gyda'r tasgau ymarferol a roddwyd iddynt, faint bynnag o aberth a olyga hynny. Os ydynt hefyd yn bregethwyr lleyg ysbrydoledig, fel Steffan, yna byddwn wedi ein bendithio mewn gwirionedd. Yn sicr "Urdd Steffan" yw un o drysorau pennaf ein heglwys. Cawsom ein bendithio'n helaeth, dim ond inni sylweddoli bod cwmni'r saint y perthynwn iddo yn cynnwys y fath rychwant o dalentau a'r fath amrywiaeth o ddoniau ysbrydol.

"Yn llawn o'r Ysbryd Glân, syllodd Steffan tua'r nef a gwelodd ogoniant Duw, ac Iesu'n sefyll ar ddeheulaw Duw." (7:55)

GWEDDÏAU

Oruchaf Dduw,
    anfonaist dy broffwydi a chawsant eu herlid.
  Anfonaist dy Fab a chroeshoeliasant ef.
  Anfonaist dy apostolion a chawsant eu merthyru.
  Ym mhob cenhedlaeth
    dysgwn fod rhaid talu'n ddrud i fod yn ddisgybl.
  Ni chyfrifaist ti'r gost wrth ein hachub ni;
    na foed i ni gyfri'r gost wrth ymateb i'th alwad.

Dad,
  cofiwn o'th flaen yr anabl:
    y rhai y mae pob symudiad yn gyfyng iawn iddynt;
    y rhai sy'n dioddef poen ac unigrwydd.
  Diolchwn iti am ddoniau'r anabl
    a'r rhan y maent yn ei chwarae yn ein bywyd cyffredin.
  Diolchwn iti am ddewrder yr anabl
    a'u penderfyniad
      i beidio â chael eu caethiwo gan eu hanabledd.
  Gweddïwn dros bawb sy'n gweithio gyda hwy
    mewn gofal meddygol a chymdeithasol.
  Rho iddynt yn eu partneriaeth
    y llawenydd a ddaw o oresgyn anabledd
  a'r boddhad o wneud cyfraniad teilwng

tuag at fywyd cymdeithas.

Dduw ein mamau a'n tadau,
   ein braint yw pregethu Iesu Grist,
      nid o genfigen nac o ran cystadleuaeth
      ond o ewyllys da.
Boed inni fod yn barod bob amser,
   dan amgylchiadau hawdd neu anodd,
      i gyhoeddi Iesu mewn gorfoledd.
Gad inni lawenhau wrth weld cynnydd
   yn ffydd ein cydaelodau
      a gweld ffrwyth ein cyhoeddi a'n gweithredu
      trwy dy ras a'th nerth.
Pâr inni sefyll yn gadarn yn yr Ysbryd,
   gan fyw bywyd teilwng o'r efengyl,
      heb gael ein dychryn gan y gwrthwynebiad
      ond yn hytrach brofi llawenydd
      yn gorlifo trwy Iesu Grist ein Gwaredwr.

YMATEB

A: Dad, pan osodir prawf arnom,
      ac y mae ffordd y pererin yn anodd
Y: *rho inni nerth trwy dy Ysbryd a chalondid trwy dy Fab*

Mae dy gariad yn dy arwain i galon Duw
Mae dy ymddiriedaeth yn dy arwain i oleuni Duw
Mae dy ffydd yn dy arwain i le Duw
Bydded iti ganfod dy ganolbwynt ym mywyd Duw

DIWRNOD 47

Arglwydd, cerdda gyda ni trwy'r dydd hwn
Arglwydd, llefara dy air trwy bopeth a ddywedwn
Arglwydd, arllwys dy gariad trwy ymdrechion ein cariad ni
Arglwydd, mynega dy lawenydd wrth inni drigo ynghyd

SALM YMATEBOL: 96:1-3

A: Canwch i'r Arglwydd gân newydd,
Y: *canwch i'r Arglwydd yr holl ddaear.*

A: Canwch i'r Arglwydd, bendithiwch ei enw,
Y: *cyhoeddwch ei iachawdwriaeth o ddydd i ddydd.*

A: Dywedwch am ei ogoniant ymysg y bobloedd,
Y: *ac am ei ryfeddodau ymysg yr holl genhedloedd.*

DARLLENIAD: Actau 8:1-8

MYFYRDOD

Mae arnom ofn argyfwng. Nid ydym yn ei hoffi yn ein busnes, ein bywyd teuluol, ein heglwys, ein cenedl, ein byd nac ynom ein hunain. Teimlwn fod argyfwng yn ein trechu. Mae fel storm, a chofiwn fel y bu i'r disgyblion weiddi yn wyneb storm. Ond a oes raid iddi fod felly? Gall argyfwng mewn busnes arwain at arolwg llwyr ac ailstrwythuro, a hynny'n esgor ar lwyddiant newydd. Gall argyfwng yn yr eglwys ein harwain i edrych o'r newydd ar yr efengyl a'i her, ar y gymuned a'i hanghenion, a pheri inni ad-drefnu neu ailadeiladu'r eglwys mewn ffordd fwy perthnasol. Gall argyfwng yn y genedl adfer ymdeimlad o undod, ac argyfwng yn y byd ein harwain dros y bont o wrthdaro a rhyfel i heddwch a chydweithio. Gall argyfwng yn ein teulu arwain at drafodaeth o waelod calon a dealltwriaeth newydd. Gall ein hargyfwng personol un ai ein llethu neu beri inni edrych o ddifrif lle'r ydym, pwy ydym ac i ble'r ydym yn mynd. Pan ddisgynnodd erledigaeth ar yr eglwys fore fe drodd yn gyfle i ledaenu'r ffydd. A yw'n bosibl i argyfwng ein dydd droi'n gyfle cenhadol ac arwain at lawenydd mawr yn y ddinas?

"Am y rhai a wasgarwyd, teithiasant gan bregethu'r Gair."
(8:4)

GWEDDÏAU

Dduw sanctaidd Israel,
    pan gafodd dy saint di erstalwm eu gyrru ar chwâl
      trwy erledigaeth greulon
      daeth gwaed y merthyron yn had i'r eglwys.
Na foed i argyfyngau materoliaeth a seciwlariaeth,
    difrawder a gwrthwynebiad,
      drechu dy eglwys heddiw.
Boed i'th bobl ymateb gyda dewrder a ffydd
    er mwyn i'r torfeydd glywed eu geiriau
      a gweld arwyddion o'r grym dwyfol,
      a chanfod pentrefi, trefi a dinasoedd
      yn cael eu hadnewyddu â llawenydd
      trwy glywed y sôn am Iesu, y Crist.

Annwyl Arglwydd,
    yn argyfwng y groes
      bu iti ymateb â chariad tuag at dy holl bobl.
Ym mhob argyfwng a wynebwn
    gad inni weld
      y cyfle creadigol i wasanaethu'r rhai o'n hamgylch
      a thystiolaethu i'n cymdogion.

Dduw Dad,

cawn ein calonogi am iti ein gwneud yn un â Christ;
cawn ein cysuro a'n nerthu
am dy fod yn ein huno yng nghymdeithas yr Ysbryd;
bydd ein llawenydd yn gyflawn
wrth inni geisio cydymffurfio â bywyd Crist.
Cymorth ni i fod yn anhunanol fel yr oedd ef;
i gael ein gwisgo â gostyngeiddrwydd
ac i geisio lles eraill;
i fod yn un mewn ysbryd, pwrpas a chariad
er gogoniant i'th enw.

YMATEB

A: Pan fydd nos erledigaeth yn bygwth bywyd dy eglwys
Y: *cymorth ni i ganfod ysbrydoliaeth yn Iesu Grist*
er mwyn dyfalbarhau a thystio fel plant y goleuni.

Bydded i'r nos
eich adnewyddu â chwsg
Bydded i'r dydd
eich herio â gwaith
Bydded i'ch cymdeithion
ddod â llawenydd cyfeillgarwch i chwi
Rhodded Duw dangnefedd yn eich calon

DIWRNOD 48

Bendithia'n dwylo, Arglwydd,
er mwyn iddynt ddwyn bendith i eraill
Bendithia'n lleisiau, Arglwydd, er mwyn iddynt lefaru drosot
Bendithia'n llygaid, Arglwydd, fel na welant ddrwg
Bendithia'n calonnau, Arglwydd, inni geisio popeth da

SALM YMATEBOL: 96:7-10

A: Rhowch i'r Arglwydd, dylwythau'r cenhedloedd,
rhowch i'r Arglwydd anrhydedd a nerth;

Y: *rhowch i'r Arglwydd anrhydedd ei enw,*
dygwch offrwm a dewch i'w gynteddoedd.

A: Ymgrymwch i'r Arglwydd yn ysblander ei
sancteiddrwydd;
crynwch o'i flaen, yr holl ddaear.

Y: *Dywedwch ymhlith y cenhedloedd,*
"Y mae'r Arglwydd yn frenin";
yn awr y mae'r byd yn sicr ac nis symudir;
bydd ef yn barnu'r bobloedd yn uniawn

DARLLENIAD: Actau 8:9-24

MYFYRDOD

Ni allwn brynu'r Ysbryd na'i reoli. Duw sy'n cyfrannu ei
Ysbryd i'r rhai a fyn, ac y mae pethau mawr yn dilyn.
Weithiau, yn yr eglwys heddiw, mae ein syniad am yr Ysbryd
yn rhy gymhleth. Ceisiwn ddal yr Ysbryd mewn
diwinyddiaeth neu ei gaethiwo mewn credoau, ond nid
dyna ffordd yr Ysbryd oherwydd y mae hi'n uniongyrchol
ac ymarferol.

Yn Samaria cafodd rhai dilynwyr eu bedyddio yn enw

Iesu, ond nid oeddent wedi derbyn yr Ysbryd Glân. Nid creu argyfwng allan o'r sefyllfa a wnaeth Pedr ac Ioan, ac eto nid oeddent yn fodlon ei gadael fel yr oedd. Arddodi dwylo arnynt a wnaeth yr Apostolion ac yna derbyniodd y dilynwyr hynny yr Ysbryd. Mor syml ac uniongyrchol â hynny. Rydym yn gwneud camgymeriad mawr os credwn ein bod yn ddisgyblion yr un mor effeithiol heb yr Ysbryd. Yn yr un modd, rydym yn methu hefyd os credwn mai ein rhodd ni yn unig yw'r Ysbryd a'i gwneud yn achos balchder. Ni allwn gyflawni'n gwaith fel disgyblion yn effeithiol oni bai fod gennym y doniau ysbrydol hynny sy'n addas ar gyfer ein galwedigaeth. Pa ddoniau ysbrydol bynnag sydd gennym, rhaid inni eu defnyddio mewn gostyngeiddrwydd a cheisio dangos bob amser ffrwyth yr Ysbryd. Mae mor syml â hynny, yr Ysbryd sy'n ein cymhwyso ar gyfer ein gwaith a'n cenhadaeth.

"Yna rhoes Pedr ac Ioan eu dwylo arnynt, a derbyniasant yr Ysbryd Glân". (8:17)

GWEDDÏAU

Greawdwr Arglwydd,
anfon dy Ysbryd Glân ar dy eglwys;
dysg inni dy ddoethineb,
bywha ni mewn addoliad,
cadarnha ni mewn gwasanaeth,
grymusa ni mewn tystiolaeth;
a bydded inni ddangos ffrwyth yr Ysbryd
er gogoniant i'th enw.

Dduw'r cariad,
gweddïwn dros y rhai sydd â nam meddyliol.
Diolchwn am eu cyfraniad at ein bywyd gyda'n gilydd;
am eu hymddiriedaeth a'u natur ddiniwed,
am eu chwilfrydedd a'u doniau creadigol.

Boed iddynt gael eu derbyn yn ein cymdogaeth,
   gan roi a derbyn;
trwy wres eu gwenau
   boed iddynt ddwyn calondid i lawer o'u cymdogion.
Arglwydd Iesu,
   edrychwn atat ti i gael ein hysbrydoliaeth.
Y mae natur Duw gennyt ti
   ac eto ni chipiaist gydraddoldeb â Duw.
Gwnaethost dy hun yn ddim, gan gymryd ffurf caethwas.
Cymeraist arnat dy hun ein gwedd ni
   a buost yn ufudd hyd angau, ie, angau ar groes.
Felly tra-dyrchafodd dy Dad di,
   a rhoi iti'r enw sydd goruwch pob enw,
   fel wrth dy enw di, Iesu, y dylem blygu mewn addoliad
   a dylai pob tafod yn y nef ac ar y ddaear gyffesu
      mewn moliant llawen
   fod Iesu Grist yn Arglwydd
      er gogoniant Duw Dad.

YMATEB

A: Dduw Sanctaidd,
     pan fyddwn yn teimlo'n wan ac yn annigonol
     ar gyfer gwaith dy deyrnas
Y: *Grymusa ni a galluoga ni trwy rodd dy Ysbryd.*

Ewch i fyd o angen i lefaru gair o obaith
Ewch i fyd o newyn i ymateb mewn gweithredoedd o gariad
Ewch i fyd o syched i gynnig cwpan Crist o ddŵr
Byddwch fyw gan roi yn enw'r Tad, y Mab a'r Ysbryd

DIWRNOD 49

Bydd gyda ni, Arglwydd, pan gyfarchwn y dydd
Bydd gyda ni, Arglwydd, pan awn o gwmpas ein gwaith
Bydd gyda ni, Arglwydd, pan fwytawn ein bwyd
Bydd gyda ni, Arglwydd, pan ddywedwn ein pader

SALM YMATEBOL: 96:11-13

A: Bydded y nefoedd yn llawen a gorfoledded y ddaear;
Y: *Rhued y môr a'r cyfan sydd ynddo,*

A: llawenyched y maes a phopeth sydd ynddo.
Y: *Yna bydd holl brennau'r goedwig yn canu'n llawen*

A: o flaen yr Arglwydd, oherwydd y mae'n dod,
oherwydd y mae'n dod i farnu'r ddaear.
Y: *Bydd yn barnu'r byd â chyfiawnder,*
a'r bobloedd â'i wirionedd.

DARLLENIAD: Actau 8:25-40

MYFYRDOD

Mae Philip yn ein symbylu'n arbennig am ei fod mor
barod i ymateb i anogaeth yr Ysbryd ac mor anghonfensiynol
iach yn yr hyn yr oedd yn barod i'w wneud. Pwy arall
fyddai'n barod i redeg wrth ochr Rolls Royce wrth fynd ar
hyd Whitehall ac yn barod i neidio i mewn gyda'r teithiwr
pwysig pan ddaw hi'n amlwg fod hwnnw'n darllen y Beibl?
A phwy arall fyddai'n bachu'r cyfle i fedyddio swyddog
gwladol estron yn nŵr y Serpentine? Aethom yn rhy
ystrydebol yn ein ffordd o fynegi'n haddoliad; diflannodd
pob ymdeimlad o her ac antur yn ein cenhadaeth. Rhaid
inni fod yn fwy mentrus fel disgyblion, yn barod i ddysgu
beth mae'n ei olygu i fod yn ffyliaid i Grist. Os byddwn bob
amser yn anelu at fod yn saff ac yn ddiogel, yna fe gollwn

ryw ddimensiwn cyffrous mewn bywyd. Os ydym yn barod
i fentro i lwybrau anghyffredin ar bererindod ein ffydd, yna
daw inni'r gorfoledd o dderbyn y wobr annisgwyl.

*"Yna agorodd Philip ei enau, a chan ddechrau o'r rhan hon
o'r Ysgrythur traethodd y newydd da am Iesu iddo'.* (8:35)

GWEDDÏAU

Arglwydd Iesu,
    diolchwn iti am ein galw i fod yn ddisgyblion.
Wrth dy ddilyn cawn feddiannu cyffro llawen yr annisgwyl
    pan fydd dy Ysbryd Glân yn ein harwain
        i brofiadau newydd ac ar hyd lwybrau dieithr.
Helpa ni i fod yn barod i anturio mewn gwasanaeth
    ac i ganfod ffyrdd newydd i dystiolaethu
        er mwyn inni rannu yn y dasg o adeiladu dy deyrnas.

Dduw'r Creawdwr,
    gweddïwn dros arlunwyr a cherflunwyr.
Trwy eu dawn maent yn cyflwyno harddwch
    mewn lliw a llun, paent a charreg, clai ac olew.
Fel y creaist ti fyd llawn harddwch,
    felly yn y ffordd fach hon
        maen nhw'n ychwanegu at ogoniant y greadigaeth
        trwy gyfrwng celfyddyd
            sydd wedi'i hysbrydoli gennyt ti.
Boed i'w doniau artistig fod yn galondid inni i gyd.

Arglwydd Dduw,
    rwyt ar waith ynom ni, yn cyflawni ein pwrpas.
Boed inni weithio allan ein hiachawdwriaeth
    mewn partneriaeth â thi.
Cynorthwya ni i fod yn bur ac yn dda,
    i ddisgleirio fel sêr yn erbyn cefndir tywyll.
Pâr mai'n llawenydd pennaf fydd cyhoeddi gair y bywyd

er gogoniant dy enw.

YMATEB

A: Saer Nasareth, yn trin coed i addurno ac i'w defnyddio

Y: *ysbrydola'r rhai sy'n defnyddio brws a chŷn*
i greu pethau cain a sumbolau gobaith.

Lle y bo gwirionedd, mae bendith heddwch Duw
Lle y bo barn, mae bendith heddwch Duw
Lle y bo cyfiawnder mae bendith heddwch Duw
Arhosed heddwch Duw
o fewn eich teulu, eich cenedl a'ch calon

DIWRNOD 50

Dad, arwain ni ar ein siwrneiau
Iesu, bedithia ni ar ein teithiau
Ysbryd, dos gyda ni ar ein pererindod
Dduw sanctaidd, Dri bendigaid
bydd gyda ni lle bynnag yr awn a lle yr arhoswn

SALM YMATEBOL: 97:1-6

A: Y mae'r Arglwydd yn frenin; gorfoledded y ddaear,
bydded ynysoedd lawer yn llawen.

Y: *Y mae cymylau a thywyllwch o'i amgylch,*
cyfiawnder a barn yn sylfaen i'w orsedd.

A: Y mae tân yn mynd o'i flaen,
ac yn llosgi ei elynion oddi amgylch.

Y: *Y mae ei fellt yn goleuo'r byd,*
a'r ddaear yn gweld ac yn crynu .

A: Y mae'r mynyddoedd yn toddi fel cŵyr
o flaen yr Arglwydd, o flaen Arglwydd yr holl ddaear.

Y: *Y mae'r nefoedd yn cyhoeddi ei gyfiawnder,*
a'r holl bobloedd yn gweld ei ogoniant.

DARLLENIAD: Actau 9:1-9

MYFYRDOD

Ym mhob oes fe geir erlidwyr. Ond mae'n drychineb
pan fo'r erlidwyr hynny'n bobl grefyddol sydd wedi troi'n
gul, yn fewnblyg a rhagfarnllyd yn eu crefydd. Dagrau
pethau yw gweld crefydd a ddylai ddwyn ffrwyth mewn
tosturi, caredigrwydd ac amynedd yn cael ei defnyddio i
guro, carcharu ac arteithio pobl o farn wahanol.

Dysgwn ffordd wahanol oddi wrth Iesu. Dechrau gyda
phobl lle mae nhw a wna ef ac yna'u harwain at Dduw.

Mae hyd yn oed Saul yn sylweddoli ei fod yn cyfeirio'i ddicter yn erbyn yr Arglwydd ei hun. Felly y mae gyda'r erlidwyr a'r crefyddwyr cul a negyddol yn ein hoes ni. Mae angen inni gael ein gwaredu oddi wrth bob ymagwedd ragfarnllyd a dysgu dathlu gyda Christ. Dyna ddylai fod ein hagwedd tuag at genhadaeth. Gall cenhadaeth fod yn negyddol, rhagfarnllyd a chyfyng. Dylai cenhadaeth fod yn gadarnhaol, sensitif a chynhwysol. Mae'r iachawdwriaeth a gynigia Crist a'i wahoddiad i'w ddilyn yn agored a chyffredinol. Gellir mynegi cenhadaeth mewn llawer o ffyrdd gwahanol ac y mae hynny i gynnwys Gŵyl Ffydd, yn dathlu cariad Duw.

"Syrthiodd ar lawr, a chlywodd lais yn dweud wrtho, 'Saul, Saul, pam yr wyt yn fy erlid i?'" (9:4)

GWEDDÏAU

Arglwydd Dduw,
> dysg i ni wrando ar dy lais.
>> Gad inni dy glywed pan fyddi'n dweud y drefn wrthym;
>> gad inni dy glywed pan fyddi'n ein cyfarwyddo;
>> gad inni dy glywed pan fyddi'n ein calonogi.
> Maddau inni feiau a gwadiad y gorffennol
>> a chadw ni'n ffyddlon i ti
>>> ym mhopeth sydd o'n blaenau.

Ysbryd Glân,
> arwain â'th ddoethineb
>> y rhai sydd ag awdurdod yn llywodraeth ein gwlad.
> Caniata y bydd ein haelodau seneddol
>> yn ymwybodol o anghenion y tlawd a'r difreintiedig;
> pâr fod eu penderfyniadau
>> yn gwella rhan pawb trwy'r wlad;
> pâr iddynt geisio cyfiawnder
>> a heddwch rhwng cenhedloedd;
> pâr i'n cenedl ni ganfod ei gwir fawredd

mewn tosturi, cyfiawnder a gofal dros bob un.

Annwyl Iesu,
 ti yw fy nghyfiawnder ac ynot ti y mae fy iachawdwriaeth.
 Fy elw pennaf yw bod yn un â thi;
  ochr yn ochr â gogoniant goruchaf
   dy adnabod di yn Arglwydd a Gwaredwr
  y mae popeth arall yn golled,
   a'r pethau y mae'n rhaid i mi eu colli yn sbwriel.
 Dyhead fy nghalon yw d'adnabod di
  a rhannu yng nghymdeithas dy ddioddefaint
   a grym dy atgyfodiad gogoneddus.

YMATEB

A: Pan fydd cenhedloedd mewn ymrafael
 a phobl yn cael eu gormesu
Y: *arwain ni at ffordd cyfiawnder a thangnefedd.*

Bydded i'r Duw a greodd y moroedd
roi i chwi dangnefedd dwfn
Bydded i'r Duw a greodd y sêr
roi i chwi oleuni disglair
Bydded i'r Duw a greodd bobl
roi i chwi gyfeillgarwch
Bydded i'r Duw sy'n Dad i chwi
aros gyda chwi'n wastadol

DIWRNOD 51

Bydded tangnefedd dwfn Duw yn ein calonnau
Bydded tangnefedd dwfn y Mab yn ein bywydau
Bydded tangnefedd dwfn yr Ysbryd yn ein mysg
Bydded inni rannu tangnefedd y Drindod
â phawb o'n hamgylch

SALM YMATEBOL: 98:1-3

A: Canwch i'r Arglwydd gân newydd,
     oherwydd gwnaeth ryfeddodau.
Y: *Cafodd fuddugoliaeth â'i ddeheulaw*
     ac â'i fraich sanctaidd.

A: Gwnaeth yr Arglwydd ei fuddugoliaeth yn hysbys,
Y: *datguddiodd ei gyfiawnder o flaen y cenhedloedd.*

A: Cofiodd ei gariad a'i ffyddlondeb tuag at dŷ Israel;
Y: *gwelodd holl gyrrau'r ddaear fuddugoliaeth ein Duw*

DARLLENIAD: Actau 9:10-19

MYFYRDOD

   Wedi ei ddewis - nid ar gyfer braint yn unig ond ar gyfer
dioddefaint hefyd ac er mwyn ymestyn teyrnas Dduw.
Tueddai'r genedl ddewisedig, Israel, i anghofio'i bod wedi
ei dewis i wneud gwaith Duw. Weithiau bydd yr eglwys
heddiw'n ei gweld ei hun mewn sefyllfa freintiedig. Gall
hyd yn oed y rhai sy'n derbyn rhoddion arbennig yr Ysbryd
droi hynny'n destun balchder neu'n achos rhaniad. Bu
cenedlaetholdeb cul yn bla yn ein byd ac enwadaeth gul yn
wendid yn yr eglwys. Mae arnom angen gweledigaeth o
un byd a fydd yn peri inni rannu â'n gilydd a chreu heddwch.
Mae arnom angen gweledigaeth o un eglwys, wedi ei
hadnewyddu ar gyfer gwasanaeth a chenhadaeth. Cafodd

Saul ei ddewis gan Dduw, er gwaethaf pob ymddangosiad, i fod yn offeryn i ledaenu teyrnas Dduw. Ein gweddi ddyddiol ni ddylai fod, "Arglwydd, gwna fi'n offeryn yn dy law".

"Dywedodd yr Arglwydd wrth Ananias, 'Dos di; llestr dewis i mi yw hwn'". (9:15)

GWEDDÏAU
Arglwydd,
   gwna fi'n offeryn
     i bregethu'r newydd da i dlodion,
     i iacháu'r cleifion, i adfer golwg i'r deillion,
     i gyhoeddi rhyddhad i garcharorion
       a gwawr diwrnod newydd i'r gorthrymedig.

Arglwydd,
   gwna fi'n offeryn
     i droi harmoni dy gariad yn fiwsig dwyfol o gysur
       i'r rhai sy'n drist, yn dioddef neu mewn eisiau.

Dad,
   gweddïwn dros dy weision mewn eglwysi a erlidir
     wrth iddynt ddioddef gyda'n Harglwydd.
   Ymosodir ar rai am iddynt siarad dros ryddid
     o dan lywodraeth ormesol;
       caiff rhai eu carcharu am sefyll dros gyfiawnder
       o dan lywodraeth unbenaethol;
       caiff llawer eu herlid am gyhoeddi'r efengyl
        mewn mannau lle y bydd geiriau dy Fab
     yn herio strwythurau anghyfiawnder.
   Rho i'r rhai a erlidir y dewrder i ddal ati
     nes yn y carchar, o dan fygythiad, ac yn wyneb artaith,
       y cânt eu nerthu a'u cysuro gan dy Ysbryd sanctaidd.

Arglwydd,
rho inni'r dewrder i siarad drosot
lle y caiff y gwir ei anwybyddu;
rho inni'r dewrder i siarad dros eraill
pan fydd gormeswyr yn carcharu ac yn poenydio
rhai sy'n siarad dros ryddid yn enw brawdoliaeth.
Rho ynom dosturi i lefaru geiriau o gysur;
rho inni'r ymroddiad i fwrw iddi i weithredu
yn erbyn anghyfiawnder
ac er mwyn adfer yr hyn sy'n iawn.

Grist Iesu,
enillaist inni eisoes wobr bywyd tragwyddol.
Gad imi anghofio'r hyn sydd o'r tu cefn imi
ac ymestyn yn daer at yr hyn sydd o'r tu blaen.
Yr wyf yn cyflymu at y nod ac yn rhedeg yn llawen
er mwyn imi ennill yn y nefoedd
y wobr yr wyt ti dy hun yn fy ngalw ati.

YMATEB
A: Pan fydd y blagur yn dechrau blodeuo
Y: *gwyddom fod y gaeaf drosodd*
     a'r gwanwyn wedi cyrraedd.

Rhodded Duw fara i chwi i borthi'ch newyn
Rhodded Duw ddŵr i chwi i ddiwallu'ch syched
Bydded i'r Duw a roddodd ei Fab
i gynnig iachawdwriaeth i chwi
Roi i chwi ei Ysbryd i'ch galluogi i'w wasanaethu

DIWRNOD 52

Ceisiaf fy heddwch ynot, Arglwydd
Ceisiaf fy heddwch ynot
Caf fy llawenydd ynot, Arglwydd
Caf fy llawenydd ynot
Rhoddaf fy nghariad iti, Arglwydd
Rhoddaf fy nghariad iti

SALM YMATEBOL: 98:4-6

A: Rhowch wrogaeth i'r Arglwydd, yr holl ddaear,
canwch mewn llawenydd a rhowch fawl.

Y: *Canwch fawl i'r Arglwydd â'r delyn,*
â'r delyn ac â'r tannau.

A: â thrympedau ac â sain utgorn

Y: *rhowch wrogaeth o flaen y brenin, yr Arglwydd.*

DARLLENIAD: Actau 9:32-43

MYFYRDOD

Mae Tabitha, neu Dorcas fel y'i hadwaenir hefyd, yn
ysbrydoliaeth arbennig inni. Roedd hi'n santes mor
ymarferol. Byddai'n gwneud dillad i'r anghenus ac yn
cynorthwyo'r tlawd; roedd hi'n amlwg yn galondid i lawer
o bobl. Roedd yn gwbl briodol, felly, ei bod yn cael adferiad
bywyd ac iechyd er mwyn iddi gael ei chyflwyno'n ôl i'r
rhai oedd yn dibynnu arni.

Ond mae Tabitha hefyd yn peri anhawster inni. Os cafodd
hi ei dwyn yn ôl o farwolaeth, beth am rai eraill? Pobl dda,
ymarferol, ddefnyddiol yn ein cenhedlaeth ni, a llawer o
bobl eraill yn dibynnu arnynt. Yn sydyn cânt eu bwrw i
ganol gwylnos hir, ac er gwaethaf gweddïau llu o'u cyfeillion,
marw a wnânt yn y pendraw.

Mae yna ddirgelwch mewn iachâd ac adferiad yr un fath ag sydd yn rhagluniaeth Duw. Medrwn roi diolch am Tabitha ac am ei chodi o farwolaeth. Medrwn roi diolch am bob Tabitha heddiw, am eu gweithredoedd o garedigrwydd ac am iddynt gael iachâd trwy wyrthiau gras. Ac os bydd eraill yn cael eu casglu i mewn i deyrnas Dduw yn gynt yn hytrach nag yn hwyrach, medrwn roi diolch am eu rhan yn nioddefaint Crist ac am eu symbyliad parhaus.

"Yr oedd yn Jopa ryw ddisgybl o'r enw Tabitha; ystyr hyn, o'i gyfieithu, yw Dorcas." (9:36).

GWEDDÏAU

Llawenhawn, annwyl Arglwydd, am i'th ddisgyblion di
  brofi cymaint o wyrthiau gras.
Cawsant iacháu'r cleifion, codi'r meirw
  a chyhoeddi newydd da i'r tlodion.
Cymorth ni i fod mor ddisgwylgar ag yr oeddent hwy,
  i fod yn barod i gerdded mewn ffydd
    ac i weddïo mewn hyder.
Gad i ni hefyd bregethu yng ngrym dy Ysbryd
  a disgwyl bywyd newydd ac adferiad iechyd i'w ganlyn
    er gogoniant i'th enw.

Gweddïwn dros ysgolion a cholegau o fewn ein hardal.
  Caniata i'r rhai sy'n addysgu ac yn derbyn addysg
    fod yn gymuned o ddysg.
Gad i syniadau a geiriau gael eu defnyddio er lles pawb,
  ac nid eu camddefnyddio er niwed.
Gad i'r hyn a ddysgir gael ei gymhwyso er budd i bawb,
  ac nid ei ddefnyddio'n unig er mwyn dod ac elw personol.
Gad i'r addysg fod yn ddiogel ac yn faethlon
  ac i bob dysg fod yn rhan o etifeddiaeth gyfoethog
    ein bywyd cyffredin.
Arglwydd Dduw,

cynorthwya ni i ddilyn esiampl y saint,
gan beidio â gosod ein bryd ar bethau daearol
ond canfod ein dinasyddiaeth yn y nefoedd.
Fel cyd-ddinasyddion y deyrnas honno
disgwyliwn yn frwd
am ddyfodiad ein Harglwydd a'n Gwaredwr, Iesu Grist,
a fydd yn ein gweddnewid trwy ei allu
er mwyn i'n cyrff darostyngedig ni
fod yn unffurf â'i gorff gogoneddus ef.

GWEDDI'R ARGLWYDD

YMATEB

A: Ym mhob lle, ym mhob oes, annwyl Arglwydd,
rwyt yn bendithio dy bobl yn helaeth â rhoddion.

Y: *Ym mhob cenedl, bob amser, gad inni fod yn barod*
i wasanaethu'r anghenus a chyhoeddi dy enw.

Rhodded Duw oleuni i chwi
ar ffordd eich pererindod
Rhodded Duw fiwsig i chwi
ar lwybr eich gwasanaeth
Rhodded Duw arweiniad i chwi
drwy ddryswch pob penderfyniad
Bydded i'r Drindod Sanctaidd
eich calonogi â dewrder a gobaith

DIWRNOD 53

Mae tangnefedd yTad gyda ni
Mae tangnefedd y Mab yma
Mae tangnefedd yr Ysbryd gyda ni
mae tangnefedd y Tri yma

SALM YMATEBOL: 98:7-9

A: Rhued y môr a'r cyfan sydd ynddo,
     y byd a phawb sy'n byw ynddo.

Y: *Bydded i'r dyfroedd guro dwylo;*
     bydded i'r mynyddoedd ganu'n llawen gyda'i gilydd

A: o flaen yr Arglwydd,
     oherwydd y mae'n dyfod i farnu'r ddaear;

Y: *bydd yn barnu'r byd â chyfiawnder,*
     a'r bobloedd ag uniondeb.

DARLLENIAD: Actau 10:1-16

MYFYRDOD

Yn y dyddiau pan oedd cyfleusterau'n cael eu gwahanu
o dan y gyfraith yn Ne Affrica, roedd Gweinidog Indiaidd
yn dangos y traeth imi gerllaw Durban. Roedd yna ran ar
gyfer pobl wyn yn unig, rhan arall ar gyfer Indiaid, yna ran
ar gyfer pobl "liw" ac yn olaf ran ar gyfer y duon. Ac eto,
meddai, maen nhw i gyd yn neidio i'r un môr, sef môr India:
- efallai y dylai hwnnw gael ei gadw ar gyfer Indiaid yn
unig! Gwnaeth y pwynt gyda hiwmor, nid yn chwerw, ac
eto o fewn ei wlad roedd diwinyddion wedi dadlau ar dir
beiblaidd fod y du'n israddol i'r gwyn.

Roedd Pedr yn rhannu rhagfarn llawer o'i gyd Iddewon
yn erbyn cyfeillachu â'r Cenhedloedd. Y genedl ddewisedig,
etifeddion yr addewid a wnaethpwyd i'r Tadau, oedd ei
bobl ef. Daw ei weledigaeth fel her i safle arbennig ei bobl.

Yn yr un modd caiff cenedlaetholdeb cul, rhagfarn hiliol a phob gwahanu negyddol arall eu herio gan Dduw'n cynnig iachawdwriaeth i bawb. Fel y bu i'n ffydd Gristnogol ein harwain i herio drygioni apartheid yn Ne Affrica, felly dylai barhau i'n hysbrydoli i herio hiliaeth o fewn ein cymdeithas ein hunain ac i gwestiynu pob math arall o wahanu. Gan fod Duw'n faddeugar ac yn gariadlon, dylem ni geisio dangos maddeuant a chariad. Yng Nghrist mae gennym weinidogaeth y cymod.

"A thrachefn eilwaith meddai'r llais wrtho, 'Yr hyn y mae Duw wedi ei lanhau, paid ti â'i alw'n halogedig'." (10:15)

GWEDDÏAU

Annwyl Dduw,
    ti yw rhiant dy bobl oll, yn casglu dy blant o'th amgylch
        fel y bydd yr iâr yn casglu ei chywion.
    Un teulu ydym a down o hyd i'n brodyr a'n chwiorydd
        mewn llawer o wledydd ac yn siarad llawer iaith.
    Boed i gariad ein huno yn yr Arglwydd
        wrth inni ddangos consyrn
            a gofal y naill am y llall.

Greawdwr Dduw,
    mae'n dda gennym wrth gadeiriau a byrddau
        a gweddïwn am dy fendith ar wneuthurwyr dodrefn.
    Rydym yn ddiolchgar am lestri a chyllyll a ffyrc
        a gweddïwn dros grochenwyr a gweithwyr dur.
    Gwerthfawrogwn symudiad rhwydd ein ceir
        a gweddïwn dros y rhai sy'n eu gwneud.
    Bendithia â sgiliau a chrefft
        bawb sy'n gweithio gyda'u dwylo
            er lles pawb yn y gymuned.
    Boed i ni sy'n gweld harddwch dy gread o'n cylch
        ymhyfrydu wrth greu pethau cain a defnyddiol.

Annwyl Arglwydd,
  cynorthwya ni i lawenhau yn dy bresenoldeb.
    Y dydd hwn a phob dydd boed inni lawenhau.
  Oherwydd rwyt ti'n agos atom
    ac y mae dy bresenoldeb yn dwyn bendith.
  Pâr inni fod yn dyner wrth eraill
    fel yr wyt ti'n dyner tuag atom ni.
  Pâr inni roi heibio bob pryder a gofal
    gan ymddiried ynot ti am bopeth,
      a dod o'th flaen gyda'n deisyfiadau a'n diolch.
  Felly boed inni brofi trwy Grist Iesu dy dangnefedd dwyfol
    yr hwn sydd uwchlaw pob deall dynol.

YMATEB

A: Pan fydd y tywyllwch yn dwysáu
     yn nos erledigaeth a gormes
Y: *boed inni ganu'n llawen*
     wrth ddisgwyl gwawr rhyddhad.

Boed i chwi rannu heddwch y môr dwfn, tawel
Boed i chwi rannu heddwch y goedwig ddofn, ddistaw
Boed i chwi rannu heddwch tawelwch mewnol y cyfrinydd
Boed i chwi rannu heddwch y Tri Bendigaid
I dragwyddoldeb

DIWRNOD 54

Yn y llonyddwch addolwn Dduw
Yn y tawelwch canfyddwn ei bresenoldeb
Mae ei dangnefedd uwchlaw ein deall
Yn y llonyddwch addolwn Dduw

SALM YMATEBOL: 99:1-5

A: Y mae'r Arglwydd yn frenin,
cryna'r bobloedd;

Y: *y mae wedi ei orseddu uwch y cerwbiaid,*
ysgydwa'r ddaear.

A: Y mae'r Arglwydd yn fawr yn Seion,
y mae'n ddyrchafedig uwch yr holl bobloedd.

Y: *Bydded iddynt foli dy enw mawr ac ofnadwy -*
sanctaidd yw ef.

A: Un cryf sydd frenin; y mae'n caru cyfiawnder.
Ti sydd wedi sefydlu uniondeb;
gwnaethost farn a chyfiawnder yn Jacob.

Y: *Dyrchafwch yr Arglwydd ein Duw;*
ymgrymwch o flaen ei droedfainc - sanctaidd yw ef.

DARLLENIAD: Actau 10:34-48

MYFYRDOD

Achosodd Jacob lawer o broblemau wrth wneud Joseff, mab ei henoed, yn ffefryn iddo. Parodd y gôt amryliw i wyrddni cenfigen ddod i'r golwg yn ei frodyr, a chreodd y breuddwydion am fawredd gasineb chwerw tuag ato. Yn y pen draw, trwy ras Duw, daeth bendith fawr i'w bobl am iddo gael ei werthu'n gaethwas. Ond er gwaethaf hynny ni ddylem anghofio'r niwed a achosir gan ffafriaeth.

Nid oes gan Dduw ffefrynnau. Y mae ei blant yn ddu a gwyn. Maen nhw'n cynnwys bechgyn a genethod, dynion a merched. Mae'n arllwys ei roddion ar bawb yn ddiwahân, ac nid yw neb yn rhy isel i gael ei ddefnyddio'n offeryn ewyllys Duw. Rhaid inni gofio'r egwyddor hon ym mywyd ac yng nghymdeithas ein heglwysi. Nid y dysgedig,y cyfoethog a'r galluog yw'r unig rai â doniau i'w rhannu. Fe geir rhai sy'n gallu calonogi ac arwain, ac fe welir pob math o ddoniau ysbrydol eraill ymhlith y tlotaf a'r rhai lleiaf dysgedig o'n hamgylch. Rhaid rhoi mynegiant i'r holl ddoniau hyn yn ein bywyd cyffredin. Gall yr Ysbryd Glân syrthio ar bobl o bob cenedl a hil, ac felly rydym yn perthyn i'n gilydd wrth inni ddangos gallu a chariad Duw.

" 'Rwy'n deall nad yw Duw yn dangos ffafriaeth'. " (10:34)

GWEDDÏAU

Ysbryd Sanctaidd,
 tyrd i lawr fel y gwlith tyner o'r nefoedd;
  rhanna dy roddion ar hyd ac ar led.
 Bydded i'th ddawn iacháu gael mynegiant yn India;
 bydded i ddoniau dy ddoethineb gael eu clywed yn Rwsia;
 bydded i'th ddawn proffwydo barhau yn Nicaragua;
 bydded i'th ddawn dysg gael ei defnyddio yn America,
 a bydded iti ysbrydoli tafodau lawer yn Affrica.
 Tyrd i lawr, Ysbryd Sanctaidd,
 er mwyn inni drwy'r byd
 ddangos ffrwyth cariad, llawenydd a thangnefedd.

Anwylaf Iesu,
 roeddet yn falch o'n galw yn gyfeillion
 yn hytrach na gweision
 a rhoddi esiampl inni sut i groesawu'r dieithr
 a gwasanaethu pawb o bob gwlad a diwylliant.
 Diolchwn iti am amrywiaeth gyfoethog y diwylliannau

o fewn bywyd ein gwlad ac yn ein cymdogaeth.
Gweddïwn am dy fendith
    ar rai sydd newydd gyrraedd ein gwlad;
    gad iddynt deimlo fod yma groeso iddynt;
    pâr iddynt roi a derbyn wrth inni fyw gyda'n gilydd.
Boed inni agor ein dwylo a'n calonnau, bawb ohonom,
    i groesawu'r dieithr yn ein mysg,
    i gynnig cartref i'r mewnfudwr
    a lloches i'r ffoadur.

Dduw'r heddwch,
    cynorthwya ni i fynegi'r hyn sydd wir,
    i ddymuno'r hyn sydd aruchel,
    i ganlyn yr hyn sydd iawn,
    i ymhyfrydu yn yr hyn sydd bur,
    i lawenhau yn yr hyn sydd hardd,
    ac i geisio'r hyn sydd ganmoladwy.
Ac wrth wneud hynny gad inni weld
    dy fod ti'n ein hamgylchynu â'th dangnefedd
    o ddydd i ddydd.

YMATEB
A: Arglwydd, gad inni fod wedi'n gwreiddio'n ddwfn
    yn naear dy gariad
Y: *er mwyn inni ddwyn cynhaeaf toreithiog o dosturi*

Bydded i'r Tad a'ch gwnaeth eich arwain yn ei ffordd
Bydded i'r Mab sy'n eich caru eich ysbrydoli yn ôl y dydd
Bydded i'r Ysbryd sy'n eich llenwi ateb eich gweddi ddyfnaf
Bydded i'r Drindod Sanctaidd eich amgylchynu â'i ofal

DIWRNOD 55

Cymer oddi arnaf fy mhryderon oll
Tyn oddi wrthyf fy ngofalon
Cymorth fi i ymlacio yn dy bresenoldeb dwyfol
Tyrd, Ysbryd Sanctaidd, rho inni dy dangnefedd

SALM YMATEBOL: 100:1-3

A: Rhowch wrogaeth i'r Arglwydd, yr holl ddaear.

Y: *Addolwch yr Arglydd mewn llawenydd,*
dewch o'i flaen â chân.

A: Gwybyddwch mai'r Arglwydd sydd Dduw;
ef a'n gwnaeth, a'i eiddo ef ydym,

Y: *ei bobl a defaid ei borfa.*

DARLLENIAD: Actau 11:1-8

MYFYRDOD

Ambell dro bydd Duw'n rhoi cyfarwyddiadau clir a
phendant inni mewn bywyd, fel yn yr achos hwn pryd y
dywedodd wrth Bedr am beidio â gwrthod derbyn ymholwyr
o blith y Cenhedloedd. Roeddent hwythau hefyd i gael
cyfle i edifarhau a derbyn iachawdwriaeth yn rhodd gan
Dduw. Ac yntau mor sicr o air Duw, ni allai Pedr beidio ag
ufuddhau. Efallai mai felly y mae gyda ni. Pan fydd Duw'n
dangos yn eglur ein bod i ddilyn rhyw lwybr arbennig,
gwnawn hynny'n llawen. Ond mor aml nid yw'r cyfeiriad
yn glir. Gwelwn wahanol bosibiliadau o'n blaenau ac y mae
Duw'n ein gadael i weithio allan y llwybr cywir drosom ein
hunain. Perygl rhai Cristnogion yw bod yn rhy barod i gredu
y bydd Duw'n cyfarwyddo pob cam mewn bywyd, ac yn
rhoi datguddiad ar gyfer pob amgylchiad.

Mae bod yn ddisgybl yn golygu nid yn unig fod yn
agored i arweiniad Duw ond hefyd fod yn barod i

ddefnyddio'r gallu a'r crebwyll y mae wedi eu rhoi inni. Ar yr adegau hynny bydd arnom angen gwybodaeth fanwl o'r Beibl, synnwyr cyffredin, a pharodrwydd i benderfynu a gweithredu yn unol â meddwl ac ysbryd Iesu cyn belled ag y medrwn ddirnad hynny.

" 'Felly rhoddodd Duw i'r Cenhedloedd hefyd yr edifeirwch a rydd fywyd.' " (11:18)

GWEDDÏAU

Arglwydd Dduw,
  llefara wrthym
    fel wrth glywed dy Air y medrwn ymateb yn barod.
  Arwain ni drwy dy Ysbryd Glân
    er mwyn inni wneud y penderfyniadau iawn
      yng ngwasanaeth dy bobl
        ac yng ngwaith dy deyrnas.
  A phan nad yw'r cyfeiriad mor glir inni
    cymorth ni i lefaru a gweithredu
      ar sylfaen ffydd gadarn yn Iesu Grist ein Harglwydd.

Ysbryd Sanctaidd,
  mewn byd o elyniaeth a chasineb,
    ar adegau o ymryson a rhyfel,
    mewn mannau llawn trais a gelyniaeth,
    tyrd fel y tyner law o'r nef,
    gan droi dŵr anghydfod yn ffynnon gobaith,
    gan droi gelyniaeth yn gyfeillgarwch,
    casineb yn gariad ac anobaith yn llawenydd.

Arglwydd Iesu Grist,
  llawenhawn yng nghymdeithas y saint,
    gan ddiolch am ein gofal dros ein gilydd.
  Rwyt ti'n ein harwain yn ffordd y disgybl
    a gofynnwn iti ein gwneud yn fodlon

beth bynnag a ddaw;
pa un a gawn ein gostwng neu ein dyrchafu;
a fyddwn mewn digonedd neu newyn;
a fyddwn mewn llawnder neu dlodi;
   yn holl amgylchiadau cyfnewidiol bywyd
boed inni ganfod ein boddhad wrth dy ddilyn di
  gan wybod y medrwn wneud pob peth
    yn y nerth a roddi.

YMATEB

A: Pan ddaw merched a dynion ynghyd o bob cenedl

Y: *bydded inni ymuno â hwy mewn caneuon o ddathlu.*

Bydded i'r Tad rodio gyda chwi yn nhawelwch yr ardd
Bydded i'r Mab fynd gyda chwi ar ffordd Emaus
Bydded yr Ysbryd yn dywysydd i chwi ar ffordd Gasa
Bydded y Drindod Fendigaid, Dad, Mab ac Ysbryd,
gyda chwi ar ffordd y pererin

181

DIWRNOD 56

Gwea dy enw, Arglwydd, i'm meddwl
Gwea dy rym, Aglwydd, i'm bywyd
Gwea dy gariad, Arglwydd, i'm calon
Dduw'r gwehydd, bydded i edafedd ac anwe dy natur
ddwyfol batrymu fy mywyd er dy glod

SALM YMATEBOL: 100:4-5

A: Dewch i mewn i'w byrth â diolch,
    ac i'w gynteddau â mawl.
Y: *Diolchwch iddo, bendithiwch ei enw.*

A: Oherwydd da yw'r Arglwydd;
    y mae ei gariad hyd byth,
Y: *a'i ffyddlondeb hyd genhedlaeth a chenhedlaeth.*

DARLLENIAD: Actau 11:19-30

MYFYRDOD

Un o saint pennaf Siapan oedd Toyohiko Kagawa. Wedi cael tröedigaeth o Fwdhïaeth at Gristnogaeth, rhoddodd heibio fywyd o gyfoeth a chysur er mwyn dilyn dysgeidiaeth Iesu. Wrth wneud hynny, gwasanaethodd yn slymiau Kobe mewn ffordd a gostiai'n bersonol iddo,gan rannu ei gartref gyda'r amddifad. Ar yr un pryd cyhoeddai'r newydd da am gariad Duw yng Nghrist ar hyd ac ar led. Daeth llawer i gredu trwy ei bregethu.

Roedd ei ddull o ddwyn gweithredu cymdeithasol a phregethu efengylaidd at ei gilydd yn feiblaidd ac apostolaidd. Byddai'r disgyblion cynnar yn pregethu'r efengyl ag arddeliad ac eto'r un pryd yn ymroi i helpu'r anghenus, y newynog a'r tlawd. Yng Nghrist mae gennym gonsyrn dros bobl yn eu holl anghenion - corfforol, meddyliol ac ysbrydol. Nid pethau ymylol yw gwaith

Cymorth Cristnogol, CAFOD a sefydliadau tebyg ond yn hytrach mynegiant sylfaenol o'r ffydd Gristnogol, fel y dengys dameg y defaid a'r geifr. Mae'n arwyddocaol hefyd fod y rhestr o ddoniau'r Ysbryd sydd gan Paul yn Rhufeiniaid 12 yn cynnwys estyn cymorth a gweithredu mewn trugaredd. Mae'r Ysbryd Glân yn ein hannog i bregethu'r ffydd yn efengylaidd a gwasanaethu cymdeithas. Trwy gyfrwng y ddau fel ei gilydd yr ydym yn arddangos y ffydd Gristnogol.

"Penderfynodd y disgyblion, bob un ohonynt, gyfrannu, yn ôl fel y gallai fforddio, at gynhaliaeth y brodyr oedd yn trigo yn Jwdea." (11:29)

GWEDDÏAU

Dduw cariadlon,
  rwyt yn ein galw i'th wasanaethu mewn byd o angen.
Wrth inni fwydo'r newynog
  rydym yn offrymu bara i Grist yn yr anialwch;
  pan fyddwn yn helpu i suddo pydew
    ar gyfer pentref sychedig
  rydym yn offrymu cwpaned o ddŵr i Grist ar y groes.
Cynorthwya ni i weld ein bod ym mhob gofal a roddwn
  yn byw'r efengyl yn enw Iesu ein Gwaredwr.

Dduw'r trugaredd,
  down o'th flaen i ofyn dy faddeuant
    am ein bod yn gwybod
      mor aml yr ydym wedi methu yn dy olwg.
Creaist fyd llawn harddwch; rhoddaist baradwys i'th bobl.
  Ond ni fuom yn stiwardiaid da
    ar y ddaear a gawsom yn etifeddiaeth.
Mae'r afonydd wedi eu llygru;
  cafodd awyr ein dinasoedd ei hamhuro;
    caiff fforestydd eu dymchwel
      a thir ffrwythlon ei droi'n anialwch;

caiff anifeiliaid gwyllt eu hela
ac er mwyn porthi'n balchder a'n trachwant,
peryglir rhywogaethau cyfan.
Cymorth ni, Arglwydd,
i ofalu'n well am y byd a roddaist inni i'w fwynhau.

Arglwydd Dduw,
diolchwn iti am ein partneriaeth yn yr efengyl
â Christnogion mewn sawl gwlad.
Bydded inni galonogi'n gilydd
wrth inni roi a derbyn yn enw Crist.
Pan gaiff y newydd da ei gyhoeddi
daw pobl i gredu
ac ymuno yng nghymdeithas yr eglwys.
Diolchwn iti am fod yr eglwys yn tyfu
mewn rhannau o'r byd
a gofynnwn am ysbrydoliaeth a doniau ysbrydol
fel, mewn gair a gweithred,
y cawn ninnau hefyd gyhoeddi'r deyrnas.

YMATEB

A: Pan glywir cri'r weddw a'r amddifad yn ein tir
Y: *gwna ni'n barod i ymateb*
      â thrugaredd a chyda ffydd..

Fel y mae gronynnau'r tywod ar lan y môr yn aneirif
Fel y mae sêr y nefoedd yn fyrdd
Fel y mae defnynnau'r môr yn ddirifedi
Felly bydded i Dduw
eich bendithio'n helaeth, o ddydd i ddydd

DIWRNOD 57

Yn nhawelwch y bore
Yn nistawrwydd y dydd
Yn nhawelwch yr hwyrddydd
Clywaf lais Duw ac fe lawenha fy nghalon

SALM YMATEBOL: 102:1-2

A: Arglwydd, clyw fy ngweddi,
Y: *a doed fy nghri atat .*

A: Paid â chuddio dy wyneb oddi wrthyf
yn nydd fy nghyfyngder
Y: *tro dy glust ataf,*
brysia i'm hateb yn y dydd y galwaf.

DARLLENIAD: Actau 12:1-10

MYFYRDOD

Mi fedrwch adnabod y cymeriadau, oni fedrwch? Herod, Iago ac Ioan. Ai ynteu Hitler a Bonhoeffer sydd yma? Neu lywodraeth apartheid yn rhuo'n erbyn Tutu, Naude a Boesak? Neu saint Crist yng Nghanolbarth America a Dwyrain Ewrop yn dod wyneb yn wyneb â'u gormeswyr? Nid oes amheuaeth fyth ynghylch y canlyniad. Beth bynnag fo grym y gormeswr, bydd y rhai a erlidir yn canu emynau gorfoleddus. Beth bynnag am allu'r teyrn, para'r cyfiawn hyd y diwedd. Efallai y bydd rhai'n cael eu lladd ac yn ennill coron y merthyr; gall eraill dreulio blynyddoedd mewn carchar. Ond trwy'r holl dreialon bydd y rhai a erlidir yn edrych at Iesu am ysbrydoliaeth ac yn canfod bod yr Ysbryd Glân a addawyd yn eu galluogi i gadw'r ffydd a dathlu gyda cherddi llawen. Daethant yn galondid i'r holl eglwys. Rhaid inni i gyd ofyn faint mae'n ffydd yn ei olygu inni, ac a ydym yn barod i

wynebu'r pris am fod yn ddisgybl. Dylem ni hefyd
wynebu pob argyfwng yn y sicrwydd y bydd Duw yn
ein cynnal a'n harwain ac yn ein galluogi i gyflawni'n
tystiolaeth yn eofn ac yn llawen.

*"Felly yr oedd Pedr dan warchodaeth yn y carchar. Ond yr
oedd yr eglwys yn gweddïo'n daer ar Dduw ar ei ran"*.
(12:5)

GWEDDÏAU

Roedd dy bobl yn gweddïo, Arglwydd,
ac atebaist hwy â gwyrth.
Mae dy bobl yn gweddïo
a rhaid i ni fod yn effro a disgwylgar,
yn barod i gael ein hysgwyd gan wyrth,
ein herio â'th air, ein hysbrydoli â gweledigaeth
neu'n hatgyfnerthu wrth i'th Ysbryd ddisgyn arnom.
Oherwydd pan fyddwn ynghyd mewn gweddi
daw pethau mawr i fod.
Arglwydd, rydym yn credu; helpa di ein diffyg ffydd.

Ddwyfol Ysbryd,
dy rodd di yw heddwch.
Yr heddwch y gwyddom amdano
wrth gerdded ar lan y môr a'r tonnau'n cusanu'r traeth.
Yr heddwch y gwyddom amdano yng nghalon y goedwig
yn sŵn yr adar a'r brigau'n clecian.
Yr heddwch a ddaw atom
yn rhediad cyson rhaeadr yn llifo.
Yr heddwch a ddaw atom ar ben mynydd
pan fydd y cymylau'n cau amdanom ac aderyn yn gwibio
ymhell islaw.
A'r heddwch hwnnw sydd i'w gael yn rhuthr y ddinas
ac yng nghalon y ganolfan siopa.
Ddwyfol Ysbryd,

dy rodd di yw heddwch.
Dduw'r gras,
   helpa ni i ofalu am ein gilydd
      fel yr wyt ti'n gofalu amdanom ni.
Bydded i roddion ein tosturi fod yn offrwm persawrus,
   yn aberth derbyniol yn dy olwg,
      ein Duw a'n Tad;
      oherwydd dim ond ymateb a wnawn i'th gariad di
         sy'n cyfarfod â'n holl anghenion ni
            trwy'r golud gogoneddus a roddi inni yn Iesu Grist.

YMATEB

A: Pan fydd cymylau amheuaeth yn ymgasglu
     ar y gorwel pell
Y: *Gwasgara hwynt â mellt dy air.*

Bydded i'r Un Mawr sy'n fam ac yn dad
eich bendithio
Bydded i'r Gwas Dioddefus sy'n frawd ac yn chwaer
eich bendithio
Bydded i'r Ysbryd Mawr nad yw'n wryw nac yn fenyw
eich bendithio
Bendith y Drindod, y Dirgelwch Mawr,
fyddo'n eiddo i chwi yn awr a byth

DIWRNOD 58

Down oddi wrth sŵn a rhuthr
Trown oddi wrth ddadwrdd a phryder
Ceisiwn ein heddwch yng nghalon Duw
Cawn ein heddwch, cawn ein heddwch gyda thi, Arglwydd

SALM YMATEBOL: 102:18-22

A: Bydded hyn yn ysgrifenedig i'r genhedlaeth i ddod,

Y: *fel bod pobl sydd eto heb eu geni yn moli'r Arglwydd:*

A: ddarfod iddo edrych i lawr o'i uchelder sanctaidd,
      i'r Arglwydd edrych o'r nefoedd ar y ddaear,

Y: *i wrando ocheneidiau carcharorion*
      a rhyddhau'r rhai oedd i farw,

A: fel bod cyhoeddi enw'r Arglwydd yn Seion,
      a'i foliant yn Jerwsalem,

Y: *pan fo pobloedd a theyrnasoedd*
      yn ymgynnull ynghyd i addoli'r Arglwydd.

DARLLENIAD: Actau 12:11-19

MYFYRDOD

Medrwn fod yn bobl od iawn. Gweddïo am wyrth ac
yna rhyfeddu'n gegrwth pan fydd Duw'n ateb ein gweddïau!
Weithiau bydd pobl yn gweddïo gyda'i gilydd ar ran rhywun
sy'n ddifrifol wael ac eto'n dweud yr un pryd mor drist yw
gweld y diwedd mor agos. Ac eto bydd gwyrthiau'n
digwydd ym mhob cenhedlaeth. Caiff bywydau toredig eu
gwau at ei gilydd, afiechydon eu hiacháu, bydd cloffion yn
cerdded, a rhai a gollodd eu lleisiau'n eu cael drachefn.
Bûm yn dyst i amryw o'r achlysuron hyn fy hun. Unwaith,
gwelais ferch ifanc oedd yn ddall, mud a byddar fel

canlyniad i ddamwain yn cael adferiad golwg, clyw a
lleferydd o dan ddylanwad gweddi oedd fel blodyn yn
ymagor i'r haul. Clywais ddiolchgarwch gwraig oedd wedi
dod ymlaen gan bwyso ar ffrâm *zimmer* i dderbyn arddodiad
dwylo a gweddïau am iachâd. Ysgrifennodd i ddweud fel y
cafodd ei hiacháu ac y gallai gerdded yn awr am filltiroedd
heb boen.

Ambell dro nid yw'r iachâd yn llwyr. Ac eto y mae llu o
achlysuron pryd y ceir adferiad iechyd trwy weddi. Dylem
ddiolch i Dduw am hyn, yn ogystal ag am ran meddygon a
nyrsus yn y broses o iacháu. Clod i Dduw, ffynhonnell pob
bendith.

*"Yr oedd Pedr yn dal i guro, ac wedi iddynt agor a'i weld ,
fe'u syfrdanwyd".* (12:16)

GWEDDÏAU

Dduw Sanctaidd,
    maddau inni gynifer o weithiau rydym yn dy siomi.
Maddau i'r rheini mewn awdurdod sydd, oherwydd balchder,
    yn defnyddio'n hunanol y grym a ymddiriedwyd iddynt.
Maddau inni pan fyddwn yn methu ag adnabod dy lais,
    pan fyddwn yn gweddïo heb ffydd, neu'n byw heb sicrwydd.
Maddau inni a helpa ni i'th wasanaethu'n well yn y dyfodol
    gyda chymorth Crist ein Harglwydd.

Clywaf yng nghri plentyn dy lais di;
    gwelaf dy wyneb yn y rhychau ar wedd ffoadur oedrannus;
    gwelaf yn nwylo ceinciog yr hen addolwr croenddu
        dy ddwylo di, wedi eu creithio gan hoelion;
        llygaid brown cynnes yr hen greadur a gafodd ei fygio
    - dyna dy lygaid di'n troi at Pedr;
        yng nghri boenus offeiriad
            yn cael ei arteithio yn Nicaragua
        clywaf dy boen di wrth iti gael dy fflangellu;

yng ngwaedd y ferch sy'n dioddef trais
clywaf dy lais di yng ngardd Gethsemane;
a thrwy'r cenedlaethau, ym mhob cri a phob poen
fe'th glywaf di'n dioddef gwawd;
wynebau a lleisiau'r gorthrymedig
yw dy wyneb disglair di i mi.

Arglwydd ein Duw,
nid wyt yn siomi dy bobl.
Rwyt yn darparu ar gyfer ein holl anghenion
o gyflawnder dy ras
a gafodd fynegiant mor gyfoethog
yn Iesu Grist ein Harglwydd.
Cymorth ni i ymateb
trwy dy foli a'th ogoneddu o ddydd i ddydd.

YMATEB

A: Pan gaiff y ddaear galed ei thorri gan egin gwyrdd
       ac y bydd y blagur yn blodeuo
Y: *gwyddom fod gaeaf anobaith wedi darfod*
      a bod gwanwyn gobaith newydd wedi cyrraedd.

Bydded i'r Duw a wnaeth yr afonydd, y moroedd a'r eigion
eich bendithio
Bydded i'r Duw a wnaeth y meysydd, y bronnydd a'r
mynyddoedd
eich bendithio
Bydded i'r Duw a wnaeth bob creadur, yn wyllt a dof,
eich bendithio
Bydded i Dduw, Dad, Mab ac Ysbryd,
eich bendithio yn awr a byth

DIWRNOD 59

Dduw'r Creawdwr,
Ti yw heddwch ehediad y golomen
Ti yw llawenydd cân yr ehedydd
Ti yw llam gosgeiddig y carw
Ti yw cariad mam at ei mab

SALM YMATEBOL: 103:1-4

A: Fy enaid, bendithia'r Arglwydd,
a'r cyfan sydd ynof ei enw sanctaidd.

Y: *Fy enaid, bendithia'r Arglwydd,*
a phaid ag anghofio'i holl ddoniau:

A: ef sy'n maddau fy holl droseddau,
yn iachau fy holl afiechyd;

Y: *ef sy'n gwaredu fy mywyd o'r pwll,*
ac yn fy nghoroni â chariad a thrugaredd.

DARLLENIAD: Actau 13:1-12

MYFYRDOD

Gall pobl fynegi eu crefydd mewn gwahanol ffyrdd, a dyna a welwn yn y gwrthdaro rhwng y proffwydol a'r offeiriadol yn amser yr Hen Destament, a'r un modd yng nghyfnod y Testament Newydd rhwng y rhai oedd yn coleddu syniad cyfyng am Gristnogaeth a'r rhai oedd â syniad holl-gynhwysol. Fe'i gwelwn heddiw eto yn y gwrthdaro rhwng y rhai sy'n hoffi trefn a sefydlogrwydd a'r rhai y mae'n well ganddynt ddull penrhydd, pentecostaidd. Yn yr eglwys yn Antiochia gwelwn fywyd ysbrydol a gweddïgar sy'n galluogi'r pregethwyr i gael eu harwain gan yr Ysbryd Glân, a hwnnw'n dweud wrthynt am osod Barnabas a Saul ar wahân, ac yn arwain y ddau hynny wedyn yn eu cenhadaeth. Tra y gallwn elwa llawer ar drefniadaeth yr eglwysi

sefydliadol, rhaid inni wylio rhag gadael i hynny ddiffodd
yr Ysbryd na pheri bod yr aelodau'n llai abl i synhwyro
arweiniad yr Ysbryd ac ymateb iddo. Mewn cenhedlaeth
pryd y mae cymaint o frys ynghylch cenhadu, bydd Duw'n
siwr o godi efengylwyr a phroffwydi. Gall yr eglwysi
sefydliadol un ai fod yn rhan hanfodol o'r symudiad hwnnw
neu sefyll y tu allan iddo. Yr hyn yr ydym yn dystion iddo
yw gwaith Duw'n darparu'r offer ysbrydol ac yn grymuso
gwir eglwys Iesu Grist.

"Tra oeddent hwy'n offrymu addoliad i'r Arglwydd ac yn
ymprydio, dywedodd yr Ysbryd Glân, ' Neilltuwch yn awr i
mi Barnabas a Saul, i 'r gwaith yr wyf wedi eu galw iddo' ".
(13:2)

GWEDDÏAU
Ysbryd Glân,
    llefara wrth yr eglwys heddiw.
        Arwain ni yn ffordd y gwirionedd;
    darpara ni ar gyfer pob gwasanaeth;
        nertha ni yng ngwaith y genhadaeth;
        defnyddia ni yng ngwaith y deyrnas;
    anfon ni allan yn ddisgyblion i Iesu Grist
    a helpa ni i gyflawni'r cyfan a ymddiriedwyd inni
    er gogoniant Duw ein Tad.

Yn fy nghlust oddi mewn fe'th glywaf yn siarad;
    gyda'm llygad mewnol fe welaf dy wyneb;
    gyda'm cam dirgel fe'th ddilynaf;
        yn fy ngalon fewnol fe'th groesawaf.
Grist, bydd ynof ac o'm hamgylch,
        yn cerdded gyda mi, yn siarad gyda mi;
    Grist, dal fi; Grist, sbarduna fi,
        fy llawenydd, fy nhangnefedd, fy nghoron.

Annwyl Arglwydd,
  ein llawenydd a'n braint yw cael ein cyfrif gyda'r saint.
  Cyfarchwn ein gilydd fel chwiorydd a brodyr
    gan orfoleddu ein bod yn un teulu
      yn edrych atat ti, ein Gwaredwr a'n Harglwydd.
  Bydd gyda ni ym mhererindod ein ffydd.

GWEDDI'R ARGLWYDD

YMATEB

A: O doriad gwawr bob bore hyd at gysgodion nos
Y: *boed inni geisio cerdded gyda Duw*
    a gwneud ei ewyllys.

Bydded i strydoedd y ddinas gael eu llenwi â llawenydd
Bydded i dai'r ddinas atseinio â mawl
Bydded i bobl y ddinas ddangos cariad tuag at ei gilydd
Bydded i heddwch drigo yn y ddinas
ac i'r heddwch hwnnw fod yn eiddo i chwi

DIWRNOD 60

Yng nghalon y ddeilen, gwythiennau
Ar gledr y llaw, gwythiennau
Trwy'r gwythiennau, gwaed bywyd
Wedi'i dynnu o galon neu wreiddiau, cynhaliaeth
Wedi'i roi o ffynhonnell pob creadigaeth
Gwaed bywyd, cynhaliaeth bywyd

SALM YMATEBOL: 103:8,10-12

A: Trugarog a graslon yw'r Arglwydd,
     araf i ddigio a llawn ffyddlondeb.

Y: *Ni wnaeth â ni yn ôl ein pechodau,*
     ac ni thalodd i ni yn ôl ein troseddau.

A: Oherwydd fel y mae'r nefoedd uwchben y ddaear,
     y mae ei gariad ef dros y rhai sy'n ei ofni;

Y: *cyn belled ag y mae'r dwyrain o'r gorllewin*
     y pellhaodd ein pechodau oddi wrthym.

DARLLENIAD: Actau 13:13-33

MYFYRDOD

Wedi i gylch y blynyddoedd droi'n gyflawn daeth yn amser gwaredigaeth, ac anfonodd Duw ei Fab i fod yn Waredwr y byd. Ym mhob cenhedlaeth oddi ar hynny, y neges bwysicaf i'r Iddew a'r Cenedl- ddyn yw'r neges hon am waredigaeth. Pan ddaeth Iesu, roedd y byd mewn llanast. Roedd yna drais, creulondeb a dioddefaint. Roedd ymchwilwyr ysbrydol yn chwilio am faddeuant, am ffordd gwaredigaeth. Heddiw eto mae'r byd mewn cyflwr difrifol. Mae creulondeb a gormes lawn mor erchyll ag mewn unrhyw genhedlaeth o'r blaen; gyda chymorth datblygiadau technolegol tyfodd gallu dinistriol dyn i'r fath raddau nes peri fod difodiant y byd yn bosibilrwydd real. Cyhoedda'r hen grefyddau a llawer o'r sectau newydd eu llwybrau gwahanol tuag at iachawdwriaeth, ac weithiau maen nhw eu hunain wedi eu dal yn y cylch o drais sy'n ein hamgylchynu. Dyma ddyddiau i weddïo gyda'r eglwys fore, "Tyred, Arglwydd Iesu". O bosib fod graddfa'r dioddefaint yn arwydd o ryw derfyn yn hanes y byd a phwrpas Duw. O leiaf gallwn fod yn sicr o hyn. Rhaid i bobl heddiw, o bob cenedl a llwyth, glywed newydd da, ac y mae wedi ei grynhoi fan hyn - anfonwyd y neges hon o iachawdwriaeth inni oll. Caiff addewid Duw o brynedigaeth ei gyflawni yn Iesu, sydd trwy ei aberth yn ceisio tynnu pawb at Dduw. Dyma'r newydd - gadewch inni ymroi i'w rannu.

"I ni yr anfonwyd gair yr iachawdwriaeth hon." (13:26)

GWEDDÏAU

Annwyl Arglwydd Dduw,
  yr wyt i ni yn fam a thad, yn frawd a chwaer,
    yn dy ofal tyner a'th dosturi dwfn.
Rwyt yn gofalu amdanom hyd yn oed pan fyddwn yn teimlo
    nad ydym yn werth gofalu amdanom.
Wrth anfon dy Fab, Iesu, rhoddaist inni neges o galondid.
Ef yw dy Air, cyflawnder dy addewid;
    yn ei farw a'i gyfodi cynigir bywyd newydd i ni.
A ninnau wedi'n bendithio mor helaeth
    cynorthwya ni
      i gyhoeddi i eraill y fath neges o galondid
    er mwyn inni ddathlu gyda'n gilydd newydd da dy gariad.

Daliaf dy wahoddiad yn fy llaw, annwyl Iesu,
    cadwaf dy addewid yn fy nghalon.
Gwyddost fy anghenion; clywi fy nghri.
Rwyt yn derbyn fy nghynnig o'm bywyd;
    rwyt yn bendithio'r dyfodol fel y bendithiaist y gorffennol.

Yn hyn y caf fy nedwyddwch bythol a'm heddwch parhaol
dy fod ti gyda mi bob amser,
  y dydd hwn a hyd ddiwedd amser,
ac y byddi gyda mi yn llawenydd y nefoedd.

Wrth inni ddathlu mewn addoliad i'n Creawdwr
  cofiwn mewn llawenydd ein partneriaid yn yr efengyl.
Down o hyd i'n cymhelliad i garu eraill
  yng nghariad Iesu ein Gwaredwr.
Profwn yn Nuw y tangnefedd sydd goruwch pob deall,
  y tangnefedd sydd rhy ddwfn i eiriau.
Gan wybod ein bod wedi'n hamgylchynu
  gan gwmwl mawr o dystion, y saint ym mhob oes,
    gweddïwn y bydd gras ein Harglwydd Iesu Grist
      gyda ni oll.

YMATEB

A: O enedigaeth hyd farwolaeth,
    trwy holl gyfnewidiadau bywyd
Y: *Dduw sanctaidd, rwyt yn ein bendithio'n helaeth*
    o fawredd difesur dy gariad yng Nghrist.

Byddwch lonydd gan aros wrth Dduw
Bydded i dawelwch y Creadwr gau amdanoch
Bydded i dawelwch y Gwaredwr eich amgylchynu
Bydded i dawelwch y Cysurwr eich cwmpasu
Bydded i dawelwch y Tri bendigaid
eich amgylchynu hyd dragwyddoldeb

GWEDDÏAU'R PERERIN

Darlleniadau o Effesiaid. Bydd rhai'n cyfeirio ato fel "Brenin yr Epistolau", ac y mae'r llythyr hwn, gyda'i wirioneddau diwinyddol dwfn a'i ymadroddion soniarus, yn cynnig cymaint o her ac o ysbrydoliaeth i'r eglwys heddiw ag yr oedd i'r eglwys yn Effesus.

DIWRNOD 61

Caiff Duw ei foli gan y greadigaeth gyfan
Gan y planhigyn lleiaf sy'n sugno maeth o'r ddaear
Gan y ddeilen leiaf sy'n tynnu egni o'r haul
Gan y tendril manaf sy'n dwyn gwlybaniaeth at y ffrwyth
Clodforir enw Duw

SALM YMATEBOL: 103:15-18

A: Y mae dyddiau dyn fel glaswelltyn;
   y mae'n blodeuo fel blodeuyn y maes -
Y: *pan â'r gwynt drosto fe ddiflanna,*
   ac nid yw ei le'n ei adnabod mwyach.

A: Ond y mae ffyddlondeb yr Arglwydd
   o dragwyddoldeb i dragwyddoldeb
   ar y rhai sy'n ei ofni,
   a'i gyfiawnder i blant eu plant,
Y: *i'r rhai sy'n cadw ei gyfamod,*
   yn cofio'i orchmynion ac yn ufuddhau.

DARLLENIAD: Effesiaid 1: 1-2

MYFYRDOD

Mae Paul wedi ei rwymo wrth Dduw, a roddodd iddo'r hawl i fod yn Apostol i Grist. Mae hefyd wedi ei rwymo wrth bobl Effesus am eu bod yn un yn yr Arglwydd, yn un yn eu galwad, yn un mewn addoliad.

Wrth gyfarch yr eglwys yn Effesus mae Paul ar yr un pryd yn gweddïo am fendith fawr arnynt, a honno'n cael mynegiant yn y ddau air, gras a thangnefedd.

Gras - addfwynder, ysbrydoledd mewn cymeriad, agosrwydd at Dduw, perthynas serchus.

Tangnefedd - shalom sydd yn iechyd, lles, iachawdwriaeth,
heddwch, cyfanrwydd;
undod o ran lles corff, meddwl ac ysbryd.

Bydded gweddi Paul yn weddi drosom ni hefyd - gras a
thangnefedd - oddi wrth Dduw ein Tad a'n Harglwydd Iesu
Grist.

"Gras a thangnefedd". *(1: 2)*

GWEDDÏAU

Dduw sanctaidd,
gelwi ar dy bobl ym mhob cenhedlaeth
i ymddiried ynot
ac i fentro ymlaen mewn anturiaeth ysbrydol.
Rhown ddiolch i ti
am dy fod yn ein hanfon allan yn ddilynwyr i Iesu Grist
i weini ar yr anghenus ac i gyhoeddi newydd da.
Rho inni dy ras yn ein bywyd fel disgyblion
a'th dangnefedd yn dy wasanaeth.

Dduw'r Iachawdwr,
gweddïwn dros y rhai sy'n wael;
yn arbennig y rhai sy'n dioddef
oddi wrth afiechydon y cyhyrau
sy'n sugno'u nerth,
yn cyfyngu ar eu symudiadau
ac yn achosi poen ddychrynllyd iddynt.
Cadarnha hwy trwy dy bresenoldeb
a thrwy gymorth eu llu cyfeillion.
Arwain bawb sy'n ymchwilio i achosion y fath afiechydon
ac yn ceisio gwellhad iddynt.
Estyn dy law i i arwain, i fendithio,
i gynorthwyo ac i wella.

Yn yr un y ceir fy undod;
yn y ddau y rhwymir fy mherthynas;
yn y tri y llunir cymundod.
Tri yn un, dirgelwch dwysaf,
tyn fi i galon dy fod mewn trindod.

YMATEB

A: Rhoddi inni dy gariad yn rhad trwy dy ras
Y: Cymorth ni i ymateb heb gyfri'r gost.

Bydded i'r golofn o dân a fu'n arwain yr Israeliaid
fod yn dywysydd i chwi
Bydded i'r seren a ddisgleiriodd dros Fethlehem
fod yn dywysydd i chwi
Bydded i'r llais a lefarodd wrth Samuel
fod yn dywysydd i chwi
Bydded i'r llais a heriodd Paul
fod yn dywysydd i chwi
Bydded i'r Duw byw fod yn gydymaith i chwi
drwy gydol eich dyddiau

DIWRNOD 62

Bydded i chwi brofi bendith y glaw o'r nefoedd
Bydded rhychau'r meysydd yn llawn dŵr
Na fydded i'r nentydd sychu fyth
Bydded i'r afonydd lifo'n osgeiddig i'r môr

SALM YMATEBOL: 103:19-22
A: Gosododd yr Arglwydd ei orsedd yn y nefoedd,
ac y mae ei frenhiniaeth ef yn rheoli pob peth.
Y: Bendithiwch yr Arglwydd, ei angylion,
y rhai cedyrn sy'n gwneud ei air,
ac yn ufuddhau i'w eiriau.

A: Bendithiwch yr Arglwydd, ei holl luoedd,
ei weision sy'n gwneud ei ewyllys.
Y: Bendithiwch yr Arglwydd, ei holl weithredoedd
ym mhob man o dan ei lywodraeth.
Fy enaid, bendithia'r Arglwydd.

DARLLENIAD: Effesiaid 1:3-6

MYFYRDOD
Y mae Duw'n hael y tu hwnt i'n dychymyg ni. Rhydd inni
yng Nghrist bob dawn ysbrydol. Rydym fel pobl wedi'n
bendithio yn helaeth.

Ac rydym hefyd yn bobl etholedig. Wedi'n dewis ers
dechreuad amser. Dyma syniad aruchel. Cawn ein dewis
allan o amser, ac eto ar gyfer amser arbennig. Rydym yn
rhan o'r cynllun dwyfol, wedi ein bwriadu i fod yn bur, yn
gariadlon, yn blant i Dduw trwy Grist.

Yn Iesu fe dderbyniwn gymaint o fendithion ysbrydol, ac yn

eu plith faddeuant a rhyddhad oddi wrth gaethiwed a briwiau'r gorffennol. Rhodd rad Duw yw hyn oll. Ni all unrhyw beth a wnawn ennill ein rhyddid inni. Rhodd haelionus Duw ydyw, wedi ei chynnig yn rhad, trwy Iesu Tywysog cariad.

"Fe'n dewisodd yng Nghrist". (1:4)

GWEDDÏAU

Dduw a Thad ein Harglwydd Iesu,
rhown foliant iti
am yr holl fendithion yr wyt yn eu harllwys arnom,
yn arbennig dy roddion ysbrydol.
Mae dy bwrpas dwyfol yn cael ei weithio allan yn ein byd;
dewisaist ni yng Nghrist i fod yn weision iti;
dewisaist ni cyn bod amser i fyw bywydau duwiol.
Gan mai ein diben yw cael ein mabwysiadu
yn feibion a merched i ti trwy Iesu
cynorthwya ni i gyflawni dy bwrpas,
gan fyw er gogoniant i'th enw.

Bensaer Dwyfol,
molwn di am ryfeddod y greadigaeth,
am haul a lloer a sêr.
Cofiwn o'th flaen yr anturwyr hynny
sydd wedi torri llwybrau i'r planedau;
rho ddewrder a ffydd i'r gofodwyr hynny
sydd wedi teithio i'r lleuad
a wynebu peryglon mewn lleoedd pell.
Rho allu a dealltwriaeth
i'r rhai sy'n cynllunio ac adeiladu rocedau.
Wrth i'n dealltwriaeth o'r bydysawd ehangu
boed i'n gwybodaeth ohonot ti ddyfnhau.

Yn y tawelwch fe'th glywaf yn siarad, Arglwydd sanctaidd;

yn y distawrwydd profaf dy fodolaeth, Greawdwr cyfiawn.
Yn dawel, gallaf glywed eraill;
yn y tawelwch awn i gymundeb dwfn.
Pan fydd geiriau'n pallu a sŵn yn darfod,
yn y tawelwch fe'm hadnewyddir;
yn y llonyddwch arhosaf ynot ti.

YMATEB

A: Arglwydd Dduw,
nid oes ogoniant tebyg i ogoniant dy bresenoldeb,
na disgleirdeb i'w gymharu â goleuni dy fodolaeth;

Y: *felly llanw ni â'r tangnefedd sydd goruwch pob deall*
a chyfoethoga ni â'r llawenydd
sydd y tu hwnt i bob mynegiant.

Bydded i'r pryfed yn y pridd siarad wrthych am Dduw
Bydded i'r pysgod yn y môr siarad wrthych am Dduw
Bydded i adar yr awyr siarad wrthych am Dduw
Bydded i'r gwartheg yn y meysydd siarad wrthych am Dduw

DIWRNOD 63

Amethyst, glas fel lliw'r môr
Emrallt, gwyrdd fel y glaswellt yn y caeau
Garned, coch fel gwaed yn llifo'n rhydd
Gemau'r ddaear, gwerthfawr,
ond nid mor werthfawr â chariad Duw yng Nghrist

SALM YMATEBOL: 105:1-4

A: Diolchwch i'r Arglwydd. Galwch ar ei enw,
      gwnewch yn hysbys ei weithredoedd ymysg y
      bobloedd.

Y: *Canwch iddo, moliannwch ef,*
      dywedwch am ei holl ryfeddodau.

A: Gorfoleddwch yn ei enw sanctaidd;
      llawenhaed calon y rhai sy'n ceisio'r Arglwydd.

Y: *Ceisiwch yr Arglwydd a'i nerth,*
      ceisiwch ei wyneb bob amser.

DARLLENIAD: Effesiaid 1:7-10

MYFYRDOD

Ni sy'n methu, ond y mae Duw'n ffyddlon.
Ni sy'n syrthio'n fyr; nid fydd Duw byth yn methu'r marc.
Y mae ei gariad yn ymestyn tuag atom lle bynnag yr ydym;
er ein mwyn ni daw Duw'n feidrol yng Nghrist;
ynddo ef mae'n talu pris ein pechodau.
Fe'n prynir â phris uchel;
llifa gwaed Crist trwy amser a thragwyddoldeb
gan fod ei aberth dros byth.
Dyma gyfrinach, ond cyfrinach agored;
dyma ddirgelwch, ond un sydd i'w ddatgloi.

Dyma gynllun mawr Duw, ein rhyddhau o'r llyffetheiriau

sy'n ein cadwyno, a'n huno ag ef ei hun yn rhwymyn cariad,
un Duw, un bobl, un bydysawd, wedi eu huno trwy aberth,
wedi eu cydio mewn cariad. Mae'r holl fydysawd i gael ei
ddwyn ynghyd mewn cytgord trwy Grist. Am gwblhad
gwych i hanes y byd. Planed mewn heddwch; bydysawd
wedi ei gymodi; pobl mewn cytgord â'i gilydd ac â'r
greadigaeth.

"Hysybysodd i ni ddirgelwch ei ewyllys." (1:9)

GWEDDÏAU

Ar adegau, Arglwydd, mi wn imi dy adael i lawr.
Ond nid wyt yn fy ngadael i;
yng Nghrist rwyt yn cynnig maddeuant imi.
Trwy ei waed fe'n glanheir;
fe'n prynodd yn ôl am bris mawr.
Yn wir rwyt yn ein bendithio'n helaeth,
ymhell y tu hwnt i'n haeddiant.
Rwyt yn gweithio allan dy bwrpas
wrth i hanes oll symud tuag at ei ddiben mawr
pan fyddi'n dod â phob peth yn y nefoedd a'r ddaear
ynghyd yng Nghrist.

Arglwydd sanctaidd y greadigaeth,
clywir dy lais yn sŵn dyfroedd lawer;
clywir dy lais yng nghân adar lawer.
Diolchwn i ti am gerddoriaeth a cherddorion;
am y rhai y mae eu cyfansoddiadau'n ysbrydoliaeth;
am y rhai y mae eu canu ar offerynnau'n hyfrydwch;
am y rhai y mae eu lleisiau'n canu
yn dwyn dimensiwn newydd i fywydau eu gwrandawyr.
Bydded i'r rhai a fendithir â'r fath roddion
eu defnyddio er budd cyffredin.
Na fydded iddynt gamddefnyddio'r rhodd er elw ariannol

nac i greu propaganada dros achos drygionus.
Yn hytrach bydded iddynt fynegi cytgord,
cyfrannu tuag at heddwch yn ein byd
a rhoi mawl i ti.

Iesu,
roeddet yn llygad dy le;
mae fy ngolwg yn ardderchog
am weld brycheuyn yn llygad fy mrawd,
ond heb fod gystal i sylwi ar drawst yn fy llygad fy hun;
mae fy nghlyw yn ardderchog
am glywed geiriau gwarthus fy nghymydog,
ond yn fyddar i'm mân siarad niweidiol fy hun.
Rwyf gyda'r gorau am godi fy llais
pan fydd rhywun arall yn torri'r rheolau
ond mor dawedog ynghylch fy nghamwri fy hun.
Rho inni bob un ostyngeiddrwydd mawr
a pharodrwydd i gydnabod ein methiannau ein hunain
a sensitifrwydd uwch a pharodrwydd
i faddau camgymeriadau a methiannau ein cymdogion.

YMATEB

A: Mewn tlodi a chyfoeth, yn glaf ac yn iach,
       yn rhydd neu yn gaeth,
Y: *testun ein gorfoledd yw canu dy glod*
       a cherdded yn dy ffordd.

Bydded i'r Tad, Creawdwr y Cyfanfyd,
eich bendithio ym more oes
Bydded i'r Mab, Tywysog Tangnefedd,
eich bendithio ganol dydd fel disgyblion
Bydded i'r Ysbryd, Symbylwr a Chysurwr,
eich bendithio yn hwyrddydd oes
Bydded i'r Drindod Sanctaidd
fod gyda chwi yng nghodiad yr haul a'i fachlud

DIWRNOD 64

Bydded i'r gwynt yn eich wyneb eich adfywio
Bydded i'r haul uwchben eich cynhesu
Bydded i sêr y nos eich arwain
Bydded i gymylau'r awyr fod yn arwyddion o ogoniant Duw

SALM YMATEBOL: 106:1-3

A: Molwch yr Arglwydd.
       Diolchwch i'r Arglwydd, oherwydd da yw,
Y: *ac y mae ei gariad hyd byth.*

A: Pwy all draethu gweithredoedd nerthol yr Arglwydd,
       neu gyhoeddi ei holl foliant?
Y: *Gwyn eu byd y rhai sy'n cadw barn,*
       ac yn gwneud cyflawnder bob amser.

DARLLENIAD: Effesiaid 1:11-14

MYFYRDOD
    Yng Nghrist y derbyniwn ein hetifeddiaeth
    Yng Nghrist y gosodwn ein gobaith
    Trwy Grist yr addolwn Dduw
    Trwy Grist y clywn y gwirionedd
    Yng Nghrist y mae gennym iachawdwriaeth
    Yng Nghrist cawn ein selio â'r Ysbryd Glân
    Trwy'r Ysbryd yr awn i mewn i'n hetifeddiaeth
    Trwy'r Ysbryd y byddwn fyw fel disgyblion
    Trwy ras Duw yr awn i mewn i fywyd tragwyddol.

Dyma ein diben; yn hyn y mae ein diwedd. Yr Ysbryd Glân yw gwarant y cwbl a addawyd inni. Gan ein bod wedi derbyn rhodd yr Ysbryd Glân fe wyddom y byddwn yn mynd

i mewn i deyrnas nefoedd trwy Grist. Hyn yw ein newydd da; gorfoleddwn o'i rannu ag eraill.
"Efengyl eich iachawdwriaeth". (1:13)

GWEDDÏAU

Dduw Sanctaidd,
moliannwn di am ein bod wedi clywed gair y gwirionedd;
wedi derbyn newydd da yr iachawdwriaeth.
Rwyt wedi ein dewis yng Nghrist
a thrwyddo ef nid yw ein gobaith yn pallu.
Diolchwn iti am ein bod trwy Grist
wedi derbyn yr Ysbryd Glân a addawyd
yr hwn yw'n gwarant am wynfyd i ddod,
ein hetifeddiaeth trwy'r un Iesu Grist.

Dduw'r heddwch,
gweddïwn dros genedl Namibia.
Lle y bu sychder a newyn
caniatâ y bydd nentydd i adfywio a bwyd mewn digonedd.
Lle y bu gwahaniaethu
caniatâ y bydd cytgord rhwng hiliau.
Lle y bu rhyfel a thrais
caniatâ y bydd heddwch a chymod.
Mewn gwlad gyfoethog ei hadnoddau
gad i'r genedl annibynnol hon
fod yn fan lle rhennir consyrn a lle bod ymdrech o'r ddeutu
er lles y bobl.

Ar lawer achlysur, Arglwydd, bu yna ormod o eiriau.
Bu dy ddisgyblion yn dadlau ynghylch pwy oedd y mwyaf;
y Phariseaid yn dadlau ynghylch cadw'r Saboth;
gweinyddwyr y gyfraith braidd yn rhy barod
i gondemnio y wraig a ddaliwyd mewn godineb.
Cyffeswn, Arglwydd, ein bod wedi siarad gormod;

helpa ni i aros, i dynnu llinellau yn y tywod;
helpa ni i oedi, i'n rhoi ein hunain yn lle eraill;
helpa ni i fod yn dawel, er mwyn inni glywed.
A phan siaradwn,
helpa ni i fod yn feibion a merched anogaeth.

YMATEB

A: Yng ngoleuni pob bore newydd,
      yng ngobaith disglair pob dydd newydd

Y: *rwyt yn ein llenwi â gorfoledd wrth fyw*
      a boddhad wrth gyflawni ein hamcanion.

Bydded i fendith yr Un fod gyda chwi yn eich unigedd
Bydded i fendith y Tri fod gyda chwi mewn cymuned
Bydded i fendith y Creawdwr eich adnewyddu fel disgyblion
Bendith y Tad, y Mab a'r Ysbryd
a'ch cadwo yng nghymundeb y saint.

DIWRNOD 65

Gwair yn plygu o flaen y gwynt
Coed yn plygu drosodd o flaen y corwynt
Cymylau'n hedfan ar draws yr awyr o flaen y storm
Dduw'r greadigaeth, Arglwydd yr awyr, bydd gyda ni

SALM YMATEBOL: 107:1,29-32

A: Diolchwch i'r Arglwydd, oherwydd da yw
Y: *ac y mae ei ffyddlondeb dros byth.*

A: gwnaeth i'r storm dawelu,
    ac aeth y tonnau'n ddistaw
Y: *yr oeddent yn llawen am iddi lonyddu,*
    ac arweiniodd hwy i'r hafan a ddymunent.

A: Bydded iddynt ddiolch i'r Arglwydd am ei ffyddlondeb,
    ac am ei ryfeddodau i blant dynion.
Y: *Bydded iddynt ei ddyrchafu yng nghynulleidfa'r bobl,*
    a'i foliannu yng nghyngor yr henuriaid.

DARLLENIAD: Effesiaid 1:15-23

MYFYRDOD

Gadewch i'r geiriau hyn lefaru wrthych chi
ac wrth eich cynulleidfa:
Clywir am eich ffydd gan yr eglwys fydeang;
Mae'r cariad a ddangoswch tuag at bobl Dduw'n galondid;
gweddïir drosoch mewn llawer man
lle maent yn offrymu diolch am eich gwaith a'ch tystiolaeth.
Bydded i Grist roi i chwi ddoethineb a gweledigaeth
Gyda'ch llygad oddi mewn bydded i chwi weld ei oleuni
Na foed i'ch gobaith bylu byth
Bydded i chwi fynd i mewn i'ch etifeddiaeth ysbrydol fawr

Bydded i chwi dynnu ar adnoddau enfawr y gallu dwyfol
Bydded i Dduw a gododd Grist a'i ddyrchafu
weithio'n rymus ynoch chwi a thrwoch
Bydded i Dduw a ddarostyngodd bob peth i Grist
eich gwneud yn un gydag ef yng nghymdeithas yr Eglwys.

"Aruthrol fawredd y gallu sydd ganddo". (1:19)

GWEDDÏAU

Aruthrol yn wir, Dad gogoneddus, yw dy allu mawr
a rhyfeddol y tu hwnt i gymhariaeth
dy gariad tuag at dy bobl.
Rwyt yn ein grymuso gyda'th allu mawr
er mwyn i ni dystio nid yn ein gwendid
ond yn dy nerth di.
Dy allu di a gododd Iesu o farwolaeth
a'i osod ar dy ddeheulaw.
Yn yr un grym rwyt yn ein hanfon allan
i iacháu'r cleifion, i weini ar yr anghenus
ac i gyhoeddi newydd da i'r tlodion.

Dduw sanctaidd,
gweddïwn dros y rhai sy'n ein diddanu fel actorion.
Trwy gyfrwng y ffilmiau a'r dramâu a welwn
cawn ein herio, ein hysbrydoli, ein helpu a'n harwain.
Weithiau achosir inni deimlo'n ofnus neu'n drist;
yn aml cawn ein difyrru a'n cysuro.
Bydded i'r actorion
gyflawni eu gwaith creadigol gydag ymroddiad,
heb fyth ddifrïo eu chwarae na sarhau eu gweithgarwch
ond yn hytrach roi gogoniant i ti
gyda chymeriadau wedi eu cyflwyno'n dda
er mwyn dysgu a difyrru.

Waredwr cariadlon,
dygwn i gof gyda diolch ymchwil ysbrydol Nicodemus
a ddaeth atat lliw nos yn ceisio ffordd y bywyd.
Dysgaist iddo
fod yn rhaid i bob un gael genedigaeth ysbrydol,
wedi ei eni o ddŵr a'r Ysbryd.
Ceisiwn ninnau hefyd adnabod y llwybr ysbrydol.
Fel y bu inni dderbyn dŵr y bedydd
felly hefyd o gael ein bedyddio â'r Ysbryd Glân
bydd inni dderbyn doniau'r Ysbryd
a dangos ffrwyth yr Ysbryd
er gogoniant Duw ein Tad.

YMATEB

A: Arglwydd Dduw, pan na chyflawnir ein gobeithion
      ac y bydd cyfeillion yn ein gadael i lawr
Y: *rwyt ti bob amser wrth law i'n cysuro a'n calonogi.*

Bydded i chwi gael eich bendithio gan Dduw Moses
a dystiodd mewn rhyfeddod i'r berth yn llosgi
Bydded i chwi gael eich bendithio gan Dduw Moses
a lefarodd air Duw'n eofn wrth Pharo
Bydded i chwi gael eich bendithio gan Dduw Moses
a arweiniodd ei bobl i Wlad yr Addewid

DIWRNOD 66

Tyr y blodeuyn drwy'r tir caled wrth ymestyn at y golau
Tyf yr ŷd yn araf tua'r haul cynnes
Estyn y goeden ei changhennau'n uchel tua'r awyr
Yr un modd mewn gweddi
ymestynnwn yn ddisgwylgar at Dduw

SALM YMATEBOL: 108:1-5
A: Y mae fy nghalon yn gadarn, O Dduw,;
fe ganaf, a rhoi mawl
Y: Deffro, fy enaid.
Deffro di, offeryn a dectant, a thelyn.
Fe ddeffroaf ar doriad gwawr.

A: Rhof ddiolch i ti, O Arglwydd, ymysg y bobloedd,
Y: a chanmolaf di ymysg y cenhedloedd,

A: oherwydd y mae dy gariad yn ymestyn hyd y nefoedd,
a'th wirionedd hyd y cymylau.
Y: Dyrchafa'n uwch na'r nefoedd, O Dduw,
a bydded dy ogoniant dros yr holl ddaear.

DARLLENIAD: Effesiaid 2:1-7

MYFYRDOD
Ni sy'n dewis ffordd bywyd neu ffordd marwolaeth. Mae
llawer yn dewis marwolaeth, wedi eu gyrru ymlaen gan
ysbryd negyddol ein cenhedlaeth, yn well ganddynt nwyd,
chwant a thrais. Mae'r ffordd honno'n arwain i lawr at
ddifancoll. Ond yn ei gariad mawr mae Duw yn ceisio'n
tynnu o afael marwolaeth a pheri inni fyw eto gyda Christ.
Er inni ddewis ffordd marwolaeth yn y pethau a wnawn,
mae Duw'n ein codi gyda Christ i eistedd gydag ef yn y

deyrnas nefol. Dyma gariad yn wir sy'n ein codi o ddyfnderoedd mor isel i ymgyrraedd at y fath uchelderau. Ac eto ni bïau'r dewis - gallwn dderbyn neu wrthod y ffordd i'r bywyd.

"Yn fyw gyda Christ". (2:5)

GWEDDÏAU

Arglwydd Dduw,
nid yw dy gariad mawr tuag atom yn methu byth;
pan oeddem ni'n feirw yn ein camweddau,
fe'n gwnaethost yn fyw yng Nghist.
Does yna ddim o'n gweithredoedd
y medrwn ymfalchïo ynddynt;
yn hytrach trwy'r gras a roddwyd mor rad
cawn ein hachub yng Nghrist.
Diolch fo i ti, f'annwyl Arglwydd,
am roddion cyfoethog dy drugaredd.

Iesu'r Iachawr,
gweddïwn dros bawb sy'n dioddef o ran corff neu feddwl,
yn arbennig dros rai sy'n dioddef anhwylderau nerfol
sy'n peri iddynt deimlo anobaith yn y dydd,
gael breuddwydion brawychus yn y nos
ac amau a fedrant ymdopi gyda'r dyfodol.
Gosod dy law yn eu llaw.
Rho gymorth iddynt trwy dy ras
ac iachâd trwy dy nerth.
Arwain a galluoga'r rhai
sy'n gofalu am ddioddefwyr o'r fath
er mwyn iddynt fod yn dosturiol ac amyneddgar
gan ddefnyddio'r dulliau priodol
i hybu adferiad iechyd.

Greawdwr,

diochwn i ti am fyd mor amrywiol ei brydferthwch;
pelydrau'r haul wedi eu hadlewyrchu ar bibonwy disglair
ac ar wyneb rhewllyd llyn fel drych;
eira'n lluwchio'n ddwfn ar y bronnydd
ac esgyrn eira ar ganghennau'r coed.
Dyma ryfeddod y gaeaf mewn plu eira a rhew.
Dyma harddwch dy greadigaeth, Arglwydd yr eira.
Diolchwn i ti am blaned sy'n llawn harddwch.

GWEDDI'R ARGLWYDD

YMATEB

A: Mae yna adegau pan fyddwn yn teimlo'n unig
hyd yn oed mewn tyrfa.

Y: *Ond nid wyt ti, Arglwydd, yn ein gadael byth;*
arhosi'n ffyddlon trwy flynyddoedd ein pererindod.

Bydded i'r haul fwrw ei lewyrch arnoch
Bydded i'r awelon chwythu'n ffres o'ch amgylch
Bydded i gawodydd digonol o law syrthio arnoch
Bydded i'r Drindod Sanctaidd
eich bendithio o ddydd i ddydd.

DIWRNOD 67

Gwisgir y canghennau coch â dail gwyrdd ysgafn;
mae'n wanwyn
Newidia'r gwyrdd ysgafn yn wyrdd tywyll; mae'n haf
Try'r gwyrdd yn aur; mae'n hydref
Cwymp y dail, mae'r canghennau'n noeth; mae'n aeaf
Trwy holl gyfnewidiadau'r tymhorau
mae sudd bywiol Duw'n llifo trwom

SALM YMATEBOL: 111: 1-4

A: Molwch yr Arglwydd.
Diolchaf i'r Arglwydd â'm holl galon
yng nghwmni'r rhai uniawn, yn y gynulleidfa.

Y: *Mawr yw gweithredoedd yr Arglwydd,*
fe'u harchwilir gan bawb sy'n ymhyfrydu ynddynt.

A: Llawn anrhydedd a mawredd yw ei waith,
a saif ei gyfiawnder am byth.

Y: *Gwnaeth inni gofio ei ryfeddodau;*
graslon a thrugarog yw'r Arglwydd.

DARLLENIAD: Effesiaid 2: 8-10

MYFYRDOD

Ym mywyd ffydd mae yna osodiad, gwrthosodiad a
chyfosodiad. Mae popeth yn llaw Duw, wedi ei ddal ynghyd
yn ei bwrpas goruwchlywodraethol. Trwy ras daionus Duw
rydym yn profi iachawdwriaeth. Ni raid i ni ond rhoi'n ffydd
ynddo ef. Ac eto Duw a'n gwnaeth; gwaith ei law ydym,
ac y mae ei bwrpas ar ein cyfer yn golygu ein bod yn gweithio
dros bopeth sy'n dda, yn bur ac yn gyfiawn. Felly fe'n gelwir
i weithredoedd da ac y mae'r rhain yn rhan o bwrpas
tragwyddol Duw. Ac eto ni ddaw ein hiachawdwriaeth trwy

weithredoedd da yn y diwedd ond trwy ffydd yng ngras a chariad Duw.

"Trwy ras yr ydych wedi eich achub, trwy ffydd".   (2:8)

GWEDDÏAU

Arglwydd Dduw,
dy greadigaeth di ydym,
wedi ein gwneud ar gyfer gweithredoedd da;
felly boed inni droi ein dwylo at yr hyn sydd dda.
Dy grefftwaith di ydym, wedi ein creu i gyflawni dy bwrpas;
felly pâr ein bod ar gael i wasanaethu dy deyrnas.
Cynigiwn ein hunain i ti, yn arw fel yr ydym;
llunia ni; mowldia ni'n gelfydd;
gad i'r hunan newydd ddatgan dy glod,
trwy Iesu Grist ein Gwaredwr.

Arglwydd y cyfanfyd,
gweddïwn dros rai sydd yn eu gwaith beunyddiol
yn astudio dy greadigaeth.
Arwain y seryddwyr sy'n enwi'r sêr
ac yn mesur eu pellter o'r ddaear
gan nodi cwrs y planedau.
Bydded i'r rhyfeddodau a welant drwy eu telisgobau
godi arswyd dwfn arnynt
wrth iddynt fyfyrio ar dy greadigaeth.

Gwthia blagur drwy'r ddaear galed;
ymwisga'r canghennau mewn gwyrdd
a thorri allan yn flodau amryliw.
Bydd galwad y gog yn croesawu'r gwanwyn
wrth i'r gaeaf farw ac i ddŵr fyrlymu o'r bryniau.
Prancia anifeiliaid yn llon, wedi eu rhyddhau o'u hirgwsg
a bydd dinasoedd yn llawenhau yn y gwanwyn
ar ôl hirlwm y gaeaf.

217

Arglwydd y tymhorau,
rhown ddiolch iti am ffresni a lliw'r gwanwyn.

YMATEB

A: Arglwydd Dduw, mae adar yr awyr , pysgod y môr
a holl anifeiliaid y maes yn cyhoeddi dy enw.

Y: *mae'r holl greadigaeth, haul, lloer a sêr*
a phopeth ar y blaned hon
yn uno mewn cân o fawl i roi gogoniant i ti..

Bydded i chwi gael eich bendithio â dewrder fel Abraham
wrth i chwi ymdeithio mewn ffydd
Bydded i chwi gael eich bendithio â gweledigaeth fel Jacob
pan welodd yr ysgol o'r ddaear i'r nef
Bydded i chwi gael eich bendithio â doethineb fel Joseff
a ddaeth yn fendith i'w bobl
Bydded i chwi gael eich bendithio gan Dduw,
creawdwr nefoedd a daear

DIWRNOD 68

Mae'r pridd cyfoethog, wrth ddal dŵr, yn cynnal y
gwreiddiau;
mae'r gwreiddiau, wrth ymestyn allan
gan sugno maeth a dŵr, yn cynnal y bôn;
y bôn, gan dynnu ar y gwreiddiau, sy'n cynnal y canghennau.
Mae'r holl blanhigyn, gwraidd, bôn a changhennau,
yn rhoi gogoniant i Dduw'r Creawdwr

SALM YMATEBOL: 112:4-6
A: Fe lewyrcha goleuni mewn tywyllwch i'r uniawn;
Y: *y mae'r cyfiawn yn raslon a thrugarog.*

A: Da yw i ddyn drugarhau a rhoi benthyg,
Y: *a threfnu ei orchwylion yn onest;*

A: oherwydd ni symudir ef o gwbl,
Y: *a chofir y cyfiawn dros byth.*

DARLLENIAD: Effesiaid 2:11-22

MYFYRDOD
Heb Grist, beth ydym ni?
pobl wedi ymddieithrio oddi wrth Dduw,
cenedl heb addewidion;
pobl heb obaith, wedi ein gadael.
Gyda Christ, beth fyddwn ni?
pobl agos at Dduw;
pobl a gafodd dangnefedd;
pobl wedi ein cymodi â Duw ac â'n gilydd.
Sut y daw'r adnewyddiad hwn?
Trwy Grist, ein tangnefedd ni;
yr hwn sy'n chwalu pob gwahanfur

ac yn goresgyn pob deddf,
er mwyn ein dwyn i gytgord eang trwy'r groes.
Dyma ddatganiad gwir heddwch
i bobl ym mhob oes ac ym mhob man
wedi eu dwyn at y Tad yng Nghrist drwy'r Ysbryd.
Yn wir, felly, yng Nghrist
safwn ochr yn ochr â'r saint,
adeiladwn ar sylfaen yr apostolion,
down yn drigfan yr Ysbryd Glân.

"I wneud heddwch". (2:15)

GWEDDÏAU

Arglwydd Iesu Grist,
ti yw ein heddwch;
pan fydd drwgdeimlad yn dod rhyngom â'n cymdogion,
pan fydd gwahaniaethau'n difetha cyfeillgarwch,
pan fydd gelyniaeth yn sefyll rhwng cenhedloedd,
rwyt ti'n chwalu'r muriau,
rwyt yn ein huno.
Trwy dy groes rwyt yn ein cymodi â Duw
a'n dwyn i gytgord â'n gilydd.
Arglwydd Iesu,
ti yw ein heddwch.

Arglwydd sanctaidd,
fe'n creaist i fyw'n gytûn
gan ofalu am ein gilydd yn un teulu o genhedloedd.
Gweddïwn dros holl arweinwyr
cenhedloedd y byd.
Gweddïwn yn arbennig dros arweinwyr gwleidyddol
iddynt fod yn ddynion a merched o farn aeddfed,
o safonau moesol uchel ac ymrwymiad cymdeithasol.
Bendithia hwy â doethineb a dealltwriaeth
fel y cawn ein harwain yn ffyrdd heddwch

ac y ceisiwn sefydlu cyfiawnder
dros holl genhedloedd y ddaear.

Dyddiau haf, yn boeth a diog, a murmur gwenyn
ac amrywiol alwadau llu o adar,
y cnydau'n ysblennydd yn y meysydd
a'r ffermwyr yn brysur o gwmpas eu gwaith.
Rhedodd y nentydd yn sych; llosgwyd y rhosydd yn gols;
a'r mwyalch yn ddiwyd yn y llwyni.
Diolch iti, Dduw'r nefoedd a'r ddaear,
am harddwch a gwres yr haf.

YMATEB

A: Arglwydd, pan fyddi'n cerdded gyda'th saint
ar ffordd y pererin
Y: *gwyddom dy fod wrth ein hochr ,
yn tywys ein camre ar ffordd heddwch.*

*Bydded tân brwdfrydedd yn eich calon
Bydded doethineb yr Ysgrythur yn eich meddwl
Bydded llawenydd yr Ysbryd yn eich bywyd
Bydded heddwch y Mab o'ch amgylch yn wastad
Bydded cariad y Tad yn cau amdanoch hyd byth.*

DIWRNOD 69

Cymylau duon, yn fygythiol ac eto'n llawn addewid
Glaw sy'n dwyn bywyd, yn syrthio fel llen o'r awyr
Nentydd a ffrydiau'n llifo i afonydd
a'r afonydd yn rhedeg yn osgeiddig i'r môr.
Gweli rodd Duw yn nŵr bywyd

SALM YMATEBOL: 113:1-3
A: Molwch yr Arglwydd.
Molwch, chwi weision yr Arglwydd,
molwch enw'r Arglwydd.
Y: Bendigedig fyddo enw'r Arglwydd
o hyn allan a hyd byth.

A: O godiad haul hyd ei fachlud
Y: bydded enw'r Arglwydd yn foliannus.

DARLLENIAD: Effesiaid 3:1-6

MYFYRDOD
Geilw Duw arnom i fod yn stiwardiaid,
ac i'n gofal ni y mae'n ymddiried gair y bywyd,
dirgelwch datguddiad Duw,
datganiad y newydd da am Grist
trwy ysbrydoliaeth yr Ysbryd Glân.
Am fraint! Am gyfrifoldeb!
Yn awr, i chwi sy'n clywed y geiriau hyn dywedwn,
A ydych wedi ymateb i'r newydd da
ac a ydych yn barod i rannu ag eraill
ddirgelwch cariad Duw yng Nghrist
sy'n agored i bob un?

"Cynllun gras Duw." (3:2)

GWEDDÏAU

Dduw doeth a chariadlon,
rwyt yn datguddio i'th bobl ddirgelwch y greadigaeth
ac yn hysbysu i ni gyfrinach dy bwrpas.
O ddyfnder a lled dy gariad
rwyt yn gwaredu pob cenedl ar y ddaear.
Rwyt yn caru dy bobl etholedig, yr Iddewon,
ac i'w mysg y ganed Crist;
rwyt yn caru'r holl Genhedloedd,
gan alw ar dy bobl i ymateb i alwad y Bugail.
Cynorthwya ni i rannu'r gyfrinach agored
dy fod wedi anfon Iesu i'r byd
er mwyn tynnu pawb atat dy hun trwy ei aberth mawr.

Dduw'r moroedd a'r eigion,
gweddïwn dros bawb y mae eu gwaith
yn eu cario mewn cychod a llongau
ar draws y moroedd llydan.
Gweddïwn yn arbennig
dros rai sy'n plymio i waelod y môr
ac yn gweld yr harddwch
sydd wedi ei guddio o dan y tonnau
ond sydd hefyd yn wynebu peryglon yn y dyfroedd dyfnion.
Bydded iddynt ddangos dewrder
a medr yn yr hyn oll a wnant.
Bydded i'w hymchwiliadau a'u darganfyddiadau
fod er lles y ddynoliaeth ac wedi eu cyflawni'n sensitif
rhag difetha'r rhywogaethau sy'n byw yn y moroedd.

Gwelwn y coed wedi eu gwisgo'n wych yn gynnes-goch,
yn felyn, aur, llwytgoch a choch llachar.
Gwelwn y gweunydd yn troi'n hydrefol
a chlywn gân yr adar fel simffoni.
Diflannodd gwres yr haf

ond yn y myllder mae natur yn gwisgo gwisg yr hydref.
Rhown ddiolch a chlod iti, Dduw'r greadigaeth,
am raslonrwydd hydrefol diwrnod arall.

YMATEB

A: Pan fydd y môr yn codi a'r daran yn bygwth
Y: Rwyt ti, Arglwydd Dduw, yn ein dwyn i hafan ddiogel.

Bydded i gân yr eos ddwyn bendith i chwi
Bydded i ehediad y golomen ddwyn bendith i chwi
Bydded i gân yr ehedydd ddwyn bendith i chwi
Bydded i Greawdwr mawr popeth byw
eich bendithio'n awr a byth

DIWRNOD 70

Croesawn y wawr, yr haul yn codi mewn gogoniant
i gyhoeddi diwrnod newydd
Llawenhawn ganol dydd, bendith gwaith a hamdden
Bodlonwn gyda'r machlud gan groesawu awr gorffwys
Dduw'r dydd a'r nos, bydd gyda ni yn ein gweithio a'n cysgu

SALM YMATEBOL: 115:12-15

A: Y mae'r Arglwydd yn ein cofio ac yn ein bendithio;
Y: *Fe fendithia dŷ Israel, fe fendithia dŷ Aaron,*

A: Fe fendithia'r rhai sy'n ofni'r Arglwydd,
Y: *y bychan a'r mawr fel ei gilydd*

A: Bydded yr Arglwydd yn eich amlhau,
chwi a'ch meibion hefyd.
Y: *Bydded ichwi gael bendith gan yr Arglwydd*
a wnaeth nefoedd a daear.

DARLLENIAD: Effesiaid 3:7-10

MYFYRDOD

Mae yna rym yn y cyhoeddiad am newydd da Duw;
mae yna ddoethineb yng nghynllun achubiaeth mawr Duw.
Fe gymer bobl gyffredin a'u gwneud yn anghyffredin;
fe gymer y lleiaf o blith ei bobl i gyflawni'r dasg fwyaf un,
sef pregethu i'r holl genhedloedd anchwiliadwy olud Crist.
Mae gan Dduw ei bwrpas mawr ar gyfer y byd;
cafodd dirgelion a chyfrinachau eu cuddio am genedlaethau.
Yna daw'r amser i wneud pob peth yn hysbys.
Yn awr mae yna dasg ar gyfer yr Eglwys,
i gyhoeddi pwrpas dwyfol Crist
i bob cenedl, tywysogaeth a gallu drwy'r cyfanfyd.

A ydych yn barod i gael eich defnyddio
ar gyfer cynllun mor fawr a gogoneddus?

"Anchwiliadwy olud Crist". (3:8)

GWEDDÏAU

Arglwydd Iesu,
 rwyt yn galw arnom i fod yn weision
  ac fe gawn ynot ti ein hysbrydoliaeth a'n hesiampl
   oherwydd gweini a wnaethost ti ar dy ddisgyblion
   a phawb o'th amgylch.
Dangosi ffordd gostyngeiddrwydd inni
 gan iti ddod o'r nefoedd i fod yn un ohonom;
helpa ni i fod yn ostyngedig yn ein hymwneud ag eraill
 gan fod y cyfan y medrwn ei roi a'i wneud mor fychan
  wrth ochr dy gariad rhyfeddol.
Rwyt yn ein breintio gymaint fel pobl
 wrth ymddiried i ni y gwaith
  o gyhoeddi newydd da yr iachawdwriaeth i'r holl bobloedd.
Na foed inni wneud yn ysgafn o'r fath fraint;
 bydded inni gael boddhad wrth wneud dy ewyllys.

Arglwydd y Ddawns,
 diolchwn am iti sefyll wrth ein hochr ar y ddaear
  ac am iti ymwneud â phobl gyda hiwmor a chwerthin.
Rho ras ac arweiniad dy Ysbryd Glân
 i'r rhai sy'n diddanu eraill mewn cymdeithas.
Gweddïwn dros y clown
 sy'n dwyn lliw a llawenydd i'n mysg;
gweddïwn dros y pypedwr
 sy'n dwyn hapusrwydd i gymaint o blant.
Llawenhawn am fod cymaint o'r plentyn
 ym mhob un ohonom, 'waeth pa mor hen nac ifanc.
Gwna ni'n ffyliaid drosot ti,
 yn cyhoeddi efengyl lawen dy gariad

nes dwyn llawenydd i fywydau llawer.

Ti yw fy Mugail,
    rwyt yn fy arwain pan fo'r ffordd yn ddyrys,
      pan fydd yna bob math o lwybrau a throadau.
Rwyt yn dod o hyd imi pan fyddaf wedi crwydro
    a'm hannog i ddychwelyd.
Rwyt yn fy arwain at borfeydd diogel
    pan fyddaf yn gyndyn o adael rhyw fan peryglus.
Ti yw fy Mugail; arhosi gyda mi trwy gydol y daith hir
    a'm dwyn adref.

YMATEB

A: Greawdwr Dduw, pan edrychwn oddi amgylch
       ar holl liwiau amrywiol dy greadigaeth hael,
       pan glywn synau fyrdd dy holl greaduriaid,

Y: *molwn dy enw ac ymunuwn yn llon yn eu cân o fawl.*

Bydded i arogl y rhosyn ddwyn bendith i chwi
Bydded i sŵn y gwenyn ddwyn bendith i chwi
Bydded i olwg y gwenoliaid ddwyn bendith i chwi
Bydded i lais Duw, Dad, Mab ac Ysbryd,
ddwyn bendith i chwi

DIWRNOD 71

Cri adar, yn galw'n uchel ar fynydd
Sŵn creaduriaid y môr, yn nyfnder yr eigion
Brefu'r gwartheg, allan yn y caeau
Sŵn llais Duw, yn galw ar galon a meddwl

SALM YMATEBOL: 116:5-7

A: Graslon yw'r Arglwydd, a chyfiawn,
Y: *ac y mae ein Duw ni'n tosturio.*

A: Ceidw'r Arglwydd y rhai syml;
Y: *pan ddarostyngwyd fi, fe'm gwaredodd.*

A: Gorffwysa unwaith eto, fy enaid,
Y: *oherwydd bu'r Arglwydd yn hael wrthyt.*

DARLLENIAD: Effesiaid 3:11-13

MYFYRDOD

Cawn ddod yn hyderus i bresenoldeb Duw; ac eto wrth reddf fe ymbwyllwn mewn parchedig ofn o flaen ei sancteiddrwydd. A feiddiwn fentro i'w bresenoldeb dwyfol? Gallwn, oherwydd sylfaen ein hyder yw Crist, ein Gwaredwr a'n Cyfryngwr. Bydd yn ein cyflwyno fel ei gyfeillion. Nid trwy ddamwain y daeth hyn i fod. Roedd gan Dduw, yn ei ddoethineb a'i gariad anfeidrol, gynllun i'n hachub pan fyddem yn crwydro. Nid pobl heb obaith mohonom. Rhown ein hymddiriedaeth yng Nghrist a ddioddefodd drosom, ac yr ydym ni yn ein tro'n barod i ddioddef er ei fwyn ef. I Dduw bo'r gogoniant oherwydd y mae'n gwneud pethau mawr drosom.

"Ynddo ef, a thrwy ffydd ynddo, y mae gennym hyder i ddod at Dduw yn ffyddiog." (3:12)

GWEDDÏAU

Down o'th flaen, Dduw sanctaidd, yn hyderus;
 nid am fod gennym hyder ynom ein hunain ond fe'n gwneir
 yn eofn trwy Iesu Grist ein Cyfryngwr a'n Heiriolwr.
Trwy ei aberth cawn ein hachub;
 yn ei wasanaeth y mae ein llawenydd;
 yn ei bresenoldeb y mae ein tangnefedd.
Felly fe gyflwynwn i ti ein mawl
 gan ymbil arnat trwy Iesu, ein Harglwydd a'n Gwaredwr.

Iesu sanctaidd,
 sylfaenaist dy eglwys er mwyn gogoneddu dy Dad.
Arwain ac ysbrydola bawb
 yr wyt yn eu galw i fod yn arweinwyr yn dy eglwys.
Caniata y byddant
 yn ddynion a merched llawn gweledigaeth a ffydd,
 yn barod i anturio er dy fwyn,
 yn sydyn i adnabod doniau ysbrydol mewn pobl eraill,
 yn rhoi esiampl dda mewn sancteiddrwydd ac ysbrydoledd,
 yn llefaru dy air yn eofn.
Bydded iddynt hwy a holl aelodau dy eglwys
 fod yn weision i bawb er dy fwyn
 a bod yn brysur yn cyhoeddi'r efengyl
  er anrhydedd a gogoniant i'n Tad yn y nefoedd.

Ehedydd uchel, aderyn y gân lawen, cana i mi.
Ewig fuan, yn rhedeg yn gyflym ar y gwastadedd eang,
 rhed i mi.
Eog disglair, lle y tardd yr afon, neidia i mi.
Mae adar yr awyr, bwystfilod y maes, pysgod yr afonydd,
 yn troi'n gân o fawl i Arglwydd mawr yr awyr a'r môr
  y bu i'w Fab farw a chyfodi er fy mwyn.

YMATEB

A: Arglwydd Dduw,
    pan fydd dy bobl yn cyhoeddi dy efengyl yn ffyddlon
    er mwyn i eraill droi atat a chael bywyd
Y: *Mae yna lawenydd yn y nefoedd*
    a gorfoledd ar ran dy bobl yma ar y ddaear.

Bydded i'r Duw a wahanodd ddydd oddi wrth nos
  eich bendithio
Bydded i'r Duw a ddywedodd "Bydded goleuni"
  eich bendithio
Bydded i'r Duw a wahanodd y tir oddi wrth y dyfroedd
  eich bendithio
Bydded i Greawdwr y nefoedd a'r ddaear
  eich bendithio yn awr a byth.

DIWRNOD 72

Yn nechreuad amser canfyddaf Dduw
Yn niwedd amser canfyddaf Dduw
Y tu hwnt i amser canfyddaf Dduw
Yn ehangder tragwyddoldeb rwy'n adnabod Duw

SALM YMATEBOL: 118:19-24

A: Agorwch byrth cyfiawnder i mi;
Y: *dof finnau i mewn a diolch i'r Arglwydd.*

A: Dyma borth yr Arglwydd;
   y cyfiawn a ddaw i mewn drwyddo.
Y: *Diolchaf i ti am fy ngwrando a dod yn waredigaeth i mi.*

A: Y maen a wrthododd yr adeiladwyr
   a ddaeth yn brif gonglfaen.
Y: *gwaith yr Arglwydd yw hyn,*
   ac y mae'n rhyfeddod yn ein golwg.

A: Dyma'r dydd y gweithredodd yr Arglwydd;
Y: *gorfoleddwn a llawenhawn ynddo.*

DARLLENIAD: Effesiaid 3:14-19

MYFYRDOD

Ein Tad nefol yw sylfaen pob teulu a thrwyddo ef y crewyd pob un. Beth a weddïwn ar ran pob teulu, pob person ac ie, ar eich rhan chwi hefyd?
Gweddïwn y bydd Duw trwy ei Ysbryd Glân
   yn eich cynnal a'ch nerthu yn y bod oddi mewn;
     y bydd i Grist drigo ynoch drwy eich ffydd;
      y byddwch wedi eich gwreiddio'n ddwfn

a'ch daearu'n sicr mewn cariad
fel y medrwch ddeall pob peth yn yr uchder a'r dyfnder,
y lled a'r hyd.
A'r tu hwnt i ddeall, y tu hwnt i wybodaeth
y cewch wybod cariad Crist
a chael eich gorlenwi â llawnder Duw ei hun.

"Cariad yn wreiddyn a sylfaen eich bywyd." (3:17)

GWEDDÏAU

Dad,
ymgrymwn mewn addoliad
a gweddïwn y byddi di gyda ni,
a'n teuluoedd a'n cyfeillion,
yn ein harwain mewn gwasanaeth a thystiolaeth drosot.

Iesu,
gwyddom fod dy gariad tuag atom yn ddyfnach na'r moroedd;
mae dy gariad tuag atom y tu hwnt i wybodaeth;
trig ynom a chynorthwya ni i drigo ynot ti
er mwyn inni ddychwelyd dy gariad yn ei lawnder.

Ysbryd Glân,
nertha ni â'th bŵer;
bydd ynom ac o'n hamgylch
er mwyn inni gael ein gwreiddio a'n daearu mewn cariad
a'n galluogi i fyw er dy ogoniant.
Drindod Sanctaidd,
llanw ni â mesur dy gyflawnder
er mwyn inni fyw ynot ti a thithau ynom ni.

Ysbryd pob Iachâd,
gweddïwn ar ran pawb sy'n wynebu poen a gwaeledd,
yn arbennig rhai sy'n dioddef anaf i'r ymennydd
neu ddirywiad

a'u bywydau wedi eu cyfyngu o achos eu cystudd,
y rhai a gânt gip ar orffennol dedwyddach,
ac sy'n wynebu ar ddyfodol llwm.
Bydd gyda'r perthnasau a'r cyfeillion
sy'n eu hamgylchynu â gofal tyner.
Arwain y llawfeddygon, y meddygon a'r nyrsus
sy'n ceisio lleddfu eu dioddefaint a hybu iachâd.
Bydd yn bresennol fel y gwelwn arwyddion a rhyfeddodau
yng ngwyrthiau gras
pan gaiff y cyfryw rai nerth i wynebu'r dyfodol
gyda ffydd a dewrder er gwaetha'u cystuddiau
neu pan brofant iachâd trwy dy rym.

Arglwydd,
ti yw fy hyfforddwr;
gweli fy ngwendidau a gwerthfawrogi fy nghryfderau.
Ti yw fy hyfforddwr;
rwyt yn fy nghymell i drïo dulliau newydd
er mwyn gwella fy chwarae.
Ti yw fy hyfforddwr;
rwyt yn fy nghysuro pan fyddaf yn methu
ac yn fy ysgogi i ddal ati.
Ti yw fy hyfforddwr,
yn fy nghymell i fynd ymlaen,
i oresgyn pob clwyf a siom.
Ti yw fy hyfforddwr,
a chyda thi fe enillaf y wobr.

YMATEB

A: Pan awn drwy gyfnodau o brawf
a phopeth yn dywyll o'n hamgylch a gobaith yn pylu

Y: *Arwain ni drwy'r tywyllwch at y goleuni'r ochr draw*
ac adnewydda ni yn y gobaith a ddaw oddi wrth Grist.

Bydded i Dduw, a wnaeth y creaduriaid mawr,
gerdded gyda chwi
Bydded i Dduw; a wnaeth y creaduriaid bach,
fynd gyda chwi
Bydded i Dduw, a wnaeth greaduriaid y môr,
siarad â chwi
Bydded i Dduw, a wnaeth adar yr awyr,
glywed eich gweddïau
Bydded i Dduw pob creadur byw
eich bendithio yn awr a byth

DIWRNOD 73

Ti yw gwraidd fy mod, calon fy nghariad
Ti yw gobaith pob cynllun, canolbwynt fy mywyd
Ti yw colomen fy heddwch, craidd fy hyder
Ti yw fy nghariad, fy mywyd, fy Ngwaredwr a'm Duw

SALM YMATEBOL: 121:1-2, 5-8
A: Codaf fy llygaid tua'r mynyddoedd;
         o ble y daw cymorth i mi?
Y: *Daw fy nghymorth oddi wrth yr Arglwydd,*
         creawdwr nefoedd a daear.

A: Yr Arglwydd yw dy geidwad,
         Yr Arglwydd yw dy gysgod ar dy ddeheulaw;
Y: *ni fydd yr haul yn dy daro yn y dydd,*
         na'r lleuad yn y nos.

A: Bydd yr Arglwydd yn dy gadw rhag pob drwg,
         bydd yn cadw dy einioes.
Y: *Bydd yr Arglwydd yn gwylio dy fynd a'th ddod*
         yn awr a hyd byth.

DARLLENIAD: Effesiaid 3:20-21

MYFYRDOD
Mae yna dasgau i'w cyflawni y tu hwnt i'n dychymyg ni;
    mae yna ddirgelwch i'w rannu y tu hwnt i'n dealltwriaeth.
Ac eto nid yw dim yn rhy fawr i ni ei gyflawni
    am fod Duw ar waith ynom a thrwom
        yn gweithio allan ei bwrpas mawr.
Fe ddefnyddia'r eglwys er ei ogoniant mawr
    ac felly y daw hi'n offeryn ei ewyllys.
Trwy berthyn i'r eglwys hon, cymdeithas y saint,

cewch eich llenwi â phŵer fydd yn eich nerthu
i fod ac i wneud y tu hwnt i ddim y gobeithiwch amdano.
Wrth i chwi ddod yn gyfrwng gras Duw,
rhoddir gogoniant i Grist eich Arglwydd.

"Trwy'r gallu sydd ar waith ynom ni." (3:20)

GWEDDÏAU

Dduw Trugarog,
maddau inni ein bod mor aml yn byw fel petaet ti'n ddi-rym.
Mae ein syniad amdanat yn rhy fach, yn rhy gul.
Mae'n cynlluniau ni yn rhy gyfyngedig.
Cymell ni i ofyn mewn ffydd
a rho inni'r sicrwydd o wybod y byddi di'n ymateb
trwy wneud yn anhraethol well
na dim y gallwn ni ei ddeisyfu na'i ddychmygu.
Pâr inni fynd ymlaen yn hyderus
er mwyn i'th eglwys ogoneddu dy enw
trwy Iesu Grist ein Gwaredwr.

Dduw'r rhyddid,
gweddïwn dros genedl Taiwan.
Lle y bu erledigaeth, bydded goddefgarwch;
lle y bu drwgdybiaeth a gelyniaeth,
bydded ymddiriedaeth a chyfeillgarwch;
lle y bu cenedlaetholdeb a rhaniad,
bydded cydweithrediad a chyfeillgarwch;
lle y bu trais a chlwyfo
bydded heddwch ac iachâd.
Bydded i'r ynys hardd hon
fod yn fangre cyfiawnder a chytgord i'w holl bobl.

Annwyl Ysbryd,
ti yw fy mydwraig;
rwyt yn ei gwneud yn bosibl i'r hunan mewnol

236

gael ei eni;
    rwyt yn fy nghymell i gael fy ngeni o'r newydd;
    rwyt yn fy ngalluogi i fentro ar brofiadau newydd,
    gan adael cysur y pethau cyfarwydd
    a cheisio am antur yr anwybod.
Ti yw fy mydwraig;
    gyda'th gymorth caf fy ail-eni.

GWEDDI'R ARGLWYDD

YMATEB

A: Arglwydd, er inni gerdded trwy ddyffryn tywyll du
    ac ymdeithio trwy borth dioddefaint
Y: *rwyt ti'n ein dwyn i'r copaon golau*
    ac yn ein harwain trwy borth iachâd

Bydded i ddirgelwch y Tri eich amgylchynu
pan fyddwch yn gorffwys yng nghysgod y pren
pan fyddwch yn dringo i grib y mynydd
pan fyddwch yn nofio yn eigion y môr
Bydded i ddirgelwch y Tri eich amgylchynu

DIWRNOD 74

Mae bod gyda thi, Waredwr annwyl, fel blas y mêl melysaf
Mae dy flasu di fel y gwin gorau
Mae yfed ohonot fel cael fy adnewyddu gan ddŵr oer clir
Blas y tu hwnt i ddisgrifiad, dwyfol yn wir

SALM YMATEBOL: 122:1-2, 6-9

A: Yr oeddwn yn llawen pan ddywedasant wrthyf,
    "Gadewch inni fynd i dŷ'r Arglwydd".
Y: *Y mae ein traed bellach yn sefyll o fewn dy byrth,*
    O Jerwsalem.

A: Gweddïwch am heddwch i Jerwsalem,
    "Bydded llwyddiant i'r rhai sy'n dy garu;
Y: *bydded heddwch o fewn dy furiau,*
    a diogelwch o fewn dy geyrydd."

A: Er mwyn fy mrodyr a'm cyfeillion, dywedaf,
    "Bydded heddwch i ti."
Y: *Er mwyn tŷ yr Arglwydd ein Duw, ceisiaf ddaioni i ti.*

DARLLENIAD: Effesiaid 4:1-6

MYFYRDOD
Beth yw'r bywyd y cawsoch eich galw iddo,
   chwi sy'n cymryd enw Crist,
      yn hawlio natur Crist?
Cawsoch eich galw i ddangos gwyleidd-dra,
   i fod yn amyneddgar gyda'r rhai sydd wedi eich brifo,
      yn gariadus tuag at y rhai sy'n eich casáu,
         i geisio undod gyda'r rhai sy'n codi muriau yn eich erbyn,
         i berthyn i gymdeithas wedi ei huno yn yr Ysbryd.
Cawsoch eich bedyddio, boed yn blentyn neu'n grediniwr,
   eto un bedydd sydd;

rydych yn amlygu doniau'r Ysbryd
yn nhawelwch y Crynwyr neu yn nhân y Pentecostiaid,
ac eto un Ysbryd sydd;
rydych yn weinidogion mewn eglwysi,
Pabyddol, Uniongred neu Ddiwygiedig,
ac eto un Arglwydd sy'n eich galw;
rydych yn aelodau mewn eglwysi
sy'n meddu ac yn rhannu amrywiaeth o ddoniau
ac eto un Duw sydd, ein Tad ni oll,
yr hwn y'n galwyd i'w addoli.

"Yr undod y mae'r Ysbryd yn ei roi." (4:3)

GWEDDÏAU

Arglwydd Dduw a'n Tad ni oll,
cynorthwya ni i ddangos ffrwyth dy Ysbryd
mewn bywydau wedi eu hoffrymu yn dy wasanaeth.
Arwain ni yn ffordd gostyngeiddrwydd ac addfwynder,
gan weld ein hesiampl yn Iesu.
Rho inni ei amynedd ef,
hyd yn oed mewn cyfnodau o ddioddefaint;
cynorthwya ni i ddangos cariad tuag at ein gilydd
gyda sensitifrwydd a dealltwriaeth
a bydded inni ddangos yn ein bywyd ynghyd
yr undod na all neb ond ti ei roi.

Gydymaith ar y ffordd faith,
gweddïwn dros bawb sy'n byw allan,
y rhai sy'n troedio llwybrau'r wlad
ac yn cerdded strydoedd y ddinas.
Bydded iddynt dderbyn bwyd yn rhodd
pan fydd newyn yn eu gyrru at ddrws y dieithryn.
Bydded iddynt dderbyn rhodd cyfeillgarwch
pan fyddant am gael eu cario ar hyd y ffordd galed.
Bydded iddynt deimlo dy bresenoldeb

yn rhyddid a pheryglon y bywyd crwydrol.

Arglwydd,
 yn gweithio er budd pawb, rwyt ti'n greawdwr;
 yn cerdded er lles pawb, rwyt ti'n bererin;
 wedi dy drywanu er mwyn iachawdwriaeth y byd,
  rwyt ti'n waredwr;
 yn sibrwd wrth yr hunan oddi mewn, rwyt ti'n garwr.
Iesu,
 garwr fy enaid, cerdda gyda mi hyd ddiwedd fy oes.

YMATEB

A: Grist yr oruwch-ystafell,
  bydded inni dy gyfarfod
  wrth groesawu'r dieithryn wrth ein drws.

Y: *Grist y ffordd agored,*
  bydded inni dy adnabod
  yn y cydymaith a welwn ar ffordd y pererin.

Fel y bydd y glaw yn syrthio o'r nefoedd ar y bryniau
Fel y bydd y nentydd yn rhedeg i'r afonydd
Fel y bydd yr afonydd yn rhedeg i'r môr
Felly bydded i chwi gael bendith mewn cymundeb â Duw

DIWRNOD 75

Y tywyllwch pan dynnir ymaith oleuni'r haul a'r lloer
Tywyllwch pan na fydd hyd yn oed lewyrch gwan y sêr
i oleuo'r awyr
Tywyllwch pan na fedrwch weld dim wrth sefyll eich hunan
Ac eto y mae Duw yno yn y tywyllwch hefyd;
gydag ef y mae'r nos mor ddisglair â'r dydd

SALM YMATEBOL: 126:1-3

A: Pan adferodd yr Arglwydd lwyddiant Seion,
     yr oeddem fel rhai wedi cael iachâd;

Y: yr oedd ein genau yn llawn chwerthin
     a'n tafodau yn bloeddio canu.

A: Yna fe ddywedid ymysg y cenhedloedd,
     "Gwnaeth yr Arglwydd bethau mawr iddynt hwy."

Y: Yn wir, gwnaeth yr Arglwydd bethau mawr i ni,
     a bu i ninnau lawenhau.

DARLLENIAD: Effesiaid 4: 7-13

MYFYRDOD

Chwi sydd wedi derbyn doniau'r Arglwydd,
   wedi eich galw i weinidogaethu mewn byd o angen.
Gelwir rhai i fod yn apostolion,
   wedi eu gyrru allan gyda newydd da a gofal dros yr eglwysi.
Gelwir rhai i fod yn broffwydi
   i lefaru gair yr Arglwydd
     yn erbyn anghyfiawnder ein hoes,
      i rybuddio am y llwybrau sy'n arwain at ddinistr
   ac annog pobl i ddilyn ffordd tangnefedd.
Gelwir rhai i fod yn efengylwyr
   yn cyhoeddi'r newydd da am gariad Duw yng Nghrist,

241

gan alw pobl i ymroddiad y disgybl.
Gelwir rhai i fod yn fugeiliaid
    yn gofalu am bobl yn yr eglwys a'r gymuned,
        gan gynnig cysur, cymorth a gweddi.
Gelwir rhai i fod yn athrawon,
    i ddysgu am y ffydd,
        i hyfforddi plant, swyddogion yr eglwys
            a myfyrwyr ar gyfer y weinidogaeth.
Maent oll yn ymwneud â'r gwaith o arfogi'r ffyddloniaid
ar gyfer tasg y weinidogaeth
    er mwyn inni oll
        fod yn gyfryngau mwy effeithiol i dangnefedd Duw
            ac yn llysgenhadon yr efengyl,
        wedi ein huno yn ein ffydd ac yn ddisgyblion aeddfed.

"I gymhwyso'r saint i waith gweinidogaeth." (4:12)

GWEDDÏAU

Dduw Sanctaidd,
    cyffeswn inni fodloni ar ffydd plentyn
        a thithau'n ein galw i fod yn ddisgyblion aeddfed;
    buom fodlon ar ychydig o ddysg ysbrydol
        a thithau'n dymuno inni ymgyrraedd at fesur llawn
            y cyflawnder sy'n perthyn i Grist.
Bydded inni ymateb i'th alwad yn hyderus;
    rhai fel proffwydi, i lefaru dy air yn eofn;
        rhai fel efengylwyr, i gyhoeddi'r newydd da yn llawen;
            rhai fel bugeiliaid, i ofalu'n dyner am dy bobl;
        rhai fel athrawon, i ddysgu'r hen a'r ifanc yn ddoeth.
Felly bydded i'th bobl di
    gael eu harfogi ar gyfer dy wasanaeth
        trwy Iesu Grist ein Harglwydd.

Ysbryd dwyfol,

gweddïwn dros rai y mae eu gwaith dros y gymuned
   yn eu dwyn i fannau peryglus.
Gofynnwn iti arwain ac amddiffyn
   dynion a merched y gwasanaeth tân.
Bydded iddynt gyflawni eu tasgau'n fedrus,
   wrth iddynt wynebu peryglon yn ddewr,
   ac achub pobl o sefyllfaoedd enbydus,
      gan offrymu eu hegni a'u sgiliau
      yng ngwasanaeth eraill.
Bydded i ni mewn gwerthfawrogiad o'u hymroddiad
   fod yn ofalus rhag cynnau tân
   a cheisio parchu'r amgylchedd
      lle'r ydym yn byw ac yn gweld cymaint o'th roddion.

Annwyl Iesu,
   diolchwn i ti am Andreas
      a glywodd yn llawen y neges mai ti yw Oen Duw
      sy'n dwyn ymaith bechodau'r byd.
Diolchwn i ti am Andreas
   a ddygodd y newydd da at ei frawd,
      gan ddatgan yn llawen ei fod wedi dod o hyd i'r Meseia.
Ysbrydola ni trwy ei esiampl
   i ddwyn gyda ni i ble bynnag yr awn
      y newydd da ein bod wedi cyfarfod â'r Crist
         ac mai ti yw'r mynegiant llawn o galon y cariad,
         yn yr hwn y cawn dangnefedd.

YMATEB
   A: Brynwr sanctaidd, mewn diochgarwch am holl roddion
         dy greadigaeth,
         mewn gwerthfawrogiad o holl ddoniau dy ras,
   *Y: cymell ni i ofalu am y blaned hon
         a galluoga ni i gyhoeddi'r newydd da am
         iachawdwriaeth.*

243

Fel y bydd y gannwyll yn llosgi'n ddisglair mewn ogof dywyll
Fel y bydd y sêr yn bwrw eu goleuni ar strydoedd tywyll
Fel y bydd yr haul wrth godi yn gwasgaru'r tywyllwch
Felly bydded i oleuni Duw oleuo'ch bywyd

DIWRNOD 76

Lle y bydd yr awel yn chwythu'n dyner
dros flodau'r gwanwyn
Lle y bydd y gwynt yn chwythu'n nerthol
dros frwyn y corsydd
Lle y bydd y corwynt yn sgubo'n ffyrnig
dros goed sy'n plygu
Gwybyddwch fod Duw'r gwynt a'r don
yn llefaru wrth ei bobl

SALM YMATEBOL: 126:4-6

A: O Arglwydd, adfer ein llwyddiant
fel ffrydiau yn yr anialwch;

Y: *bydded i'r rhai sy'n hau mewn dagrau*
fedi mewn gorfoledd.

A: Bydd yr un sy'n mynd allan dan wylo,
ac yn cario ei sach o hadyd,

Y: *yn dychwelyd drachefn mewn gorfoledd,*
ac yn cario ei ysgubau.

DARLLENIAD: Effesiaid 4:14-16

MYFYRDOD

A ydych fel brwynen,
yn cael eich siglo'r ffordd hyn a'r llall
gan bob ryw awel?
Neu a ydych fel planhigyn yn tyfu,
wedi ei wreiddio'n ddiogel yn y ddaear,
yn medru gwrthsefyll pob gwynt croes
gan dyfu o hyd yn agosach at Dduw?
I ddefnyddio delwedd arall,
rydych yn rhan o gorff

245

sy'n canfod ei gryfder a'i gyfeiriad
yn Iesu Grist, y pen.
Fe dyf y corff hwn yn gryf trwy gariad.
Felly y mae o fewn ein cymdeithas,
bob amser yn barod i ddweud y gwir, a hynny mewn cariad,
er mwyn i'n hundod gael ei ddiogelu
ac i'r corff barhau i dyfu.
Ai dyna natur y gymdeithas yr ydych yn perthyn iddi?
A yw Crist yn wir yn ben ar y corff?
A ydych yn un yn eich gofal er lles pawb?

"Gadewch i ni ddilyn y gwir mewn cariad." (4:15)

GWEDDÏAU

Dduw byw,
mae yna adegau pryd nad ydym yn dweud y gwir;
un ai mewn ofn neu er mwyn dwyfo fe ddywedwn gelwydd;
maddau inni.
Mae yna adegau pryd y byddwn yn dweud y gwir
ond mewn gelyniaeth neu gasineb ein bwriad yw brifo;
maddau inni.
Dysg ni i ddweud y gwir mewn cariad
er mwyn calonogi, arwain a helpu.
Felly, trwy dyfu ynghyd yng Nghrist, boed i ni, dy bobl,
gael ein huno mewn meddwl cyffredin
ar gyfer tasg gyffredin.

Dduw'r holl genhedloedd,
gweddïwn dros yr Almaen.
Lle y bu rhaniad, bydded undod;
lle y bu anghyfiawnder, bydded maddeuant;
lle y bu niweidio, bydded iachâd.
Bydded i dywyllwch gweithredoedd y gorffennol
gael eu gwasgaru gan oleuni penderfyniad newydd.

Bydded i gariad, amynedd a thrugaredd
gael eu mynegi gan bawb tuag at bawb
fel y bydd yr Almaen yn perthyn i deulu o genhedloedd
wedi ymrwymo i heddwch a chyfiawnder
ac i ofalu dros ein mam ni oll, y ddaear.

Arglwydd y Ddawns,
gyda boddhad y byddwn yn cofio fel y buost yn dathlu
yng nghwmni pobl Cana Galilea mewn priodas deuluol.
Ymunaist yn y chwerthin a'r dawnsio;
troaist ddŵr yn win,
er mwyn diogelu anrhydedd y teulu
a llawenydd yr amgylchiad.
Rwyt yn cynnig bywyd tragwyddol i bawb
ac y mae llawenydd yn y nefoedd pan fydd pobl yn ymateb.
Bydded inni ymhyfrydu wrth gyhoeddi'r efengyl,
nid mewn barn a chondemniad oer
ond mewn dathliad llawen o'th gariad tuag at bawb.

YMATEB

A: Fugail cariadlon, lle bynnag y bo tywyllwch,
cynorthwya ni i ddwyn dy oleuni;
Y: *lle y bo anobaith, boed inni rannu dy obaith.*

Bydded i'r Tad eich bendithio
â doethineb yn eich geiriau
Bydded i'r Mab eich bendithio
â thosturi yn eich gweithredoedd
Bydded i'r Ysbryd eich bendithio
â llawenydd yn eich gwasanaeth
Bydded i Dduw, Dad, Mab ac Ysbryd,
eich bendithio yn awr a byth

DIWRNOD 77

Mae'r hedyn yn y ddaear,
a chynhesrwydd a bwyd o'i amgylch
Fe dyf yr hedyn yn ddirgel, yn ôl y dydd
Fe dyf yr hedyn gyda phwrpas, yn barod i dorri trwy'r pridd
Bydded i hedyn cudd dy gariad dyfu fyth o'm mewn

SALM YMATEBOL: 127:1-2

A: Os nad yw'r Arglwydd yn adeiladu'r tŷ,
     y mae ei adeiladwyr yn gweithio'n ofer.

Y: *Os nad yw'r Arglwydd yn gwylio'r ddinas,*
     y mae'r gwylwyr yn effro'n ofer.

A: Yn ofer y codwch yn fore, a mynd yn hwyr i orffwyso,
Y: *a llafurio am y bwyd a fwytewch;*
     oherwydd mae ef yn rhoi i'w anwylyd pan yw'n cysgu.

DARLLENIAD: Effesiaid 4:17-24

MYFYRDOD

  Gadewch inni fod yn onest â ni'n hunain;
    mae ynom rywfaint o'r hen natur.
  Gadewch inni ddod â hyn o flaen Duw
    -a ydym yn ddideimlad, neu'n farus,
      neu'n brin o hunan-reolaeth?
    a ydym yn rhoi tragwyddol heol i nwyd neu dwyll?
  Gadawn i Dduw ein rhyddhau trwy ei rym a'i gariad.
  Dowch â phopeth sy'n eich caethiwo o flaen ein Tad
    er mwyn iddo faddau i chwi a'ch rhyddhau.
  Yna ceisiwch gymorth Duw
    i wisgo amdanoch y natur newydd,
      i fod y cwbl y bwriadodd Duw i chwi fod,
      i fod yn sanctaidd a chyfiawn yn eich byw a'ch bod.

"A gwisgo amdanoch y natur ddynol newydd." (4:24)

GWEDDÏAU

Arglwydd Dduw,
>rwyt ti'n sanctaidd a chyfiawn yn dy holl ffyrdd
>ac fe greaist bobl i fod yr un fath â thi.

Maddau inni am syrthio'n fyr o'th bwrpas dwyfol;
>maddau inni am ein bod yn blant y tywyllwch
>yn ein hen natur.

Cynorthwya ni i wisgo amdanom y natur newydd;
>gan ein bod yn canlyn Iesu
>>boed inni gael ein hysbrydoli ganddo ef
>>a byw fel plant y goleuni.

Gan inni dderbyn yr Ysbryd Glân
>pâr ein bod yn dangos ffrwyth yr Ysbryd
>>mewn caredigrwydd, daioni a hunan-ddisgyblaeth.

Bydded inni felly fyw er d'ogoniant
>trwy Iesu Grist dy Fab.

Iesu,
>pan ddechreuaist dy weinidogaeth ar y ddaear
>>gelwaist gylch o ddynion ifanc i fod yn ddisgyblion iti
>>a'u dysgu i bregethu dy efengyl.

Gofynnwn am dy arweiniad a'th gynhaliaeth
>i weithwyr ieuenctid.

Caniatâ eu bod yn ferched a dynion llawn ffydd
>yn teimlo i'r byw dros y bobl ifanc sy dan eu gofal.

Mewn byd sy mor llawn dylanwadau drwg a pheryglon
caniatâ eu bod yn ddylanwad er daioni.

Trwy eu geiriau a'u gweithredoedd
>bydded iddynt ddysgu'r ifanc i fod yn onest a chywir
>>iddynt hwy eu hunain fod o wasanaeth i eraill.

Rho ynddynt ddychymyg creadigol

wrth iddynt rannu'r newydd da am dy gariad
fel yr arweiniont yn dyner lawer o'r ifanc at ffydd fyw.

Arglwydd,
rwyt yn gosod o'm blaen glorian cariad.
Beth a roddaf iti, yn dlawd fel yr wyf?
Gosodaf yn y glorian fy nghamera
gyda'i ffocws awtomatig;
ychwanegaf ato fy nheledu lliw a'r fideo.
Yn y glorian rhoddi di groes bren, arw
a bydd y pwysau'n mynd i lawr dani.
Beth a roddaf iti, llwm a thlawd fy myd?

YMATEB

A: Arglwydd, pan fydd pwerau drygionus yn ein tynnu
at y tywyllwch,
a themtasiwn yn ein tynnu
ar hyd lwybrau hunanol a dinistriol

Y: *bydded i'th Ysbryd Sanctaidd*
ein harwain ar ffordd gwasanaeth anhunanol
a'n tynnu'n nerthol at oleuni dy bresenoldeb.

Bydded i'r Tad eich ysbrydoli â dawn cariad
Bydded i'r Mab eich bywhau â dawn llawenydd
Bydded i'r Ysbryd gau amdanoch â dawn tangnefedd
Bydded i Dduw, Dad, Mab ac Ysbryd,
aros gyda chwi'n wastadol

DIWRNOD 78

Caeaf fy ngwefusau ac yn dawel clywaf dy air
Caeaf fy llygaid ac yn ddall gwelaf dy wyneb
Caeaf fy nwylo a throf atat mewn gweddi
Agoraf fy nghledrau a derbyn dy fendith

SALM YMATEBOL: 128:1-2,5-6

A: Gwyn ei fyd pob un sy'n ofni'r Arglwydd
ac yn rhodio yn ei ffyrdd.

Y: *Cei fwyta o ffrwyth dy lafur;*
byddi'n hapus ac yn wyn dy fyd.

A: Bydded i'r Arglwydd dy fendithio o Seion,
iti gael gweld llwyddiant Jerwsalem
holl ddyddiau dy fywyd,

Y: *ac iti gael gweld plant dy blant.*
Bydded heddwch ar Israel!

DARLLENIAD: Effesiaid 4:25-32

MYFYRDOD

Medrwn adnabod y pethau hynny
sy'n gwyro'n bywydau ac yn clwyfo Duw;
ond allwn ni gael gwared arnynt?
Daw'n bryd i wneud archwiliad ysbrydol.
Yma, ar yr ochr hon,
mae'r pethau hynny y mae'n rhaid imi ymwrthod â hwy -
anwiredd, dicter, lladrata, anonestrwydd, gwag siarad,
chwerwder, enllib, neu beth bynnag yw'r gwendid
sy'n fy nghaethiwo i'n bersonol.
Yma, ar yr ochr hon,
mae'r pethau hynny y mae'n rhaid imi ddweud "ie" wrthynt

-gwirionedd, caredigrwydd, tosturi, maddeuant,
a'r holl rinweddau hynny sy'n rhan o'm natur
fel y bwriadodd Duw iddi fod.
Mae ymwrthod ac ategu yn rhan o batrwm bywyd;
yn ornest oddi mewn neu'n bererindod barhaus.
O roi ein hymddiriedaeth yn Nuw
fe'n harweinir gan yr Ysbryd yn ffordd gwaredigaeth.

"Peidiwch â thristáu Ysbryd Glân Duw." (4:30)

GWEDDÏAU

Ysbryd Sanctaidd,
ar derfyn pob dydd ceisiaf gymuno â thi
gan edrych yn ôl dros y diwrnod a'i ddigwyddiadau.
Mae yna adegau pryd yr wyf wedi achosi dicter
neu wedi gadael i eraill fy ngwylltio.
Paid â gadael i'r haul fachlud
a'r dicter hwnnw'n dal i gronni
neu'r llid hwnnw'n mud-losgi o'm mewn.
Helpa fi i estyn maddeuant a bod yn barod i'w dderbyn.
Paid â gadael imi dy glwyfo trwy'r hyn ydwyf
na'r hyn a wnaf neu a ddywedaf; yn hytrach
boed imi ddangos dy addfwynder a'th gariad i bawb.
Ysbryd Sanctaidd,
nertha fi ac arwain fi.

Arglwydd y Cyfanfyd,
diolchwn i ti am y rheini y mae eu dyfeisgarwch
yn gwneud bywyd yn haws i'r rhai sydd o'u hamgylch.
Gweddïwn dros ddarganfyddwyr a pheirianwyr.
Caniatâ y bydd eu sgiliau'n gwasanaethu lles pawb.
Bydded i'r cyfan a gynhyrchir ganddynt
gael ei ddefnyddio'n greadigol, ac nid yn ddinistriol
nac er mwyn pentyrru grym.
Boed i'w dychymyg a'u medrusrwydd brofi'n fendith

i'r anabl, y tlawd a'r rhai â nam arnynt.
Bydded iddynt gydnabod mai dy rodd di yw eu gallu
  fel yr offrymont eu darganfyddiadau a'u peirianwaith
    nid yn unig er mwyn elw ond er lles pawb o fewn
      cymdeithas ac er gogoniant i'th enw.

Waredwr dwyfol,
  diolchwn iti am dystiolaeth Ioan Fedyddiwr
    a oedd yn fodlon bod yn rhag-redegydd
      yn cyhoeddi dy ddyfodiad i fyd disgwylgar.
Diolchwn am ei ddoniau pregethu a'i ostyngeiddrwydd;
  rhoddwyd tasg iddo ac fe'i cyflawnodd yn eofn;
    yna roedd yn barod i leihau wrth i ti gynyddu.
Wedi ein hysbrydoli gan ei esiampl
  gwna ni'n eiddgar am waith yn dy deyrnas
    ac eto'n barod i gael ein gosod o'r neilltu ar ôl gorffen ein gwaith.
Gwna ni'n barod am dasgau mawr neu fach;
  yn fodlon bod yn yr amlwg neu yn yr encilion.
Gwna ni'n barod i wneud dy ewyllys, beth bynnag y bo,
  a rhoi'r gogoniant i ti, oherwydd ti yw Arglwydd y cyfan.

YMATEB

A: Iesu, pan fydd yna ryw waith mawr i'w gyflawni drosot,
      gofala nad oes arnom ofn ei wneud.

Y: *Pan fydd yna ryw dasg fechan i'w chyflawni yn dy enw,*
      gofala nad ydym yn rhy falch i'w derbyn.

Bydded i'r Tad roi dawn amynedd i chwi
Bydded i'r Mab roi dawn caredigrwydd i chwi
Bydded i'r Ysbryd roi dawn daioni i chwi
Bydded i Dduw, Dad, Mab ac Ysbryd,
eich bendithio o ddydd i ddydd

DIWRNOD 79

Fel y mae'r blodeuyn i'r ffrwyth
Fel y mae'r hedyn i'r blodeuyn
Fel y mae'r fesen i'r dderwen
Felly y mae galwad fy Arglwydd ym mywyd y disgybl

SALM YMATEBOL: 130:1-2,5-7

A: O'r dyfnderau y gwaeddais arnat, O Arglwydd.
     Arglwydd, clyw fy llef;
Y: *bydded dy glustiau'n agored i leff fy ngweddi.*

A: Disgwyliaf wrth yr Arglwydd; y mae fy enaid yn disgwyl,
     a gobeithiaf yn ei air;
Y: *y mae fy enaid yn disgwyl wrth yr Arglwydd*
     yn fwy nag y mae'r gwylwyr am y bore,
     yn fwy nag y mae'r gwylwyr am y bore.

A: O Israel, gobeithia yn yr Arglwydd,
Y: *oherwydd gyda'r Arglwydd y mae ffyddlondeb,*
     a chydag ef y mae gwaredigaeth helaeth.

DARLLENIAD: Effesiaid 5:1-5

MYFYRDOD

Ar bwy y byddwch yn modelu eich bywyd? A fyddwch yn
efelychu rhywun sy'n ysbydoliaeth arbennig i chwi? Yn sicr ni
allai dim fod yn fwy o her na cheisio efelychu Duw. Er mwyn
gwneud hyn, rhaid i gariad fod yn faen prawf gennym, oherwydd
cariad yw'r mynegiant perffaith o fodolaeth Duw. Cariad sydd
yng nghalon aberth Crist. Golyga cariad ein bod yn rhoi'n hunain
er mwyn eraill. Cariad yw ymateb priodol pobl i Dduw.
Dangosodd Crist y ffordd hon inni oherwydd fe'i rhoddodd ei
hun yn aberth parod; dyma'r ffordd sy'n golygu bod rhywun yn

254

rhoi ei fywyd ei hun er mwyn eraill, try colled yn ennill, hon yw'r rhodd sy'n bodloni Duw. Dyma ffordd cariad, ffordd i'w dilyn, bywyd i'w efelychu.

Os mai dyma'r ffordd i ategu presenoldeb Duw, yna rhaid i ni gyffesu ein bod yn ei wrthod trwy fyw'n hunanol, neu roi mynegiant i'r anfoesol a'r amhur, nes inni dorri'n perthynas ag ef. Dylai'n geiriau, ein meddyliau, a'n gweithredoedd fod yn eiddo'r sant, a ninnau'n bobl sanctaidd. I bwy yr ydym am berthyn - i'r sant neu'r pechadur? Neu a ydym yn sylweddoli o bosib bod peth o'r ddau ynom? Ein ffordd o fyw sy'n bradychu'n dewis; gallwn ddewis hunanfoddhad neu hunanaberth. Ond inni sylweddoli bod i'n dewis oblygiadau pwysig. Ni all neb ddewis ffordd tywyllwch a mynd i mewn i deyrnas Dduw. Er mwyn bod wrth ochr Crist yn nhragwyddoldeb mae'n rhaid inni ddewis bod wrth ei ochr mewn amser.

"Yn offrwm ac aberth i Dduw, o arogl pêr." (5:2)

GWEDDÏAU

Arglwydd Iesu,
   mae dy gariad tuag atom yn ddwfn a rhyfeddol;
      cynigiaist dy hun yn aberth ar ein rhan ni i gyd,
         yn offrwm pêr.
   Ni fu ac nid oes derfyn i'th gariad.
   Sut y gallwn weld y fath gariad a methu ag ymateb iddo?
   Sut y medrwn barhau i'th glwyfo trwy amhurdeb a gwanc?
   Cynorthwya ni i fyw bywyd o gariad,
      gan fod yn barod i roi fel y rhoddaist ti,
         a'n hoffrymu'n hunain yn llawen i Dduw ein Tad.

Iesu, dan chwerthin
   tynnaist y plant o'th amgylch
      gyda hudoliaeth clown neu bibydd brith.
Roedd dy gariad tuag at blant yn amlwg

trwy gydol dy weinidogaeth.
Gweddïwn dros blant â nam meddyliol,
    gartref neu o fewn sefydliad.
Boed iddynt adnabod dy bresenoldeb a'th gariad
    gan ymateb i'th chwerthin gyda'u gwenau.
Ysbrydola a chynnal bawb sy'n gofalu amdanynt,
    eu rhieni, perthnasau, cyfeillion a gweithwyr meddygol,
        fel y byddo'u cariad hwy'n fynegiant o'th gariad di.
Felly boed i'r plant ganfod llawenydd yn dy bresenoldeb
    ac yng nghwmni'r rhai o'u hamgylch
        a goresgyn eu hanfantais
            trwy lawnder y bywyd a ddaw oddi wrthyt ti.

Arglwydd Iesu Grist,
    diochwn iti am dy anogaeth
        i'r wraig o Samaria a dynnodd ddŵr o'r ffynnon iti.
Derbyniodd rodd fawr
    pan soniaist wrthi am ddŵr y bywyd tragwyddol.
Mae arnom ninnau angen dy ddysgeidiaeth a'th anogaeth.
Arwain ni fel y delom at y ffynnon honno
    ac yfed o'i dŵr fel na fydd arnom syched byth mwy,
        o'i derbyn fe gawn fywyd tragwyddol,
            ac o gael ein hadnewyddu ganddi fe gerddwn yn dy ffordd
                ac addoli Duw ein Tad mewn ysbryd a gwirionedd.

YMATEB

A: Ysbryd Sanctaidd,
        pan gawn ein temtio i frifo eraill gyda'n geiriau,
        pan gawn ein temtio i'th fradychu â'n gweithredoedd,
Y: *gwna ni'n agored i dderbyn dy nerth yn rhodd*
        a galluoga ni i ddangos dy ffrwyth mewn cariad.

Bydded i'r Tad eich bendithio â dawn ffyddlondeb
Bydded i'r Mab anadlu ynoch rinwedd addfwynder

Bydded i'r Ysbryd eich nerthu i ymarfer hunan-ddisgyblaeth
Bydded i Dduw, Dad, Mab ac Ysbryd,
eich bendithio y dydd hwn ac yn wastad

DIWRNOD 80

Marchogion gwyn yr ewyn chwim
Tonnau melyn ŷd yn siglo
Cymylau llwyd yr awyr trwm yn rasio
Rhagflaenwyr Duw mawr yr holl greadigaeth

SALM YMATEBOL: 131

A: O Arglwydd, nid yw fy nghalon yn ddyrchafedig,
    na'm llygaid yn falch;

Y: *nid wyf yn ymboeni am bethau rhy fawr,*
    nac am bethau rhy ryfeddol i mi.

A: Ond yr wyf wedi tawelu a distewi fy enaid,

Y: *fel plentyn ar fron ei fam; fel plentyn y mae fy enaid.*

A: O Israel, gobeithia yn yr Arglwydd

Y: *yn awr a hyd byth.*

DARLLENIAD: Effesiaid 5:6-14

MYFYRDOD

Mae yna rai sy'n dewis ffordd tywyllwch ac y mae'n well ganddynt siarad a gweithredu fel plant y tywyllwch. Ond os canlynwch Iesu rydych wedi dewis y goleuni; wedi eich ysbrydoli ganddo ef yr ydych yn oleuni. Felly byddwch yn bererinion y goleuni. Deuir o hyd i oleuni yn y pur a'r sanctaidd, y da a'r gwir. Y mae'r goleuni yn dangos ffyrdd y tywyllwch am yr hyn ydynt. Ond yr ydych chwi'n oleuni.

Y mae goleuni yn harddu ac yn gwneud yn eglur. Y mae goleuni yn dangos y ffordd. Y mae goleuni yn hybu bywyd. Goleuni sy'n dangos Duw. Yn y goleuni y gwelwn y ffordd tuag at ein gilydd. Y mae goleuni yn burdeb. Iesu yw'r goleuni, ef sy'n rhoi goleuni ac yn galluogi ei ddisgyblion i fod yn oleuni. Dewiswch felly fod yn blant y goleuni ac yn y goleuni hwnnw profwch ogoniant presenoldeb Duw.

"Ond yn awr goleuni ydych yn yr Arglwydd." (5:8)

GWEDDÏAU

Dduw sanctaidd,
    maddau inni'r troeon hynny yr ydym wedi dewis tywyllwch,
        wedi caniatáu i'n meddyliau roi lle i syniadau aflan,
        wedi llefaru geiriau cas a dialgar,
            wedi ymroi i weithredoedd hunanol ac afiach.
Maddau inni am chwilio allan gilfachau tywyll y meddwl,
    cysgodion trwm balchder a nwyd,
        amgylchedd lygredig cenfigen, chwant neu drachwant.
Arwain ni yn ffordd y goleuni
    a chynorthwya ni i ddangos ffrwyth y goleuni
        mewn sancteiddrwydd a chyfiawnder
            er gogoniant i'th enw.

Dduw ffordd y pererinion,
    yn y wlad yr ydym yn ei galw'n gartref inni
        rydym yn deulu o bobloedd.
Cafodd rhai o'r teulu eu geni yma
    a daeth eraill yma o wledydd eraill,
        ond rydym yn un bobl, un teulu, dy blant.
Diolchwn iti am ein hamrywiaeth.
Gweddïwn dros rai sydd newydd gyrraedd yma.
Cyfoethoga ein meddyliau wrth inni rannu eu diwylliant
    ac wrth iddynt hwy ddysgu mwy am ein treftadaeth.
Bydd yn agos i gysuro rhai sydd mewn ofn
    neu sy'n teimlo gelyniaeth rhai pobl tuag atynt.
Dyro inni oll well dealltwriaeth o'n gilydd.
Arwain ni yn ffordd y cymod.

Pâr inni ystyried ein gilydd yn frodyr a chwiorydd,
   gan wybod nad oes yng Nghrist na du na gwyn,
      cyfoethog na thlawd, Cenedl-ddyn nac Iddew,
         ond un bobl ydym oll, yn edrych atat ti, ein Tad,
         wedi ein rhwymo gyda'n gilydd trwy dy Ysbryd Sanctaidd.

Iesu'r Iachawdwr,
   cofiwn gyda diolch am y pwll yn Jerwsalem
      lle y byddai cymaint o gleifion a rhai heintus yn ymgasglu
         i geisio iachâd yn ei ddyfroedd.
Yn dy dosturi bu iti ymestyn at un cloff;
   trwy dy gyffyrddiad fe'i hiachawyd
   a chariodd ei fatras ei hun.
Rho inni ffydd i gofio dy fod yn iacháu heddiw;
   weithiau trwy weinidogaeth meddygon a nyrsus;
      weithiau byddi'n iacháu trwy weddïau dy ddilynwyr;
         dro arall byddi'n iacháu trwy ddwylo dy weinidogion.
Trwy dy gyffyrddiad dwyfol di yr iacheir ni oll
   a rhoddwn iti fawl a diolch
      am dy gariad a'th dosturi tuag at gynifer o bobl.

GWEDDI'R ARGLWYDD

YMATEB

A: Iesu, dangosaist gariad mam
     yn dy awydd i dynnu pawb atat dy hun.
Y: *Cynorthwya ni i ddangos gofal chwaer*
     yn ein parodrwydd i helpu'r anghenus
     a'n hawydd i adrodd dy stori.

Bydded i Dduw'r Ysbryd mawr fod gyda chwi ar eich taith
Bydded i Dduw sy'n Fam pob peth wylio dros eich cynnydd
Bydded i Dduw gwreichionyn pob bywyd eich tanio
Bydded i'r Duw sy'n Dri, y dirgelwch mawr, eich bendithio

Beth yw'r Ysbryd?
Nid drychiolaeth neu rith, heb sylwedd na phersonoliaeth.
Mae'r Ysbryd gyda ni,
Duw yn ein mysg,
yn cynnig ei ddoniau inni,
yn amlygu ei ffrwyth ynom.
Ffrwyth yr ysbryd yw cariad, llawenydd, tangnefedd,
goddefgarwch, caredigrwydd, daioni,
ffyddlondeb, addfwynder, hunan-ddisgyblaeth

SALM YMATEBOL: 133

A: Mor dda ac mor ddymunol yw
   i frodyr fyw'n gytûn.
   Y mae fel olew gwerthfawr ar y pen,
   yn llifo i lawr dros y farf,
Y: *dros farf Aaron,*
   yn llifo i lawr dros goler ei wisgoedd.

A: Y mae fel gwlith Hermon
   yn disgyn i lawr ar fryniau Seion.
Y: *Oherwydd yno y gorchmynnodd yr Arglwydd ei fendith,*
   bywyd hyd byth.

DARLLENIAD: Effesiaid 5: 15-20

MYFYRDOD

Mae bywyd yr Ysbryd yn ddigymell, yn rhydd, graslon a phwerus.
Mae adfywiad yn sgubo drwy'r eglwysi ac un o'r arwyddion yw
adnewyddiad mewn addoliad. Daw pobl ynghyd i addoli dan
ganu mewn cytgord byrfyfyr, gan foli Duw a chynnal ei gilydd
gyda chaneuon ysbrydol. Amlygir presenoldeb yr Ysbryd gydag
arwyddion a rhyfeddodau a'r bobl yn diolch i Dduw trwy Grist
amdanynt.

Caiff yr eglwys ei bendithio trwy ddoniau'r Ysbryd. Rhaid inni hefyd geisio dangos ffrwyth yr Ysbryd oherwydd adlewyrchir bywyd yr Ysbryd mewn addfwynder, cymedroldeb, cariad a thangnefedd.

"Canwch a phynciwch o'ch calon i'r Arglwydd." (5:19)

GWEDDÏAU

Arglwydd,
mae mor hawdd syrthio i lwybrau ffôl;
yfed gormod a cholli rheolaeth;
ildio i lid a llefaru geiriau cas.
Cynorthwya ni i fod yn ddoeth wrth ganlyn yn dy ffordd,
i ddangos hunan-ddisgyblaeth a chymedroldeb.
Llanw ni â'th Ysbryd
er mwyn inni feddwl yn bur, siarad yn ddoeth
a dangos daioni a charedigrwydd yn ein holl weithredoedd.
Bydded cytgord yn ein bywyd ynghyd
a miwsig wrth inni offrymu ein bywyd i ti.
Dduw'r Creawdwr,
gweddïwn dros bawb sydd â dawn canu;
dros gantorion opera a chyngerdd,
dros gantorion pop sy'n dwyn y fath bleser i'r ifanc,
dros rai sy'n canu mewn corau eglwys a chymuned.
Gweddïwn y byddant oll wrth eu bodd
yn canu er mwyn diddanu eraill a'th foli di.
Diolchwn yn arbennig am rai
sy'n mynegi eu dawn trwy ganu dros heddwch a chyfiawnder
neu i galonogi a helpu yn wyneb anawsterau neu anobaith
neu er mwyn moli dy enw.
Bydded inni oll rannu mewn llawenydd
trwy uno i ganu caneuon hen a newydd
wrth leisio'n mawl a'th ogoneddu di.

Annwyl Iesu,
ti yw bara'r bywyd;
pan drown atat ni fydd arnom newyn.
Ynot ti y cawn ddigon ar gyfer ein holl anghenion.
Gofynnwn am dy fendith ar bawb yn ein byd
sy'n brin o fara i'w cynnal,
y tlawd, y difreintiedig, y newynog.
Ysbrydola dy bobl ym mhob lle i ofalu ac i rannu,
i ddarparu had ac offer
er mwyn galluogi'r anghenus i'w helpu eu hunain.
Boed i ni felly gynnig i bawb fara'r byd
a hefyd dy gyhoeddi di yn fara'r bywyd.

YMATEB

A: Dduw Sanctaidd,
fel y bydd yr ehedydd yn canu dy glod yn y bore,
fel y bydd y golomen yn mwmian am heddwch ganol dydd,
fel y bydd y dylluan yn hwtian ei galwad liw nos,

Y: *felly bydded i ni dy foli wrth godi yn y bore,*
mynegi ein diolch iti yn ein gwaith drwy'r dydd,
a lleisio'n diolch iti'n llawen pan ddaw'r hwyrddydd.

Gwnaeth Duw ddoe bethau mawr drosoch
Dengys Duw heddiw arwyddion mawr i chwi
Bydd Duw yfory yn gweithio rhyfeddodau mawr i chwi
Bydded i Dduw tragwyddoldeb, Dad, Mab ac Ysbryd,
eich bendithio yn awr a byth

DIWRNOD 82

Beth yw cariad? offrymu arian ar blât? Nage.
offrymu dŵr mewn cwpan? Nage.
offrymu gwin wrth y bwrdd? Nage.
Ystyr cariad yw offrymu fy hun i Dduw
yr hwn a'm carodd i yn gyntaf.
Cariad yw.
Cariad

SALM YMATEBOL: 134

A: Dewch, bendithiwch yr Arglwydd,
        holl weision yr Arglwydd,
Y: *sy'n sefyll liw nos yn nhŷ'r Arglwydd.*

A: Codwch eich dwylo yn y cysegr,
        a bendithiwch yr Arglwydd.
Y: *Bydded i'r Arglwydd eich bendithio o Seion - creawdwr*
        nefoedd a daear!

DARLLENIAD: Effesiaid 5:21-32

MYFYRDOD

Rhaid i berthynas dda weithio o boptu; os ydym yn sôn am fod yn ddarostyngedig rhaid inni fod felly i'n gilydd, er mwyn ein gilydd ac yn y pen draw er mwyn cariad Crist. Gadewch inni gymryd agwedd gŵr a gwraig. Mae Paul yn ceisio cyffelybu'r berthynas briodasol â'r berthynas ysbrydol rhwng Crist a'i eglwys. Crist yw pen yr eglwys a'i Gwaredwr, felly y mae'r eglwys yn ddarostyngedig i Grist.

A yw'r gŵr yn waredwr i'w wraig a'i deulu? Nac ydyw, ond y mae Paul yn gweld y gŵr yn ben y teulu ac felly rhaid i'r wraig fod yn ufudd iddo. Wrth gwrs fod Paul yn gweld hyn yn erbyn cefndir cymdeithasol ei oes, ac felly mae'n gorddweud ei achos o edrych arno yn nhermau'n byd cyfoes. Ac eto y mae cnewyllyn y gwirionedd ganddo; perthynas ysbrydol yn ogystal ag un gnawdol yw priodas. Mae gan y gŵr ei gyfrifoldebau neilltuol ei hun, a'r wraig ei chyfrifoldebau hithau. Os gwneir addewid i fod yn ufudd, fe all fod yn ystyrlon o fewn cyd-destun cariad. Mae cariad yn berthynas o boptu. Ar un ystyr o fewn priodas mae'r berthynas o ufudd-dod hefyd yn gweithio o boptu, oherwydd fe ddywed Paul, "Byddwch ddarostyngedig i'ch gilydd". Mewn ffordd, mae Paul yn medru diffinio safle'r ddau o fewn priodas yn gliriach nag y gellir yn hawdd ei wneud heddiw. Ond calon y mater o hyd yw cariad ac ymddiriedaeth. Pan yw cariad a gwirionedd yn absennol mewn priodas mae wedi darfod amdani; pan fyddant yn bresennol gall wrthsefyll y treialon gwaethaf. Mewn priodas ysbrydol, mae cariad o'r fath yn fwy nag atyniad rhamantus; mae'n para trwy'r blynyddoedd.

"Chwi wragedd, byddwch ddarostyngedig i'ch gwŷr fel i'r Arglwydd;...Chwi wŷr, carwch eich gwragedd, fel y carodd Crist yntau'r eglwys." (5:22,25)

GWEDDÏAU

Dad cariadlon,
    diolchwn iti am ddedwyddwch bywyd teuluol,
        yn arbennig am y cariad sy'n rhwymo gwraig a gŵr.
Diolchwn iti am ffydd Abraham a Sara,
    Isaac a Rebeca, ac eraill mewn amseroedd pell yn ôl
        a gymerodd lwybr y pererin mewn ymateb i'th air.
Diolchwn iti am Mair a Joseff
    a roddodd gartref i Iesu.
Diolchwn iti am Priscila ac Acwila a phobl santaidd eraill
    a gynigiodd eu cartrefi a'u bywydau i waith dy deyrnas.
Bydded i wŷr a gwragedd heddiw
    ddangos ffydd a chariad o'r fath
        yng ngwaith dy deyrnas ac yng ngwasanaeth eraill.

Ysbryd Sanctaidd,
  gofynnwn iti fendithio a chynnal gweithwyr cymunedol.
Wrth iddynt weithio ochr yn ochr â'r difreintiedig,
  wrth iddynt ymroi i weithredu cymunedol
    ac ysgogi eraill mewn gwasanaeth a gofal cyffredin,
      wrth iddynt drefnu clybiau a gwasanaethu ar bwyllgorau,
        bydded iddynt ddangos medr, dealltwriaeth a thosturi.
Gweddïwn dros weithwyr cymunedol eglwysig
  y byddant trwy eu geiriau a'u hesiampl
    yn cymell cyd-weithredu er budd pawb
      ac yn tyfu'n arwyddion o'r deyrnas mewn byd o angen.

Arglwydd Iesu,
  ti yw goleuni'r byd;
    nid yw'r rhai sy'n dy ganlyn di yn rhodio yn y tywyllwch
    ond mae ganddynt oleuni'r bywyd.
Fe'th ddaliwn gerbron y bobl sy'n byw mewn tywyllwch,
  yn profi anobaith neu'n mynd trwy gyfnodau o ddigalondid.
Cynorthwya ni i estyn cyfeillgarwch sy'n dwyn goleuni;
  ysbrydola ni i sôn am y gobaith sy'n gwasgaru'r tywyllwch.
Boed i'th bobl di ym mhob man fod yn ffynhonnell goleuni
  gan ddatgan i bawb mai ti yw goleuni'r byd.

YMATEB

A: Waredwr byw,
      bydded i wragedd a gwŷr ganlyn yn dy ffordd,
      bydded i ddu a gwyn dy addoli yn unllais.
Y: *Bydded i hen ac ifanc ymuno i'th foli,*
      bydded i bob cenhedlaeth ymhyfrydu
      wrth gerdded llwybr y pererin.

Bydded i chwi ddod o hyd i lonyddwch dwfn
ar eich taith drwy'r moroedd
Bydded i chwi ddod o hyd i ddistawrwydd dwfn

ar y mynydd uchel
Bydded i chwi ddarganfod tawelwch mewnol
myfyrdod cyfriniol
Bydded tangnefedd y Drindod Fendigaid
yn eiddo i chwi nes cyflawni eich oes

DIWRNOD 83

Beth yw llawenydd?
chwerthiniad iach disylwedd? Nage.
dawns ysgafn egnïol? Nage.
gwaedd ymhongar o fawl? Nage.
Mae llawenydd yn ddwfn a gwir a chryf.
Deuir o hyd i lawenydd wrth gredu,
ymgolli yn Nuw.
Llawenydd yw.
Llawenydd.

SALM YMATEBOL: 138:4-5,8

A: Bydded i holl frenhinoedd y ddaear dy glodfori,
O Arglwydd, am iddynt glywed geiriau dy enau;
Y: *bydded iddynt ganu am ffyrdd yr Arglwydd,*
oherwydd mawr yw gogoniant yr Arglwydd.

A: Bydd yr Arglwydd yn gweithredu ar fy rhan.
Y: *O Arglwydd, y mae dy gariad hyd byth;*
paid â gadael gwaith dy ddwylo.

DARLLENIAD: Effesiaid 6:1-4

MYFYRDOD

Trwy fywyd oll mae'n rhaid bod rhythm rhoi a derbyn. Mae hyn yr un mor wir ym mherthynas rhieni â'u plant. Dylai fod gan ddoethineb oed rywbeth i'w gyfrannu mewn profiad ac felly mae'n iawn i blant fod yn ufudd i'w rhieni. Ond mae rhieni yn eu tro'n ddyledus i'w plant; disgyblaeth sy'n gadarn eto'n ddeallus, yn bendant ond wedi ei rhoi mewn cariad. Ac ochr yn ochr â disgyblaeth rhaid bod dysgeidiaeth yn y ffydd, mewn gair ac esiampl.

Yn y cyd-destun hwn dylem gofio mai teulu yw'r eglwys hithau.

Gall oedolion gynnig arweiniad a chymorth pa un a ydynt yn rhieni ai peidio. Gŵyr plant eu bod yn rhan o deulu ehangach, yn gymuned o gariad, yn edrych at Dduw ein Tad ni oll. Mewn teulu o'r fath plant ydym oll, a rhywbeth gennym i'w ddysgu; daw pawb yn rhieni a llawer ganddynt i'w roi; bydd pawb yn rhoi a derbyn y naill i'r llall wrth ddysgu a chanlyn.

"Chwi blant, ufuddhewch i'ch rhieni." (6:1)

GWEDDÏAU

Waredwr cariadlon,
    diolchwn iti am fendithion bore oes.
Fel y cefaist ti ddedwyddwch
    mewn cartref daearol yn Nasareth
        felly y cofiwn ni ein bywyd teuluol ein hunain,
            cariad rhieni a hapusrwydd teulu.
Diolchwn iti hefyd am fan ein gwaith bob dydd
    a'r we o berthynas sy'n ein clymu ynghyd.
Diolchwn iti am fywyd cymdeithas
    lle mae gan bawb rywbeth i'w roi a rhywbeth i'w dderbyn.
Cynorthwya ni i weld ein bod yng Nghrist
    yn cael mynediad i deulu ehangach
        ac yn dod o hyd i lawer o frodyr a chwiorydd
            ymhlith yr holl bobl hynny sy'n cerdded yn dy ffordd.

Dduw pob cenhedlaeth,
    cofiwn o'th flaen yr henoed o fewn ein cymdeithas;
        y rhai sy'n gaeth i'w cartrefi,
            yno oherwydd eu hoed neu ryw rwystr;
                yr unig, sy'n colli'r rhai sydd wedi eu blaenori;
                    yr ofnus, na feiddiant ddatgloi'r drws;
                        yr amheus, sy'n ansicr ynghylch y dyfodol;
                            y diobaith, y mae eu profiadau wedi torri eu hysbryd.
Cofiwn o'th flaen bawb
    sydd wedi cyflawni oes o wasanaeth,

sy'n derbyn henoed yn raslon
ac yn wynebu'r dyfodol yn ffyddiog,
rhai y mae eu hunan-aberth a'u haelioni yn ysbrydoliaeth.
Bendithia'r henoed yn ein cymdeithas;
bydded inni oll eu parchu.

Dduw'r heddwch,
arwain ni yn ffordd cytgord.
Bydded i arweinwyr y cenhedloedd
geisio heddwch a chyfiawnder;
bydded i'n cenedl amddiffyn tegwch a chytgord;
bydded inni geisio lles pawb ym mhob pentref, tref a dinas.
Rho i bob un ohonom iechyd corff, meddwl ac ysbryd
a chaniatâ ein bod yn heddychlon â'n cymdogion ac â thi.

YMATEB

A: Pan fydd yr Ysbryd Glân
     yn galw arnom i fentro fel disgyblion
Y: *rho inni'r dewrder a'r ffydd i ymateb.*

*Bydded i Dduw'r tymhorau cyfnewidiol
eich bendithio yn eich blynyddoedd
Bydded i Dduw pob creadur byw
eich bendithio ar eich teithiau
Bydded i Dduw'r haul, y lleuad a'r sêr
fendithio'ch myfyrdod
Bydded i Dduw, Dad, Mab ac Ysbryd Glân,
eich bendithio fel disgyblion*

DIWRNOD 84

Beth yw heddwch?
cytundeb masnachol rhwng cenhedloedd? Nage.
llonyddwch am unrhyw bris? Nage.
dwrn dur yn cadw trefn ar brotestwyr? Nage.
Heddwch yw presenoldeb Duw.
Heddwch yw cytgord rhwng cymdogion.
Heddwch yw cyfiawnder wedi'i glymu wrth degwch.
Heddwch yw.
Heddwch.

SALM YMATEBOL: 139:1-4

A: Arglwydd, yr wyt wedi fy chwilio a'm hadnabod.

Y: *Gwyddost ti pa bryd y byddaf yn eistedd ac yn codi;*
   yr wyt wedi deall fy meddwl o bell;

A: yr wyt wedi mesur fy ngherdded a'm gorffwys,
   ac yr wyt yn gyfarwydd â'm holl ffyrdd.

Y: *Oherwydd nid oes air ar fy nhafod*
   heb i ti, Arglwydd, ei wybod i gyd.

DARLLENIAD: Effesiaid 6:5-9

MYFYRDOD

Petai'r berthynas rhwng rheolwyr ac undebau yn cael ei rheoli bob amser gan egwyddor o roi a derbyn byddai llai o broblemau mewn ffatrïoedd. Dylai gweithwyr â chanddynt argyhoeddiadau Cristnogol ymdrechu hyd eithaf eu gallu nid yn unig i blesio eu meistri ond i wasanaethu Crist. Ond yr hyn sy'n deg i un sy'n deg i'r llall hefyd; dylai cyflogwyr fod yn deg a meddylgar, yn gwobrwyo gwaith sydd wedi ei wneud yn dda.

Hyn sy'n arwain at gymdeithas wedi'i threfnu'n dda, bod pob un yn cyfrannu tuag at gymdeithas yn ôl ei allu neu ei gallu ei hun, a phob un yn derbyn oddi wrth gymdeithas yn ôl ei angen neu ei hangen. Rhaid cydnabod pob cyfraniad deallusol a phob gallu i reoli, ond ar yr un tir, rhaid cydnabod pob llafur caled hefyd. Dylid gwerthfawrogi'r cyfan fel cyfraniad hanfodol i gymdeithas, ac ni ddylai gwobrau ariannol wahaniaethu'n ormodol rhwng y ddau. Bydd cymdeithas fwy bodlon yn datblygu wrth i bobl ymdrechu ar y cyd. Mae Paul yn iawn wrth weld sylfaen pob cytundeb cymdeithasol yn gorffwys ar berthynas pobl â Duw.

"Rhowch wasanaeth ewyllysgar fel i'r Arglwydd." (6:7)

GWEDDÏAU

Iesu'r saer,
    gweddïwn dros bawb sy'n ymwneud â diwydiant;
      dros y rhai ar lawr y ffatri
        er mwyn iddynt offrymu eu sgiliau er lles pawb;
      dros rai sy'n gweithio fel arolygwyr a rheolwyr
        iddynt ddangos cydymdeimlad a charedigrwydd;
      dros gyfarwyddwyr a rhai sy'n dal cyfran-ddaliadau
        iddynt beidio â rhoi elw o flaen anghenion
        yr holl weithlu a'r gymuned
        ond yn hytrach eu bod yn ceisio arwain ymgyrch ar y cyd
        er mwyn hybu lles pawb yn gyffredin;
        gweddïwn dros swyddogion undeb a'u haelodau
        y byddant bob amser yn gofalu
        nid yn unig am eu buddiannau eu hunain
        ond am effeithiolrwydd y cwmni a lles pawb.
Felly boed i ddiwydiant ffynnu er mwyn iechyd y genedl
    ac fel offrwm gwaith i ti.

Tyrd i lawr, Ysbryd Sanctaidd, y rhodd a addawodd Iesu;
    tyrd yn fuan.
Ehanga'n meddyliau, cod ein hysbryd,
    agor ein llygaid a'n clustiau, minioga'n synhwyrau.

Tyrd i lawr, Ysbryd Glân.
Tor ni, llunia ni, bywha ni, adfywia ni.
Dyro ynom dy ddoethineb, dy rym a'th gariad
er mwyn inni gael ein defnyddio'n rymus
yng ngwasanaeth ein Tad nefol.

Fugail cariadlon,
   diolchwn iti am dy ofal dros dy bobl,
      rwyt yn barod i aberthu dy fywyd er ein mwyn.
Ti yw'r Bugail da;
   rwyt yn adnabod dy ddefaid wrth eu henwau
      ac yn gofalu amdanynt fesul un.
Pan fydd perygl yn bygwth rwyt yno i warchod;
   pan fydd y defaid yn crwydro ymhell ac yn mynd ar goll
      rwyt yn chwilio nes eu cael
         a'u dychwelyd i'r gorlan.
Rwyt yn gofalu am dy ddefaid, costied a gostied
   ac yn ein tynnu at ein gilydd
      inni fod yn un praidd, un bugail.

YMATEB

A: Bydd rhai'n ymddiried mewn golud
         ac eraill yn ceisio boddhad mewn grym.

Y: *Arglwydd, cynorthwya ni i ymddiried ynot ti*
         a cheisio'r grym a ddaw trwy dy Ysbryd Glân.

Bydded i Dduw daeargryn, gwynt a thân eich ysbydoli
Bydded i Dduw'r distawrwydd llethol lefaru wrthych
Bydded i Dduw'r cymundeb cyfriniol fod yn un â chwi
Bydded i Dduw, Dad, Mab ac Ysbryd,
fod gyda chwi i ben eich taith

DIWRNOD 85

Amynedd yw gofal dros eraill
bod yn barotach i wrando nag i siarad.
Mae gan amynedd amser i bobl, amser i Dduw.
Mae i amynedd gychwyn ond dim diwedd.
Bydd amynedd yn deall pan fo pobl yn methu.
Gŵyr amynedd nad yw Duw yn methu byth

SALM YMATEBOL: 139:17-18,23-24

A: Mor ddwfn i mi yw dy feddyliau, O Dduw,
Y: ac mor lluosog eu nifer!

A: Os cyfrifaf hwy, y maent yn amlach na'r tywod,
Y: a phe gorffennwn hynny, byddit ti'n parhau gyda mi.

A: Chwilia fi, O Dduw, iti adnabod fy nghalon;
profa fi, iti ddeall fy meddyliau.
Y: Edrych a wyf ar ffordd a fydd yn loes i mi,
ac arwain fi yn y ffordd dragwyddol.

DARLLENIAD: Effesiaid 6:10-12

MYFYRDOD

Mae yna wrthdaro; mae'n digwydd yn ein byd yn awr. Nid gwrthdaro rhwng cenhedloedd mohono, nid brwydr rhwng pobloedd, er, gwaetha'r modd, mae yna ormod o ymryson dynol. Nage, gwrthdaro ysbrydol rhwng pwerau ydyw, yn erbyn llywodraethwyr bydol yn y tywyllwch, rhwng lluoedd y pwerau nefol. Hon yw'r frwydr rhwng goleuni a thywyllwch, da a drwg, ac y mae iddi ddimensiwn gosmig.

Gwelir yr arwyddion yn eglur yn salwch ysbrydol ein bywydau; pan fydd pobl yn ymdaflu i'r ocwlt, gan ddefnyddio byrddau ouija, darllen cardiau tarot, chwarae â dewiniaeth. Dyma'r adeg i sefyll dros y gwir, i gyhoeddi'r newydd da, i ddatgan ymddiriedaeth a chyfiawnder y Duw byw. Rhaid wrth arfogaeth ysbrydol ar gyfer y frwydr hon, a Duw sy'n ei darparu ar ein cyfer.

"Ymgryfhewch yn yr Arglwydd." (6:10)

GWEDDÏAU

Arglwydd Dduw,
   cynnal ni yn y crastir ysbrydol,
     arwain ni pan fyddwn wedi colli'n ffordd,
     amddiffyn ni yn y frwydr ysbrydol,
       adnewydda ni pan fyddwn mewn anobaith;
     arwain ni at graig pan fyddwn yn nannedd y ddrycin ysbrydol,
      rho inni ffydd wedi cyfnodau o amheuaeth,
       arfoga ni â doniau'r Ysbryd ar gyfer y frwydr ysbrydol,
       adfer ein hiechyd, o ran corff, meddwl ac ysbryd.

Ysbryd byw,
   gweddïwn dros bobl Rwsia ac America.
Tywys yr arweinwyr a'r bobl
   ar hyd ffyrdd heddwch a rhyddid,
     cyd-ddeall, maddeuant a chariad.
Gan ymwrthod ag erledigaeth a diffygion y gorffennol
   boed iddynt adeiladu oes newydd o heddwch a chyfiawnder,
   rhyddid, gwirionedd ac ymddiriedaeth.
Gweddïwn yn arbennig dros aelodau'r eglwys
   yn y mannau hynny;
     bydded i bob gwadiad a methiant a berthyn i'r gorffennol
     fod wedi ei faddau;
       bydded dioddefaint a merthyrdod y gorffennol
       yn ysbrydiaeth;
         bydded i her y dyfodol gael ei derbyn
         yn enw Crist.

Bydded i'r ddwy genedl fawr hon arwain y ffordd
wrth geisio lles uchaf eu pobloedd eu hunain ac eraill
a gweithio dros ddiogelwch, cyfiawnder a heddwch
drwy'r holl fyd.

Iesu Atgyfodedig,
ti yw'r atgyfodiad a'r bywyd;
pwy bynnag sy'n credu ynot ti ni bydd marw byth
ond caiff fynd i mewn i'r bywyd sy'n dragwyddol.
Dyma'r newydd da yr ydym yn ei rannu â phawb
- nad oes gan farwolaeth afael arnom;
nid diwedd mo marwolaeth ond drws i fywyd newydd.
Agoraist inni lidiardau bywyd
fel y medrwn edrych ymlaen at lawenydd bythol.
Ysbrydola ni i gyhoeddi'r newydd da hwnnw
i bawb sy'n barod i glywed
er mwyn iddynt gredu a chael bywyd tragwyddol.

YMATEB

A: Dduw'r goleuni,
pan fydd yr ornest yn ddwys a'r frwydr yn galed,
pan awn trwy adegau o brawf ac o stormydd,
Y: *amddiffyn ni, cynnal ni, ysbrydola ni ac arwain ni*
at ddiogelwch y graig, ein noddfa.

Fel y bydd disgleirdeb yr haul yn dwyn gogoniant
Fel y bydd sêr y nos yn gwasgaru'r tywyllwch
Fel y bydd llewyrch y lleuad yn dwyn gobaith inni
Felly boed i oleuni Duw lenwi eich calon a'ch meddwl a'ch bywyd.

DIWRNOD 86

Nid yw caredigrwydd yn cyfri'r gost.
Nid yw caredigrwydd yn gofyn pam.
Mae caredigrwydd yn cynnig ffordd i fyny i'r rhai sydd ar lawr,
yn aros am y rhai sydd ar ôl,
yn rhoi i'r rhai nad oes ganddynt ddim i fyw arno
ac yn derbyn oddi wrth y rhai
na wyddent fod ganddynt ddim i'w roi

SALM YMATEBOL: 141:1-2

A: O Arglwydd, gwaeddaf arnat, brysia ataf;
Y: *gwrando fy llef pan alwaf arnat.*

A: Bydded fy ngweddi fel arogldarth o'th flaen,
Y: *ac estyniad fy nwylo fel offrwm hwyrol.*

DARLLENIAD: Effesiaid 6:13-15

MYFYRDOD

Beth yw'r arfau ysbrydol sydd gan Dduw ar ein cyfer? Un o'r mwyaf grymus ohonynt yw gwirionedd. Cawn wybod gwirionedd Duw trwy ei Air sanctaidd; caiff fynegiant llawn trwy'r Gair byw, Iesu. Parchwch y gwir, gan osgoi'r celwydd sy'n tanseilio ymddiriedaeth. Daw gwirionedd â rhyddid; mae'n agor y ffordd i fywyd newydd. Peidiwch â beirniadu'r rheini sy'n ymchwilio am y gwirionedd, oherwydd maes o law bydd eu hymchwil yn eu harwain at Dduw.

Arf arall yw cyfiawnder. Duw yn unig a ŵyr beth sy'n hollol gywir. Ond rydym ninnau hefyd i geisio'r hyn sydd iawn. O'n hamgylch ar bob llaw y mae pobl sy'n barod i weithredu'n anghyfiawn er mwyn uchelgais, balchder neu drachwant. Ond nid yw'r rhai sy'n cerdded ffordd cyfiawnder yn cyfri'r gost. Mae amddiffyn yr hyn sy'n gyfiawn yn dwyn ei wobr ei hun.

Peidiwch â beirniadu'r rhai sy'n sefyll dros yr hyn sy'n iawn, oherwydd maent yn cerdded yn ffordd Duw.
Darn arall o'n harfogaeth yw efengyl tangnefedd. Mae heddwch yn newydd da oherwydd dyna fwriad Duw ar gyfer ei fyd. O'n hamgylch y mae byd sydd wedi ymostwng i ryfela. Ac eto gall rhyfel fod yn fater o siarad ac ymagweddu yn ymosodol yn ein perthynas â'n gilydd; mae'r pethau hynny hefyd yn tanseilio heddwch. Cyfanrwydd yw heddwch, llesâd, iechyd. Golyga gwir les pawb, pob creadur a'r greadigaeth ei hun. Rhodd Duw i'w bobl yw heddwch; wedi ein harfogi â heddwch mae gennym amddiffynfa yn erbyn llawer o beryglon bywyd.

"Parodrwydd i gyhoeddi Efengyl tangnefedd yn esgidiau am eich traed." (6:15)

GWEDDÏAU

Dad cariadlon,
    cynorthwya ni i sefyll ein tir yn erbyn drygioni,
        i ddweud y gwir a gwrthsefyll anghyfiawnder;
        arwain ni i ymwrthod â'r hyn sy'n anghyfiawn ac annheilwng,
        a dewis ffordd cyfiawnder a daioni;
            galluoga ni i ymwrthod â thrais a rhyfel
                ac ysbrydola ni i gyhoeddi neges dy heddwch.

Ysbryd y creu,
    diolchwn iti am bawb sy'n ychwanegu at hyfrydwch bywyd
        trwy eu sgiliau a'u doniau ym maes coginio a chrasu.
Gweddïwn y cânt ddefnyddio'u sgiliau
    er iechyd a lles pawb,
        pa un ai wrth baratoi prydau bob dydd
            neu ar gyfer achlysuron arbennig a dathliadau.
Wrth inni roi diolch am gymdeithas wrth y bwrdd
    cofiwn y newynog a'r anghenus yn y byd.
Caniatâ na fyddwn wedi ymgolli cymaint
    mewn bodloni'n chwantau ein hunain

fel ein bod yn anghofio'r rhai sydd heb fwyd na chysgod.
Fel y cawsom ni ein bendithio
gan dy ddarpariaeth ar ein cyfer
gwna ni'n barod i rannu ag eraill
fel arwydd o'n gwerthfawrogiad i ti
a mynegiant o dosturi ein Harglwydd Iesu Grist.

Arglwydd Iesu byw,
roeddet yn barod i fynd trwy farwolaeth
er mwyn cynnig bywyd i'th bobl.
Roeddet yn barod i syrthio fel y gronyn gwenith i'r ddaear
fel y byddo ffrwyth er gogoniant Duw.
Dysg i ni dy ffordd fel y byddom ninnau hefyd yn barod
i fod fel y gronyn gwenith, wedi ei guddio yn y ddaear,
fel yng nghyflawnder yr amser y medrwn ddwyn cnwd da,
yn dwyn ffrwyth er gogoniant Duw ein Tad.

YMATEB

A: Arglwydd, pan fo'r egin gwyrdd yn gwthio drwy'r tir caled
gwyddom fod yna addewid am wanwyn.

Y: *Pan ddaw gwrthdaro i ben ac y cynigir maddeuant
gwyddom fod yna addewid am heddwch.*

*Bydded i luniwr goleuni roi goleuni i'ch llygaid
Bydded i adferwr goleuni roi golwg i'ch llygaid
Bydded i dywysydd y gwelediad mewnol
roi dyfnder i'ch llygaid
Bydded i Dduw, Dad, Mab ac Ysbryd
fod yn eich gweld a'ch bod*

DIWRNOD 87

Nid oes lygad chwerw gan ddaioni.
Nid oes dafod faleisus gan ddaioni.
Nid oes glust feirniadol gan ddaioini.
Mae daioni yn meddwl y gorau am eraill,
yn edrych at les y genedl,
yn amddiffyn buddiannau'r blaned.
Mae daioni yn newydd da

SALM YMATEBOL: 142:5-7

A: Gwaeddais arnat ti, O Arglwydd;
Y: *dywedais, "Ti yw fy noddfa,*
    a'm rhan yn nhir y rhai byw".

A: Gwrando ar fy nghri,
    oherwydd fe'm darostyngwyd yn isel;
Y: *gwared fi oddi wrth fy erlidwyr,*
    oherwydd y maent yn gryfach na mi.

A: Dwg fi allan o'm caethiwed,
    er mwyn imi glodfori dy enw.
Y: *Bydd y rhai cyfiawn yn tyrru ataf*
    pan fyddi di yn dda wrthyf.

DARLLENIAD: Effesiaid 6:16-17

MYFYRDOD

Perthyn ffydd hefyd i'r arfogaeth nefol. Trwy ffydd gellir goresgyn hen elyniaethau; mewn ffydd daw'r hyn sy'n ymddangos y tu hwnt i'n cyrraedd yn bosibl a chyflawnir campau mawr. Trwy ffydd yn Nuw medrwn wynebu pethau sydd mewn termau dynol yn bygwth ein llethu'n llwyr; daw ffydd â ni trwy argyfwng; ffydd sy'n cadw'n traed yn ddiogel ar lwybr cul na fedrwn hyd yn oed mo'i weld. Ffydd yw carreg sylfaen ein bywyd.

Ochr yn ochr â ffydd y mae iachawdwriaeth - nid rhywbeth y medrwn ni ei ennill ydyw, ond wedi ei rhoi y mae trwy ras rhad Duw. Pendraw'r bywyd hwn, yr addewid am fywyd tragwyddol, dyna yw'r iachawdwriaeth a gynigir inni trwy waith Crist ar y groes. O'n hamgylch y mae pob math o bwerau sy'n bygwth ein dinistrio, ysbrydion negyddol sy'n gwadu bywyd. Ond yng Nghrist fe dderbyniwn ein hiachawdwriaeth.

Yn y frwydr gosmig fe'n harfogir yn ogystal â'r Ysbryd, offeryn Duw i gadarnhau disgyblion gwan, hawdd eu niweidio. Petaem yn symud ymlaen gan ddibynnu ar ein nerth ei hunain byddem yn syrthio ar faes brwydr ysbrydol bywyd. Trwy Ysbryd Duw down o hyd i nerth yng ngair Duw. Fe'n harweinir yn yr Ysbryd ar hyd ffordd Duw. Trwy Ysbryd Duw down yn offerynnau ewyllys Duw. Ein hamddiffyniad, felly, yw rhodd Duw yn ei Ysbryd.

"Iachawdwriaeth yn helm, a'r Ysbryd yn gleddyf." (6:17)

GWEDDÏAU

Dduw byw,
dyro ynom ffydd nad yw'n cyfri'r gost,
ffydd sy'n barod i anturio wrth dy ddilyn,
ffydd sy'n ymateb yn llawen i'th alwad.
Gwna ni'n ddiolchgar am ein hiachawdwriaeth trwy Grist;
trwy'r iachawdwriaeth hon rho inni sicrwydd cadarn
a llawenydd nad yw'n darfod byth.

Ysbryd iachusol,
gweddïwn dros rai sy'n dioddef oddi wrth glefydau difrifol
a'r rhai sy'n marw.
Gweddïwn am fedr ac amynedd ar ran y meddygon a'r nyrsus
sy'n gofalu amdanynt mewn ysbyty a hospis.
Gweddïwn y caiff eu perthnasau a'u cyfeillion, yn eu cariad a'u gofal,

dderbyn nerth a chysur.
Cadw eu ffydd rhag gwegian a'u dewrder rhag pallu
wrth iddynt galonogi a chynnal ei gilydd trwy adegau o brawf.
Gweddïwn dros rai sy'n dioddef oddi wrth AIDS
wrth iddynt wynebu holl galedi salwch terfynol
ar ben baich ychwanegol beirniadaeth a chamddeall.
Gweddïwn am arweiniad i rai sy'n ymchwilio
fel, trwy dy ysbrydoliaeth di a'u sgiliau hwy, y canfyddir ffyrdd
i oresgyn plâu ein cenhedlaeth bresennol.
Cynorthwya ni i fyw yn dy ffordd di
ac i geisio dy iachâd o ran corff, meddwl ac ysbryd.

Iesu'r Gwas,
fe'n dysgaist mor rhyfeddol
trwy dy weithredoedd yn ogystal â'th eiriau.
Felly y cymeraist y tywel a'r badell o ddŵr
a golchi traed llychlyd dy ddisgyblion.
Cadw ni rhag ystyried unrhyw dasg yn rhy ddibwys,
unrhyw waith yn rhy fychan, unrhyw swydd yn rhy isel,
i'w cyflawni ar ran dy deyrnas.
Gwna ni felly yn weision
yn barod bob amser i ddilyn ac ufuddhau i'n Brenin Tlawd.

YMATEB

A: Arglwydd,
      cynorthwya ni i gynnig ein gwasanaeth heb gyfri'r gost,
      i frwydro heb gwyno am y clwyf.
Y: *Arglwydd,*
      ysbrydola ni i weithio heb chwennych gwobr
      ac i dderbyn boddhad wrth wneud dy ewyllys.

Bydded lluniwr y pysgod arian, haid fyrlymus,
wrth eich ymyl
Bydded lluniwr y pysgod mawr, y morfil gwyn, o'ch amgylch

Bydded lluniwr y pysgod tyner, y dolffin chwareus,
yn agos atoch
Bydded i Arglwydd Mawr creaduriaid y môr
nofio gyda chwi

DIWRNOD 88

Nid oes ar ffyddlondeb ofn cymryd ffordd beryglus.
Bydd ffyddlondeb yn aros wrth ochr y sawl sydd i lawr.
Gŵyr ffyddlondeb fod Duw yn teithio gyda ni.
Bydd ffyddlondeb yn cynnig amser a doniau i Dduw.
Bydd ffyddlondeb yn ymddiried yn Nuw doed a ddelo

SALM YMATEBOL: 145:3-4,6-7

A: Mawr yw'r Arglwydd, a theilwng iawn o fawl,
Y: *ac y mae ei fawredd yn anchwiliadwy.*

A: Molianna'r naill genhedlaeth dy waith wrth y llall,
Y: *a mynegi dy weithredoedd nerthol.*

A: Cyhoeddant rym dy weithredoedd ofnadwy,
      ac adrodd am dy fawredd.
Y: *Dygant i gof dy ddaioni helaeth,*
      a chanu am dy gyfiawnder.

DARLLENIAD: Effesiaid 6:18-20

MYFYRDOD

Calon y bywyd ysbrydol yw gweddi. Yn ein cynnal yn y frwydr
ysbrydol y mae gweddi. Nid rhyw awyrgylch pur wedi ei gadw
ar gyfer gofodwyr ysbrydol mohono. Yn hytrach sgwrs bersonol,
glos rhwng pobl a Duw ydyw. Gweddi sy'n ein huno â Duw;
gweddi sy'n agor y ffordd i'r deyrnas nefoedd; gweddi sy'n
rhyddhau ein potensial ysbrydol. Mewn gweddi yr ydym yn
dod i'n hoed.

Felly fe weddïwn dros ein gilydd; gweddïwn dros y cenhadon, y
pregethwyr, yr athrawon. Gweddïwn y bydd drysau yn agor i'r
efengyl gael ei chyhoeddi; gweddïwn am yr eglwys sydd dan
orthrwm, y bydd y saint yn cael nerth i wynebu pa ddioddefaint
bynnag a ddaw i'w rhan ac y daw diwedd ar erledigaeth. Bydded

i ni hefyd ei chyfrif yn fraint bennaf ein bywyd cael rhannu'r
newydd da am gariad Duw.

"Gan weddïo bob amser yn yr ysbryd." (6:18)

GWEDDÏAU
Dad,
 pan ddown o'th flaen mewn moliant
  llenwir ein lleisiau a'n bywydau â llawenydd;
   pan ddown o'th flaen mewn cyffes
    gwyddom ein bod yn annheilwng
    i ddod i'th bresenoldeb sanctaidd;
     pan ddown o'th flaen mewn ymbil dros eraill
   gwyddom dy fod yn ymateb yn dy ddoethineb a'th gariad;
    pan ddisgwyliwn wrthyt mewn myfyrdod
     cawn ein dyrchafu i'r seithfed nef mewn cymundeb cyfrin.
 Bydded clod i'th enw trwy amser a thragwyddoldeb
  am dy faddeuant, dy fendithion a'n hundod â thi
   trwy Iesu Grist ein Gwaredwr a'n Hachubydd.

Ysbryd pob harddwch,
 diolchwn am rai y mae eu gallu creadigol a'u medr
  yn cyfrannu tuag at yr harddwch o'n cwmpas.
 Gweddïwn dros adeiladwyr, addurnwyr a garddwyr.
 Bydded iddynt ei chyfrif yn fraint
  gael rhoi pleser i eraill a gogoniant i'th enw di
   yn y gwaith a wnant ar adeiladau a thiroedd.
 Diolchwn am bob pleser a gawn ni
  wrth ymweld â thai
   sydd wedi eu haddurno'n wych
    ac wrth gerdded trwy barciau a gerddi
   sydd wedi eu gosod allan mor ofalus.
 Wrth inni weld yr ysbrydiaeth ar gyfer hyn oll
  yn harddwch natur

boed inni geisio bod yn stiwardiaid da
ar yr hyn oll a roddaist inni yn harddwch y blaned hon.

Iesu Sanctaidd,
  am brofiad rhyfeddol a roddaist i'th ddisgyblion
    pan fu i chwi fwyta gwledd y Pasg gyda'ch gilydd
Torraist y bara a'i rannu ymhlith dy gyfeillion;
  tywelltaist y gwin a'i rannu gyda'th ddisgyblion.
Yn y munud cyfriniol hwnnw aethant yn un â thi
  a thu draw i rwymau amser
    wrth i'th gorff a'th waed eu huno hwy a thi
  gyda'th ddilynwyr ym mhob cenhedlaeth.
Felly boed i ni fynd i mewn i'r dirgelwch hwnnw;
  bob tro y derbyniwn y bara a'r gwin yn y cymun
    boed inni weld ein bod yn un â thi a chyda'th holl bobl.

YMATEB

A: Dduw Sanctaidd,
      yn aml iawn mae'r cyffredin yn fwrn arnom
      ac y mae'r tasgau a roddi inni yn anniddorol;
Y: *ond diolchwn iti am fod yna adegau eraill*
      pryd y cawn ein dyrchafu i'r seithfed nef
      mewn cymundeb cyfrin â thi.

Bydded i'ch traed gerdded yn ffordd yr Arglwydd
Bydded i'ch llais lefaru gair yr Arglwydd
Bydded i'ch dwylo wasanaethu Duw wrth fendithio eraill
Bydded i'ch bywyd ddangos rhywbeth o ogoniant Duw
Bydded i chwi wybod tangnefedd Duw yn awr a hyd byth

DIWRNOD 89

Nid yw addfwynder yn gas wrth neb.
Nid oes gan addfwynder lyfr rheolau na chosb.
Mae addfwynder bob amser yn barod i faddau.
Addfwynder sy'n arwain y ffordd at obaith newydd,
sy'n agor ffordd at fywyd newydd,
ac yn canfod y ffordd at Dduw

SALM YMATEBOL: 147:1,3-5

A: Molwch yr Arglwydd.
   Da yw canu mawl i'n Duw ni,
Y: *oherwydd y mae'n drugarog, a gweddus yw mawl.*

A: Y mae'n iacháu'r rhai drylliedig o galon,
   ac yn rhwymo eu doluriau.
Y: *Y mae'n pennu nifer y sêr,*
   ac yn rhoi enwau arnynt i gyd.

A: Mawr yw ein Harglwydd ni, a chryf o nerth;
Y: *y mae ei ddoethineb yn ddifesur.*

DARLLENIAD: Effesiaid 6:21-22

MYFYRDOD

Mae cyfathrebu yn hynod o bwysig - er mwyn cyfleu i bobl ein teimladau tuag atynt, ein gofal drostynt. Heddiw ceir cymaint o ddulliau gwahanol o gyfathrebu: mewn argyfwng, trwy deligram; wrth ein hamdden, trwy lythyr; yn raslon, gyda blodau; ar fwrdd llong, gyda baneri; ond gwell na'r rhain i gyd yw mynd yn bersonol at gyfaill a dweud y cyfan sydd i'w ddweud; a phan nad yw hynny'n bosibl, yna anfon negesydd personol i siarad ar ein rhan.

Negesydd personol Paul at Gristnogion Effesus oedd Tychicus;

fe'i hanfonwyd i roi'r newyddion diweddaraf am Paul iddynt
a'u calonogi yn eu gwaith. Ni allai Paul fynd am ei fod yn
garcharor ond byddai ei gyfaill yn llefaru'n rhugl ar ei ran.
Negesyddion wedi ein hanfon gan Dduw ydym ni, i siarad â
phobl lawer ar ei ran; i roi iddynt y newyddion am gariad Duw
wedi ei fynegi yng Nghrist, a'u hannog i fod yn ddisgyblion
ffyddlon.

"Er mwyn iddo ef eich calonogi." (6:22)

GWEDDÏAU
Dduw Sanctaidd,
   diolchwn iti am roi inni dy air,
      gan lefaru wrthym trwy'r ysgrythur;
         diolchwn iti am roi inni'r Gair bywiol,
  Iesu, yr hwn, mewn ufudd-dod i'th ewyllys,
      a fu fyw yn ein mysg yn dysgu a rhoi ei fywyd ar y groes
         er mwyn i ni dderbyn maddeuant a bywyd tragwyddol;
  wrth ymateb i'th gariad
      down i mewn i gymdeithas yr eglwys;
         cynorthwya ni i fod yn ffyddlon iti
  wrth rannu'r newydd da ag eraill
     am yr hyn oll a wnaethost drosom yng Nghrist ein Gwaredwr.

Dduw pob cyfiawnder a barn,
   gweddïwn dros bobl Romania.
Mewn gwlad â llawer o genhedloedd yn rhan ohoni,
   mewn man sy'n dwyn llawer o atgofion chwerw,
      boed i gymod gael ei fynegi mewn barn
         a dwyn ffrwyth mewn cyfiawnder a heddwch.
Diolchwn am i bob ymateb ar ran anghenion Romania
   ddangos ein bod yn deulu o genhedloedd,
     wedi ein huno mewn gofal.
Boed i'r ymateb cariadlon hwnnw

arwain at gytgord cynyddol a gweithredu cyffredin.
Boed i'r erledigaeth a'r dioddefaint a fu'n brofiad i'th eglwys
ddod yn had ar gyfer tyfiant newydd a ffydd ddyfnach.
Bydded i'r bobl gyd-adeiladu
ar gyfer dyfodol diogel a heddychlon
wedi eu hysbrydoli gan dy Fab, Iesu Grist ein Harglwydd.

Arglwydd croeshoeliedig,
rwyt yn ein dysgu mewn gair ac esiampl i garu'n gilydd.
Ni all neb ddangos cariad mwy na thrwy roi ei fywyd ei hun.
Dyna ddyfnder dy gariad di tuag at dy bobl
ac y mae'r cariad hwnnw wedi para trwy'r cenedlaethau.
Ysbrydola ni i ddangos cariad tuag at bawb a gyfarfyddwn
a hynny'n fynegiant o'th gariad di
er mwyn i ni ganfod a rhannu dy lawenydd.

YMATEB

A: Arglwydd,
pan fo byd yn disgwyl mewn newyn am fara'r bywyd
Y: *ysbrydola ni i rannu ag eraill fara tragwyddol y nefoedd,*
wedi ei offrymu mewn aberth yma ar y ddaear.

Bydded i Arglwydd y lloer arian lewyrchu amoch
Bydded i Frenin y myrdd sêr deyrnasu drosoch
Bydded i Luniwr yr haul disglair eich cynhesu
Bydded i Ganol byw y Bydysawd mawr eich tynnu ato'i hun

DIWRNOD 90

Hunan-ddisgyblaeth sy'n ffrwyno chwant.
Hunan-ddisgyblaeth sy'n cadw atgasedd a gelyniaeth draw.
Hunan-ddisgyblaeth sy'n gwrthsefyll nwyd, cenfigen a gwanc.
Hunan-ddisgyblaeth sy'n fy ngalluogi i fod yn driw i mi fy hun
a'm nerthu i fod yn deyrngar i Dduw.
Hunan-ddisgyblaeth sy'n arwain at hunan-adnabyddiaeth

SALM YMATEBOL: 150

A: Molwch yr Arglwydd.
    Molwch Dduw yn ei gysegr,
    molwch ef yn ei ffurfafen gadarn.
Y: *Molwch ef am ei weithredoedd nerthol,*
    molwch ef am ei holl fawredd.

A: Molwch ef â sain utgorn,
    molwch ef â thannau a thelyn.
Y: *Molwch ef â thympan a dawns,*
    molwch ef â llinynnau a ffliwt.

A: Molwch ef â sŵn symbalau.
    Molwch ef â symbalau uchel.
Y: *Bydded i bopeth byw foliannu'r Arglwydd.*
    Molwch yr Arglwydd.

DARLLENIAD: Effesiaid 6:23-24

MYFYRDOD

Pe baem yn medru rhoi bendith i eraill, pa fendith allai fod yn
well na thangnefedd, cariad a ffydd?
Tangnefedd - shalom - y cytgord mewnol hwnnw a gaiff ei
adlewyrchu mewn tangnefedd â'n cymdogion.
Cariad - arllwys ein hunain er mwyn eraill, dwyn pobl at ei gilydd
trwy'n rhoi ein hunain.

Ffydd - ymddiriedaeth lwyr, dibyniaeth ar y Duw byw yn ⌐
sicrwydd y bydd yn eich cadw lle bynnag yr ewch.
Arhosed y fath dangnefedd, y fath gariad a'r fath ffydd gyda
chwi i'ch cynnal ar daith bywyd; rhodd Duw ein Tad a Christ
ein Gwaredwr.
Ac er mwyn i'ch llawenydd fod yn gyflawn rhodded Duw ei ras
i chwi - ei addfwynder, ei gwrteisi, ei hunan-aberth.
Bydded i ras Crist rwymo ynghyd bawb sy'n caru yr Arglwydd
o galon ac mewn gwirionedd.

*"Gras fyddo gyda phawb sy'n caru ein Harglwydd Iesu Grist â
chariad anfarwol!"* (6:24)

GWEDDÏAU

Dduw'r Creawdwr,
  cynorthwya ni i edrych at Iesu a chael ynddo
    ein hysbrydoliaeth i ddangos amynedd a charedigrwydd
      yn ein holl ymwneud ag eraill.
Rho inni dangnefedd trwy ein cymundeb â thi
  fel y bydd inni weithio dros gytgord ymhlith ein cymdogion.
Boed inni ddangos cariad yn ein bywyd ynghyd
  nes inni weld cariad yn trawsnewid y byd.
Bydd gyda ni ar bererindod ein ffydd
  fel trwy ein holl eiriau a gweithredoedd
    y rhoddwn anrhydedd i ti, Dad, Mab acYsbryd Glân,
      un Duw, byth mwy.

Ysbryd sy'n bywhau,
  ym mhob cenhedlaeth rwyt yn galw ac yn cymhwyso
    rhai i fod yn weinidogion yr efengyl.
Arwain a galluoga bawb sydd wedi eu galw
  i amrywiaeth o weinidogaethau heddiw.
Wrth iddynt wasanaethu mewn eglwysi lleol, ysbytai a cholegau,
  boed iddynt ddysgu'r ffydd yn ddoeth,

boed iddynt bregethu'r efengyl yn ffyddlon,
   boed iddynt ddathlu'r sacramentau yn llawen,
      boed iddynt wasanaethu'r anghenus yn dosturiol,
   boed iddynt wynebu anghyfiawnder yn broffwydol,
boed iddynt ofalu am eu pobl yn fugeiliol.
Ym mhob gair a gweithred o'u gweinidogaeth
   rho dy ddoniau dy hun
      a boed iddynt ddangos ffrwyth dy Ysbryd
         yn enw Iesu Grist ein Gwaredwr.

Arglwydd atgyfodedig,
   yr arwydd o'th bresenoldeb oedd rhodd tangnefedd.
Pan gyfarfu dy ddisgyblion â thi
   cawsant eu cyfarch â thangnefedd nes eu llenwi â syndod.
Arglwydd atgyfodedig,
   yr arwydd o'th bresenoldeb yw rhodd tangnefedd.
Wrth i ni dy gyfarfod, boed wrth addoli neu ar ben mynydd,
   mae dy gyfarchiad yn llenwi'n calonnau â thangnefedd
      ac rydym yn cyhoeddi dy enw'n llawen i'n cenhedlaeth.
Arglwydd atgyfodedig,
   yr arwydd o'th bresenoldeb fydd tangnefedd
      pan ddeui drachefn mewn gogoniant i farnu pawb
   ac i dderbyn y rhai dewisedig i lawenydd dy deyrnas
      dragwyddol.

YMATEB

A: Dduw Sanctaidd,
        pan ddaw diwedd ar gaddug amheuaeth,
        pan fydd gaeaf anobaith wedi mynd heibio,
        pan fydd nos ddu yr enaid drosodd

Y: *cyfarchwn yn llawen wawr ffydd wedi ei hadnewyddu,*
        croesawn wanwyn gobaith newydd,
        agorwn ein calonnau i dderbyn sicrwydd bore'r atgyfodiad.

Bydded i Dduw tragwyddoldeb
eich bendithio gydol y blynyddoedd
Bydded i Dduw amser eich bendithio gydol eich dyddiau
Bydded i'r Duw sy'n Alffa fod gyda chwi gydol eich oes
Bydded i'r Duw sy'n Omega fod gyda chwi i'ch diwedd